U0531297

"十三五"国家重点出版物出版规划项目

习近平新时代中国特色社会主义思想学习丛书

名誉总主编　王伟光
总　主　编　谢伏瞻
副总主编　王京清　蔡昉

总　策　划　赵剑英

习近平新时代
中国特色社会主义外交思想研究

张宇燕 主编

中国社会科学出版社
CHINA SOCIAL SCIENCES PRESS

图书在版编目(CIP)数据

习近平新时代中国特色社会主义外交思想研究/张宇燕主编. —北京：中国社会科学出版社，2019.3（2023.2重印）

（习近平新时代中国特色社会主义思想学习丛书）

ISBN 978-7-5203-4035-9

Ⅰ.①习… Ⅱ.①张… Ⅲ.①习近平新时代中国特色社会主义思想—外交理论—研究 Ⅳ.①D610②D820

中国版本图书馆CIP数据核字(2019)第017598号

出 版 人	赵剑英
项目统筹	王 茵
责任编辑	王 茵　孙 萍
特约编辑	范晨星
责任校对	季 静
责任印制	王 超

出　　版	中国社会科学出版社
社　　址	北京鼓楼西大街甲158号
邮　　编	100720
网　　址	http://www.csspw.cn
发 行 部	010-84083685
门 市 部	010-84029450
经　　销	新华书店及其他书店
印刷装订	北京君升印刷有限公司
版　　次	2019年3月第1版
印　　次	2023年2月第9次印刷
开　　本	710×1000　1/16
印　　张	18.75
字　　数	203千字
定　　价	43.00元

凡购买中国社会科学出版社图书，如有质量问题请与本社营销中心联系调换
电话:010-84083683
版权所有　侵权必究

代 序

时代精神的精华
伟大实践的指南

谢伏瞻[*]

习近平总书记指出："马克思主义是不断发展的开放的理论，始终站在时代前沿。"[①] 习近平新时代中国特色社会主义思想，弘扬马克思主义与时俱进的品格，顺应时代发展，回应时代关切，科学回答了"新时代坚持和发展什么样的中国特色社会主义、怎样坚持和发展中国特色社会主义"这个重大时代课题，实现了马克思主义中国化的新飞跃，开辟了马克思主义新境界、中国特色社会主义新境界、治国理政新境界、管党治党新境界，是当代中国马克思主义、21 世纪马克思主义，是时代精神的精华、伟大实践的指南。

---

[*] 作者为中国社会科学院院长、党组书记，学部主席团主席。
[①] 习近平：《在纪念马克思诞辰 200 周年大会上的讲话》（2018 年 5 月 4 日），人民出版社 2018 年版，第 9 页。

一　科学回答时代之问、人民之问

马克思说过:"问题是时代的格言,是表现时代自己内心状态的最实际的呼声。"[①] 习近平总书记也深刻指出:"只有立足于时代去解决特定的时代问题,才能推动这个时代的社会进步;只有立足于时代去倾听这些特定的时代声音,才能吹响促进社会和谐的时代号角。"[②] 习近平新时代中国特色社会主义思想,科学回答时代之问、人民之问,在回答和解决时代和人民提出的重大理论和现实问题中,形成马克思主义中国化最新成果,成为夺取新时代中国特色社会主义伟大胜利的科学指南。

(一) 深入分析当今时代本质和时代特征,科学回答"人类向何处去"的重大问题

习近平总书记指出:"尽管我们所处的时代同马克思所处的时代相比发生了巨大而深刻的变化,但从世界社会主义500年的大视野来看,我们依然处在马克思主义所指明的历史时代。"[③] 马克思恩格斯关于资本主义基本矛盾的分析没有过时,关于资本主义必然灭亡、社会主义必然胜

[①]《马克思恩格斯全集》第1卷,人民出版社1995年版,第203页。

[②] 习近平:《问题就是时代的口号》(2006年11月24日),载习近平《之江新语》,浙江人民出版社2007年版,第235页。

[③]《习近平谈治国理政》第2卷,外文出版社2017年版,第66页。

利的历史唯物主义观点也没有过时。这是我们对马克思主义保持坚定信心、对社会主义保持必胜信念的科学根据。

虽然时代本质没有改变，但当代资本主义却呈现出新的特点。一方面，资本主义的生产力水平在当今世界依然处于领先地位，其缓和阶级矛盾、进行自我调整和体制修复的能力依然较强，转嫁转化危机的能力和空间依然存在，对世界经济政治秩序的控制力依然强势。另一方面，当前资本主义也发生了许多新变化，出现了许多新问题。正如习近平总书记指出的："许多西方国家经济持续低迷、两极分化加剧、社会矛盾加深，说明资本主义固有的生产社会化和生产资料私人占有之间的矛盾依然存在，但表现形式、存在特点有所不同。"[①] 当今时代本质及其阶段性特征，形成了一系列重大的全球性问题。世界范围的贫富分化日益严重，全球经济增长动能严重不足，霸权主义和强权政治依然存在，地区热点问题此起彼伏，恐怖主义、网络安全、重大传染性疾病、气候变化等非传统安全威胁持续蔓延，威胁和影响世界和平与发展。与此同时，随着世界多极化、经济全球化、社会信息化、文化多样化深入发展，反对霸权主义和强权政治的和平力量迅速发展，全球治理体系和国际秩序变革加速推进，不合理的世界经济政治秩序愈益难以为继，人类社会进入大发展大变革大调整的重要时期，面临"百年未有之大变局"。在新的时代条件下，如何应对人类共同面临的全球性重大挑战，引领人

---

① 习近平：《在哲学社会科学工作座谈会上的讲话》（2016年5月17日），人民出版社2016年版，第14页。

类走向更加光明而不是更加黑暗的前景，成为一个必须科学回答的重大问题，这就是"人类向何处去"的重大时代课题。习近平总书记立足全人类立场，科学回答这个重大问题，提出了一系列新思想新观点，深化了对人类社会发展规律的认识，也具体回答了"世界怎么了，我们怎么办"的迫切现实问题。

（二）深入分析世界社会主义运动的新情况新特点，科学回答"社会主义向何处去"的重大问题

习近平总书记深刻指出，社会主义从产生到现在有着500多年的历史，实现了从空想到科学、从理论到实践、从一国到多国的发展。特别是十月革命的伟大胜利，使科学社会主义从理论走向实践，从理想走向现实，开辟了人类历史发展的新纪元。第二次世界大战以后，世界上出现一批社会主义国家，世界社会主义运动蓬勃发展。但是，20世纪80年代末90年代初发生的苏东剧变，使世界社会主义运动遭遇严重挫折而进入低潮。

进入21世纪，西方资本主义国家出现了严重危机，在世界上的影响力不断下降，而中国特色社会主义则取得了辉煌成就，其他国家和地区的社会主义运动和进步力量也有所发展。但是，两种制度既合作又竞争的状况将长期存在，世界社会主义的发展任重道远。在这样的背景和条件下，世界社会主义运动能否真正走出低谷并发展振兴，"东升西降"势头能否改变"资强社弱"的总体态势，成为一个必须回答的重大问题，这就是"社会主义向何处去"的重大问题。习近平总书记贯通历史、现实和未来，

科学回答这个重大问题，深化了对社会主义发展规律的认识，丰富发展了科学社会主义。新时代中国特色社会主义的发展，成为世界社会主义新发展的引领旗帜和中流砥柱。

（三）深入分析当代中国新的历史方位及其新问题，科学回答"中国向何处去"的重大问题

在世界社会主义运动面临严峻挑战、处于低潮之际，中国坚定不移地沿着中国特色社会主义道路开拓前进，经过长期努力，经济、科技、国防等方面实力进入世界前列，国际地位得到空前提升，以崭新姿态屹立于世界民族之林。中国特色社会主义进入新时代，"在中华人民共和国发展史上、中华民族发展史上具有重大意义，在世界社会主义发展史上、人类社会发展史上也具有重大意义"①。

中国特色社会主义进入新时代，中国日益走近世界舞台中央，影响力、感召力和引领力不断增强，使世界上相信马克思主义和社会主义的人多了起来，使两种社会制度力量对比发生了有利于马克思主义、社会主义的深刻转变。为此，西方资本主义国家不断加大对中国的渗透攻击力度，中国遭遇"和平演变""颜色革命"等风险也在不断加大。因此，新时代如何进行具有许多新的历史特点的伟大斗争，在国内解决好新时代的社会主要矛盾，在国际

---

① 习近平：《决胜全面建成小康社会　夺取新时代中国特色社会主义伟大胜利——在中国共产党第十九次全国代表大会上的报告》（2017年10月18日），人民出版社2017年版，第12页。

上维护好国家主权、安全和发展利益,推进新时代中国特色社会主义取得新胜利,实现中华民族伟大复兴,成为一个必须科学回答的重大问题,这就是"中国向何处去"的重大问题。习近平总书记立足新的历史方位,科学回答了这个重大问题,深化了对中国特色社会主义建设规律的认识,在马克思主义中国化历史进程中具有里程碑的意义。

(四)深入分析新时代中国共产党面临的风险挑战,科学回答"中国共产党向何处去"的重大问题

中国共产党是中国工人阶级的先锋队,同时是中华民族和中国人民的先锋队,不断推进伟大自我革命和伟大社会革命。中华民族迎来了从站起来、富起来到强起来的伟大飞跃,迎来了中华民族伟大复兴的光明前景。但是在长期执政、改革开放日益深入、外部环境复杂变化的新的历史条件下,党自身状况发生了广泛深刻变化,"四大考验"长期复杂,"四大危险"尖锐严峻,正如习近平总书记指出的:"我们党面临的执政环境是复杂的,影响党的先进性、弱化党的纯洁性的因素也是复杂的,党内存在的思想不纯、组织不纯、作风不纯等突出问题尚未得到根本解决。"[①] 中国共产党能否经得住前所未有的风险考验,始终保持自身的先进性和纯洁性,始终走在时代前列、始终成为全国人民的主心骨、始终成为坚强领导核心,成为一个

---

① 习近平:《决胜全面建成小康社会 夺取新时代中国特色社会主义伟大胜利——在中国共产党第十九次全国代表大会上的报告》(2017年10月18日),人民出版社2017年版,第61页。

必须科学回答的重大问题,这就是"中国共产党向何处去"的重大问题。习近平总书记勇于应对风险挑战,科学回答了这个重大问题,深化了对共产党执政规律的认识,把马克思主义执政党建设推进到一个新境界。

总之,人类向何处去、社会主义向何处去、当代中国向何处去、中国共产党向何处去,这些时代之问、人民之问,这些重大理论和现实问题,集中到一点,就是"新时代坚持和发展什么样的中国特色社会主义、怎样坚持和发展中国特色社会主义"这个重大时代课题。以习近平同志为主要代表的中国共产党人从理论和实践的结合上系统回答了这个重大时代课题,创立了习近平新时代中国特色社会主义思想。这一马克思主义中国化最新成果,既是中国的也是世界的,既是中国人民的行动指南也是全人类的共同思想财富。

二 丰富的思想内涵,严整的理论体系

习近平新时代中国特色社会主义思想内涵十分丰富,涵盖改革发展稳定、内政外交国防、治党治国治军等各个领域、各个方面,构成了一个系统完整、逻辑严密、相互贯通的思想理论体系。

(一)坚持和发展新时代中国特色社会主义,是习近平新时代中国特色社会主义思想的核心要义

中国特色社会主义,是我们党紧密联系中国实际、深入探索创新取得的根本成就,是改革开放以来党的全部理

论和实践的主题。中华人民共和国成立后，以毛泽东同志为核心的第一代中央领导集体，团结带领全党全国人民开始探索适合中国国情的社会主义建设道路。改革开放以来，以邓小平同志为核心的第二代中央领导集体、以江泽民同志为核心的第三代中央领导集体、以胡锦涛同志为总书记的党中央，紧紧围绕着坚持和发展中国特色社会主义这个主题，深入分析并科学回答了"什么是社会主义、怎样建设社会主义""建设什么样的党、怎样建设党""实现什么样的发展、怎样发展"等重大问题，不断深化对中国特色社会主义建设规律的认识，创立了邓小平理论、"三个代表"重要思想、科学发展观，不断丰富中国特色社会主义理论体系。

党的十八大以来，以习近平同志为核心的党中央一以贯之地坚持这个主题，紧密结合新时代条件和新实践要求，以全新的视野，紧紧抓住并科学回答了"新时代坚持和发展什么样的中国特色社会主义、怎么坚持和发展中国特色社会主义"这一重大时代课题，创立了习近平新时代中国特色社会主义思想，深刻揭示了新时代中国特色社会主义的本质特征、发展规律和建设路径，为新时代坚持和发展中国特色社会主义提供了科学指引和基本遵循。

（二）"八个明确"是习近平新时代中国特色社会主义思想的主要内容

习近平总书记创造性地把马克思主义基本原理同当代中国具体实践有机结合起来，对新时代坚持和发展中国特色社会主义的总目标、总任务、总体布局和战略布局及发

代序　时代精神的精华　伟大实践的指南

展方向、发展方式、发展动力、战略步骤、外部条件、政治保证等一系列基本问题进行了系统阐述，做出了"八个明确"的精辟概括，构成了习近平新时代中国特色社会主义思想的主要内容。其中，第一个明确从国家发展的层面上，阐明了坚持和发展中国特色社会主义的总目标、总任务和战略步骤。第二个明确从人和社会发展的层面上，阐明了新时代中国社会主要矛盾，以及通过解决这个主要矛盾促进人的全面发展、全体人民共同富裕的社会理想。第三个明确从总体布局和战略布局的层面上，阐明了新时代中国特色社会主义事业的发展方向和精神状态。第四至第七个明确分别从改革、法治、军队、外交方面，阐明了新时代坚持和发展中国特色社会主义的改革动力、法治保障、军事安全保障和外部环境保障等。第八个明确从最本质特征、最大优势和最高政治领导力量角度，阐明了新时代坚持和发展中国特色社会主义的根本政治保证。

"八个明确"涵盖了新时代坚持和发展中国特色社会主义的最核心、最重要的理论和实践问题。既包括中国特色社会主义最本质特征，又包括决定党和国家前途命运的根本力量；既包括中国大踏步赶上时代的法宝，又包括解决中国一切问题的基础和关键；既包括社会主义政治发展的必然要求，又包括中国特色社会主义的本质要求和重要保障；既包括国家和民族发展中更基本、更深沉、更持久的力量，又包括发展的根本目的；既包括中华民族永续发展的千年大计，又包括我们党治国理政的重大原则；既包括实现"两个一百年"奋斗目标的战略支撑，又包括实现中华民族伟大复兴的必然要求；既包括实现中国梦的国际

·9·

环境和稳定的国际秩序，又包括我们党最鲜明的品格。这些内容逻辑上层层递进，内容上相辅相成，集中体现了习近平新时代中国特色社会主义思想的系统性、科学性、创新性。

(三)"十四个坚持"是新时代坚持和发展中国特色社会主义的基本方略

"十四个坚持"是习近平新时代中国特色社会主义思想的重要组成部分，是新时代坚持和发展中国特色社会主义的基本方略。其主要内容就是：坚持党对一切工作的领导，坚持以人民为中心，坚持全面深化改革，坚持新发展理念，坚持人民当家作主，坚持全面依法治国，坚持社会主义核心价值体系，坚持在发展中保障和改善民生，坚持人与自然和谐共生，坚持总体国家安全观，坚持党对人民军队的绝对领导，坚持"一国两制"和推进祖国统一，坚持推动构建人类命运共同体，坚持全面从严治党。

"十四个坚持"基本方略，从新时代中国特色社会主义的实践要求出发，包括中国全方位的发展要求，深化了对共产党执政规律、社会主义建设规律、人类社会发展规律的认识。体现了坚持党对一切工作的领导和坚持全面从严治党的极端重要性，紧紧扭住和高度聚焦中国共产党是当今中国最高政治领导力量。充分体现了坚持以人民为中心的根本立场和坚持全面深化改革的根本方法。包含了中国特色社会主义"五位一体"总体布局和"四个全面"战略布局的基本要求，突出了关键和特殊领域的基本要求，即坚持总体国家安全观体现了国家安全领域的基本要求，坚持党对人民军队的绝对领导体现了军队和国防建设方面的基本要求，坚持"一国两制"和推进祖国统一体现了港澳台工作方面的基本要求，坚持推动构建人类命运共同体体现了外交工作方面的基本要求。总的来看，"十四个坚持"基本方略，从行动纲领和重大对策措施的层面上，对经济、政治、法治、科技、文化、教育、民生、民族、宗教、社会、生态文明、国家安全、国防和军队、"一国两制"和祖国统一、统一战线、外交、党的建设等各方面内容做出了科学回答和战略部署，形成了具有实践性、操作性的根本要求，是实现"两个一百年"奋斗目标、实现中华民族伟大复兴中国梦的"路线图"和"方法论"，是科学的行动纲领和实践遵循。

（四）习近平新时代中国特色社会主义思想是一个严整的理论体系

习近平新时代中国特色社会主义思想坚持马克思主义基本立场、观点和方法，扎根于中国特色社会主义的生动实践，聚焦时代课题、擘画时代蓝图、演奏时代乐章，构建起系统完备、逻辑严密、内在统一的科学理论体系。它有着鲜明的人民立场和科学逻辑，蕴含着丰富的思想方法和工作方法，体现了坚持马克思主义与发展马克思主义的辩证统一，体现了把握事物发展客观规律性与发挥人的主观能动性的辩证统一，体现了立足中国国情与把握世界发展大势的辩证统一，书写了马克思主义发展新篇章。

习近平新时代中国特色社会主义思想内容极其丰富，

既是科学的理论指南，又是根本的行动纲领。"八个明确"侧重于回答新时代坚持和发展什么样的中国特色社会主义的问题，科学阐述了新时代中国特色社会主义发展中生产力与生产关系、经济基础与上层建筑、发展目标与实践进程等的辩证关系，涵盖了经济建设、政治建设、文化建设、社会建设、生态文明建设以及国防、外交、党的建设各个领域，是架构这一科学理论体系的四梁八柱。"十四个坚持"侧重于回答新时代怎么坚持和发展中国特色社会主义的问题，根据新时代的实践要求，从领导力量、发展思想、根本路径、发展理念、政治制度、治国理政、思想文化、社会民生、绿色发展、国家安全、军队建设、祖国统一、国际关系、党的建设等方面，做出深刻的理论分析和明确的政策指导，是习近平新时代中国特色社会主义思想的理论精髓和核心要义的具体展开，同党的基本理论、基本路线一起，构成党和人民事业发展的根本遵循。

总之，习近平新时代中国特色社会主义思想贯通历史、现实和未来，是扎根中国大地、反映人民意愿、顺应时代发展进步要求的科学理论体系。它坚持"实事求是，一切从实际出发"，"坚持问题导向"，"聆听时代声音"，坚持以我们正在做的事情为中心，以解决人民群众最关心、最直接、最现实的利益问题为着力点，顺利推进中国特色社会主义伟大事业。它始终面向党和国家事业长远发展，形成了从全面建成小康社会到基本实现现代化、再到全面建成社会主义现代化强国的战略安排，发出了实现中华民族伟大复兴中国梦的最强音。

三　为发展马克思主义做出原创性贡献

习近平总书记指出："新中国成立以来特别是改革开放以来，中国发生了深刻变革，置身这一历史巨变之中的中国人更有资格、更有能力揭示这其中所蕴含的历史经验和发展规律，为发展马克思主义作出中国的原创性贡献。"[①] 习近平新时代中国特色社会主义思想，是发展创新马克思主义的典范，贯通马克思主义哲学、政治经济学、科学社会主义，体现了马克思主义基本原理与当代中国具体实际的有机结合，体现了对中华优秀传统文化、人类优秀文明成果的继承发展，赋予了马克思主义鲜明的实践特色、理论特色、民族特色、时代特色，是当代中国马克思主义、21世纪马克思主义，为丰富和发展马克思主义做出了中国的原创性贡献。

（一）赋予辩证唯物主义和历史唯物主义新内涵

习近平总书记强调，辩证唯物主义和历史唯物主义是马克思主义的世界观、方法论，是马克思主义全部理论的基石，马克思主义哲学是共产党人的看家本领，"必须不断接受马克思主义哲学智慧的滋养"[②]。习近平新时代中国

---

① 《习近平谈治国理政》第2卷，外文出版社2017年版，第66页。
② 习近平：《辩证唯物主义是中国共产党人的世界观和方法论》，《求是》2019年第1期。

特色社会主义思想，创造性地将辩证唯物主义和历史唯物主义运用于党和国家的一切工作中，丰富发展了马克思主义哲学。比如，习近平总书记强调要学习和实践人类社会发展规律的思想，提出共产主义远大理想信念是共产党人的政治灵魂、精神支柱，实现共产主义是由一个一个阶段性目标达成的历史过程，"我们现在的努力以及将来多少代人的持续努力，都是朝着最终实现共产主义这个大目标前进的"[①]，把共产主义远大理想同中国特色社会主义共同理想统一起来、同我们正在做的事情统一起来；强调学习和实践坚守人民立场的思想，提出始终把人民立场作为根本立场，把为人民谋幸福作为根本使命，坚持全心全意为人民服务的根本宗旨，贯彻群众路线，尊重人民主体地位和首创精神，始终保持同人民群众的血肉联系，凝聚起众志成城的磅礴力量，团结带领人民共同创造历史伟业，不断促进人的全面发展、社会全面进步；学习和实践生产力和生产关系的思想，提出生产力是推动社会进步的最活跃、最革命的要素，社会主义的根本任务是解放和发展生产力，坚持发展为第一要务，自觉通过调整生产关系激发社会生产力发展活力，自觉通过完善上层建筑适应经济基础发展要求，让中国特色社会主义更加符合规律地向前发展；强调运用社会矛盾运动学说，揭示新时代中国社会主要矛盾是人民日益增长的美好生活需要和不平衡不充分的

---

① 习近平：《关于坚持和发展中国特色社会主义的几个问题（2013年1月5日）》，载《十八大以来重要文献选编》（上），中央文献出版社2014年版，第115页。

发展之间的矛盾；强调学习掌握唯物辩证法的根本方法，丰富和发展马克思主义方法论，增强战略思维、历史思维、辩证思维、创新思维、法治思维、底线思维能力，等等。这些新思想新观点新方法，在新的时代条件下赋予了辩证唯物主义和历史唯物主义基本原理和方法论新的时代内涵，光大了马克思主义哲学的实践性品格，将马克思主义哲学的创造性运用提升到一个新的境界，为中国人民认识世界、改造世界提供了强大的精神力量，发挥了改造世界的真理伟力。

（二）谱写马克思主义政治经济学新篇章

习近平总书记指出："学好马克思主义政治经济学基本原理和方法论，有利于我们掌握科学的经济分析方法，认识经济运动过程，把握经济社会发展规律，提高驾驭社会主义市场经济能力，更好回答中国经济发展的理论和实践问题。"[①] 习近平总书记立足中国国情和发展实践，深入研究世界经济和中国经济面临的新情况新问题，把马克思主义政治经济学基本原理同新时代中国经济社会发展实际相结合，提炼和总结中国经济发展实践的规律性成果，把实践经验上升为系统化的经济学理论，形成习近平新时代中国特色社会主义经济思想。比如，提出坚持发展为了人民的马克思主义政治经济学的根本立场，坚持以人民为中

---

① 习近平：《不断开拓当代中国马克思主义政治经济学新境界》（2015年11月23日），载习近平《论坚持全面深化改革》，中央文献出版社2018年版，第187页。

心的发展思想，坚定不移走共同富裕道路，推进全民共享、全面共享、共建共享和渐进共享，最终实现全体人民共同富裕，发展了马克思主义关于社会主义生产本质和目的的理论；创造性提出并贯彻创新、协调、绿色、开放、共享的新发展理念，集中反映了我们党对中国经济社会发展规律认识的深化，创新了马克思主义发展观；坚持和完善中国社会主义基本经济制度和分配制度，提出毫不动摇巩固和发展公有制经济，毫不动摇鼓励、支持、引导非公有制经济的发展，完善按劳分配为主体、多种分配方式并存的分配制度，使改革发展成果更多更公平惠及全体人民，实现效率和公平有机统一，发展了马克思主义所有制理论和分配理论；提出完善社会主义市场经济体制，使市场在资源配置中起决定性作用，更好发挥政府作用，实现了我们党对中国特色社会主义建设规律认识的新突破，标志着社会主义市场经济发展进入了一个新阶段；着眼于中国经济由高速增长阶段转向高质量发展阶段的深刻变化，提出积极适应、把握、引领经济发展新常态，坚持质量第一、效益优先，以供给侧结构性改革为主线，推动经济发展质量变革、效率变革、动力变革，建设现代化经济体系，发展了社会主义经济建设理论；站在全面建成小康社会、实现中华民族伟大复兴中国梦的战略高度，把脱贫攻坚摆到治国理政突出位置，提出精准扶贫、精准脱贫等重要思想，推动中国减贫事业取得巨大成就，对世界减贫做出了重大贡献；坚持对外开放基本国策，提出发展更高层次的开放型经济，积极参与全球经济治理，推进"一带一路"建设，深化了社会主义对外开放理论，等等。这一系列新思想新理念新论断，创造性地坚持和发展马克思主义政治经济学基本原理和方法论，实现了中国特色社会主义政治经济学学术体系、话语体系、方法论体系的创新发展，书写了当代中国社会主义政治经济学、21世纪马克思主义政治经济学的最新篇章，打破国际经济学领域许多被奉为教条的西方经济学的理论、概念、方法和话语，为发展马克思主义政治经济学做出重大贡献。

（三）开辟科学社会主义新境界

习近平总书记指出："科学社会主义基本原则不能丢，丢了就不是社会主义。"① 对科学社会主义的理论思考、经验总结，对坚持和发展中国特色社会主义的担当和探索，贯穿习近平新时代中国特色社会主义思想形成和发展的全过程。习近平新时代中国特色社会主义思想贯穿科学社会主义基本原则，推进理论创新、实践创新、制度创新、文化创新以及各方面创新，提出一系列关于科学社会主义的新思想。比如，把科学社会主义基本原则同中国具体实际、历史文化传统、时代要求紧密结合起来，提出"中国特色社会主义是社会主义而不是其他什么主义"②，是科学社会主义理论逻辑和中国社会发展历史逻辑的辩证统一，是根植于中国大地、反映中国人民意愿、适应中国和时代

---

① 习近平：《关于坚持和发展中国特色社会主义的几个问题（2013年1月5日）》，载《十八大以来重要文献选编》（上），中央文献出版社2014年版，第109页。

② 同上。

发展进步要求的科学社会主义；明确中国特色社会主义事业总体布局是"五位一体"、战略布局是"四个全面"，强调坚定"四个自信"，明确全面深化改革是坚持和发展中国特色社会主义的根本动力等，丰富发展了马克思主义关于社会主义全面发展的认识；将科学社会主义基本原则运用于解决当代中国实践问题，创造性地提出中国特色社会主义进入新时代、建设社会主义现代化强国的思想，丰富发展了社会主义发展阶段理论；创造性地提出坚持和完善中国特色社会主义制度、不断推进国家治理体系和治理能力现代化的思想，创建了科学社会主义关于国家治理体系和治理能力现代化的崭新理论，丰富发展了马克思主义国家学说和社会治理学说；站在人类历史发展进程的高度，正确把握国际形势的深刻变化，顺应和平、发展、合作、共赢的时代潮流，高瞻远瞩地提出构建人类命运共同体的重大思想，建设持久和平、普遍安全、共同繁荣、开放包容、清洁美丽的世界，丰富发展了马克思主义关于未来社会发展的理论；创造性地提出中国特色社会主义最本质的特征和中国特色社会主义制度的最大优势是中国共产党的领导，党是最高政治领导力量，新时代党的建设总要求、新时代党的组织路线，突出政治建设在党的建设中的重要地位，持之以恒全面从严治党等重大思想，科学地解答了马克思主义执政党长期执政面临的一系列重大问题，深化了对共产党执政规律的认识，丰富发展了马克思主义政党建设理论，等等。这些重大理论观点，是习近平总书记总结世界社会主义500多年历史，科学社会主义170多年历史，特别是中华人民共和国近70年社会主义建设正反经验得出的重要结论,回答了在 21 世纪如何坚持和发展科学社会主义等重大理论和实践问题,丰富和发展了科学社会主义基本原理,彰显了科学社会主义的鲜活生命力,使社会主义的伟大旗帜始终在中国大地上高高飘扬,把科学社会主义推向一个新的发展阶段。

实践没有止境,理论创新也没有止境。习近平总书记指出:"世界每时每刻都在发生变化,中国也每时每刻都在发生变化,我们必须在理论上跟上时代,不断认识规律,不断推进理论创新、实践创新、制度创新、文化创新以及其他各方面创新。"[①] 今天,时代变化和中国发展的广度和深度远远超出了马克思主义经典作家当时的想象,这就要求我们坚持用马克思主义观察时代、解读时代、引领时代,用鲜活丰富的当代中国实践来推动马克思主义发展,以更加宽阔的眼界审视马克思主义在当代发展的现实基础和实践需要,继续发展 21 世纪马克思主义,不断开辟马克思主义发展新境界,使马克思主义放射出更加灿烂的真理光芒。

四 坚持用习近平新时代中国特色社会主义思想统领哲学社会科学工作

习近平总书记指出:"坚持以马克思主义为指导,是

---

① 习近平:《决胜全面建成小康社会 夺取新时代中国特色社会主义伟大胜利——在中国共产党第十九次全国代表大会上的报告》(2017 年 10 月 18 日),人民出版社 2017 年版,第 26 页。

当代中国哲学社会科学区别于其他哲学社会科学的根本标志，必须旗帜鲜明加以坚持。"① 不坚持以马克思主义为指导，哲学社会科学就会失去灵魂、迷失方向，最终也不能发挥应有作用。习近平新时代中国特色社会主义思想是闪耀真理光辉、凝结时代精华的当代中国马克思主义，是新时代哲学社会科学的最高成果。坚持习近平新时代中国特色社会主义思想，就是真正坚持和发展马克思主义。用习近平新时代中国特色社会主义思想武装头脑、指导实践、推动工作，是做好一切工作的重要前提。坚持以习近平新时代中国特色社会主义思想为统领，中国哲学社会科学就有了定盘星和主心骨，就能保证哲学社会科学研究坚持正确的政治方向、学术导向和价值取向，就能与时代同步伐、与人民齐奋进，实现哲学社会科学的大繁荣大发展。

（一）学懂弄通做实习近平新时代中国特色社会主义思想

学习宣传贯彻习近平新时代中国特色社会主义思想是哲学社会科学界头等政治任务和理论任务。担负起新时代赋予的构建中国特色哲学社会科学崇高使命，必须做到：一要学懂，深入学习领会这一思想蕴含的核心要义、丰富内涵、重大意义，深刻领悟这一思想对丰富发展马克思主义理论宝库做出的原创性贡献，深刻把握这一思想对哲学社会科学工作的指导意义；二要弄通，学习贯穿习近平新

---

① 习近平：《在哲学社会科学工作座谈会上的讲话》（2016年5月17日），人民出版社2016年版，第8页。

时代中国特色社会主义思想的立场观点方法，既要知其然又要知其所以然，体会习近平总书记为什么这么讲，站在什么样的高度来讲；三要落实，全面贯彻习近平总书记在哲学社会科学工作座谈会上的重要讲话和致中国社会科学院建院40周年、中国社会科学院中国历史研究院成立贺信精神，把习近平新时代中国特色社会主义思想落实到哲学社会科学各个领域、各个方面，切实贯穿到学术研究、课堂教学、成果评价、人才培养等各个环节，促进党的创新理论与各个学科、概念、范畴之间的融通，使党的重大理论创新成果真正融入哲学社会科学中去，推出系统性与学理性并重、说理透彻与文风活泼兼备的高水平研究成果，书写研究阐释当代中国马克思主义、21世纪马克思主义的学术经典，为推进马克思主义中国化时代化大众化做出新贡献。

（二）坚持以研究回答新时代重大理论和现实问题为主攻方向

问题是时代的声音。习近平总书记反复强调："当代中国的伟大社会变革，不是简单延续我国历史文化的母版，不是简单套用马克思主义经典作家设想的模板，不是其他国家社会主义实践的再版，也不是国外现代化发展的翻版，不可能找到现成的教科书。"[①] 建设具有中国特色、中国风格、中国气派的哲学社会科学，必须立足中国实

---

① 习近平：《在哲学社会科学工作座谈会上的讲话》（2016年5月17日），人民出版社2016年版，第21页。

际，以我们正在做的事情为中心，坚持问题导向，始终着眼党和国家工作大局，聚焦新时代重大理论和现实问题，聚焦人民群众关注的热点和难点问题，聚焦党中央关心的战略和策略问题，特别是习近平总书记提出的一系列重大问题，例如，如何巩固马克思主义在意识形态领域的指导地位，培育和践行社会主义核心价值观，巩固全党全国各族人民团结奋斗的共同思想基础；如何贯彻落实新发展理念、加快推进供给侧结构性改革、转变经济发展方式、提高发展质量和效益；如何更好保障和改善民生、促进社会公平正义；如何提高改革决策水平、推进国家治理体系和治理能力现代化；如何加快建设社会主义文化强国、增强文化软实力、提高中国在国际上的话语权；如何不断提高党的领导水平和执政水平、增强拒腐防变和抵御风险能力等，在研究这些问题上大有作为，推出更多对中央决策有重要参考价值、对事业发展有重要推动作用的优秀成果，揭示中国社会发展、人类社会发展的大逻辑大趋势，为实现中华民族伟大复兴的中国梦提供智力支持。

（三）加快构建中国特色哲学社会科学学科体系、学术体系、话语体系

哲学社会科学的特色、风格、气派，是发展到一定阶段的产物，是成熟的标志，是实力的象征，也是自信的体现。构建中国特色哲学社会科学，是新时代繁荣发展中国哲学社会科学事业的崇高使命，是广大哲学社会科学工作者的神圣职责。哲学社会科学界要以高度的政治自觉和学术自觉，以强烈的责任感、紧迫感和担当精神，在加快构建"三大体系"上有过硬的举措、实质性进展和更大作为。要按照习近平总书记在哲学社会科学工作座谈会上的重要讲话中提出的指示要求，按照立足中国、借鉴国外，挖掘历史、把握当代，关怀人类、面向未来的思路，体现继承性、民族性，体现原创性、时代性，体现系统性、专业性，构建中国哲学社会科学学科体系、学术体系、话语体系，形成全方位、全领域、全要素的哲学社会科学体系，为建设具有中国特色、中国风格、中国气派的哲学社会科学奠定基础，增强中国哲学社会科学研究的国际影响力，提升国家的文化软实力，让世界知道"学术中的中国""理论中的中国""哲学社会科学中的中国"。

（四）弘扬理论联系实际的马克思主义学风

繁荣发展中国哲学社会科学，必须解决好学风问题，加强学风建设。习近平总书记指出："理论一旦脱离了实践，就会成为僵化的教条，失去活力和生命力。"[①] 哲学社会科学工作者要理论联系实际，大力弘扬崇尚精品、严谨治学、注重诚信、讲求责任的优良学风，营造风清气正、互学互鉴、积极向上的学术生态；要树立良好学术道德，自觉遵守学术规范，讲究博学、审问、慎思、明辨、笃行，崇尚"士以弘道"的价值追求，真正把做人、做事、做学问统一起来；要有"板凳要坐十年冷，文章不写一句空"的执着坚守，耐得住寂寞，经得起诱惑，守得住底

---

① 习近平：《辩证唯物主义是中国共产党人的世界观和方法论》，《求是》2019 年第 1 期。

线，立志做大学问、做真学问；要把社会责任放在首位，严肃对待学术研究的社会效果，自觉践行社会主义核心价值观，做真善美的追求者和传播者，以深厚的学识修养赢得尊重，以高尚的人格魅力引领风气，在为祖国、为人民立德立言中成就自我、实现价值，成为先进思想的倡导者、学术研究的开拓者、社会风尚的引领者、中国共产党执政的坚定支持者。

（五）坚持和加强党对哲学社会科学的全面领导

哲学社会科学事业是党和人民的重要事业，哲学社会科学战线是党和人民的重要战线。加强和改善党对哲学社会科学工作的全面领导，是出高质量成果、高水平人才，加快构建"三大体系"的根本政治保证。要树牢"四个意识"，坚定"四个自信"，坚决做到"两个维护"，坚定不移地在思想上政治上行动上同以习近平同志为核心的党中央保持高度一致，坚定不移地维护习近平总书记在党中央和全党的核心地位，坚定不移地维护党中央权威和集中统一领导，确保哲学社会科学始终围绕中心，服务大局；要加强政治领导和工作指导，尊重哲学社会科学发展规律，提高领导哲学社会科学工作本领，一手抓繁荣发展、一手抓引导管理；要认真贯彻党的知识分子政策，尊重劳动、尊重知识、尊重人才、尊重创造，做到政治上充分信任、思想上主动引导、工作上创造条件、生活上关心照顾，多为他们办实事、做好事、解难事；要切实贯彻百花齐放、百家争鸣方针，开展平等、健康、活泼和充分说理的学术争鸣，提倡不同学术观点、不同风格学派相互切磋、平等讨论；要正确区分学术问题和政治问题，不要把一般的学术问题当成政治问题，也不要把政治问题当作一般的学术问题，既反对打着学术研究旗号从事违背学术道德、违反宪法法律的假学术行为，也反对把学术问题和政治问题混淆起来、用解决政治问题的办法对待学术问题的简单化做法。

"群才属休明，乘运共跃鳞。"中国特色社会主义进入新时代，也是哲学社会科学繁荣发展的时代，是哲学社会科学工作者大有可为的时代。广大哲学社会科学工作者，要坚持以习近平新时代中国特色社会主义思想为指导，发愤图强，奋力拼搏，书写新时代哲学社会科学发展新篇章，为实现"两个一百年"奋斗目标、实现中华民族伟大复兴的中国梦做出新的更大贡献。

出版前言

党的十八大以来，以习近平同志为主要代表的中国共产党人，顺应时代发展，站在党和国家事业发展全局的高度，围绕坚持和发展中国特色社会主义，从理论和实践结合上系统回答了新时代坚持和发展什么样的中国特色社会主义、怎样坚持和发展中国特色社会主义这个重大时代课题，创立了习近平新时代中国特色社会主义思想。习近平新时代中国特色社会主义思想，内容丰富、思想深刻，涉及生产力和生产关系、经济基础和上层建筑各个环节，涵盖经济建设、政治建设、文化建设、社会建设、生态文明建设、党的建设以及国防和军队建设、外交工作等领域，形成了系统完整、逻辑严密的科学理论体系。习近平新时代中国特色社会主义思想是对马克思列宁主义、毛泽东思想、邓小平理论、"三个代表"重要思想、科学发展观的继承和发展，是马克思主义中国化的最新成果，是当代中国马克思主义、21世纪马克思主义，是全党全国人民为实现"两个一百年"奋斗目标和中华民族伟大复兴而奋斗的行动指南。深入学习、刻苦钻研、科学阐释习近平新时代中国特色社会主义思想是新时代赋予中国哲学社会科学工作者的崇高使命与责任担当。

2015年年底，为了深入学习贯彻落实习近平总书记系列重要讲话精神和治国理政新理念新思想新战略，中国社会科学出版社赵剑英社长开始策划组织《习近平总书记系列重要讲话精神和治国理政新理念新思想新战略学习丛书》的编写出版工作。中国社会科学院党组以强烈的政治意识、大局意识、核心意识、看齐意识，高度重视这一工作，按照中央的相关部署和要求，组织优秀精干的科研力量对习近平总书记系列重要讲话精神和治国理政新理念新思想新战略进行集中学习、深入研究、科学阐释，开展该丛书的撰写工作。

2016年7月，经全国哲学社会科学工作办公室批准，《习近平总书记系列重要讲话精神和治国理政新理念新思想新战略学习丛书》的写作出版，被确立为国家社会科学基金十八大以来党中央治国理政新理念新思想新战略研究专项工程项目之一，由时任中国社会科学院院长、党组书记王伟光同志担任首席专家。国家社会科学基金十八大以来党中央治国理政新理念新思想新战略研究专项工程项目于2016年4月设立，包括政治、经济、文化、军事等13个重点研究方向。本课题是专项工程项目中唯一跨学科、多视角、全领域的研究课题，涉及除军事学科之外12个研究方向，相应成立了12个子课题组。

党的十九大召开之前，作为向十九大献礼的项目，课题组完成了第一批书稿，并报中央宣传部审批。党的十九大召开之后，课题组根据习近平总书记最新重要讲话和党的十九大精神，根据中宣部的审读意见，对书稿进行了多次修改完善，并将丛书名确立为《习近平新时代中国特色社会主义思想学习丛书》。

中国社会科学院院长、党组书记谢伏瞻同志对本课题的研究和丛书的写作、修改做出明确指示，并为之作序。王伟光同志作为课题组首席专家，主持制定总课题和各子课题研究的基本框架、要求和实施方案。中国社会科学院副院长、党组副书记王京清同志一直关心本丛书的研究和写作，对出版工作予以指导。中国社会科学院副院长蔡昉同志具体负责课题研究和写作的组织协调与指导。中国社会科学院科研局局长马援等同志，在项目申报、经费管理等方面给予了有力支持。中国社会科学出版社作为项目责任单位，在本丛书总策划，党委书记、社长赵剑英同志的领导下，以高度的政治担当意识和责任意识，协助院党组和课题组专家认真、严谨地做好课题研究管理、项目运行和编辑出版等工作。中国社会科学出版社总编辑助理王茵同志、重大项目出版中心主任助理孙萍同志，对项目管理、运行付出了诸多辛劳。

在三年多的时间里，课题组近一百位专家学者系统深入学习习近平同志在不同历史时期所发表的重要讲话和著述，深入研究、精心写作，召开了几十次的理论研讨会、专家审稿会，对书稿进行多次修改，力图系统阐释习近平新时代中国特色社会主义思想的时代背景、理论渊源、实践基础、主题主线、主要观点和核心要义，努力从总体上把握习近平新时代中国特色社会主义思想内在的理论逻辑和精神实质，全面呈现其当代中国马克思主义、21世纪马克思主义的理论形态及其伟大的理论和实践意义，最终形成了总共约300万字的《习近平新时代中国特色社会主义思想学习丛书》，共 12 册。

  （1）《开辟当代马克思主义哲学新境界》
  （2）《深入推进新时代党的建设新的伟大工程》
  （3）《坚持以人民为中心的新发展理念》
  （4）《构建新时代中国特色社会主义政治经济学》
  （5）《全面依法治国　建设法治中国》
  （6）《建设新时代社会主义文化强国》
  （7）《实现新时代中国特色社会主义文艺的历史使命》
  （8）《生态文明建设的理论构建与实践探索》
  （9）《走中国特色社会主义乡村振兴道路》
  （10）《习近平新时代中国特色社会主义外交思想研究》
  （11）《习近平新时代治国理政的历史观》
  （12）《全面从严治党永远在路上》

  习近平新时代中国特色社会主义思想博大精深、内涵十分丰富，我们虽已付出最大努力，但由于水平有限，学习体悟尚不够深入，研究阐释定有不少疏漏之处，敬请广大读者提出宝贵的指导意见，以期我们进一步修改完善。

  最后，衷心感谢所有参与本丛书写作和出版工作的专家学者、各级领导以及编辑、校对、印制等工作人员。

《习近平新时代中国特色社会主义思想学习丛书》课题组
首席专家　王伟光

中国社会科学出版社

2019 年 3 月

目　　录

导论 …………………………………………………（1）

第一章　中国面临的国际环境 ……………………（10）

第一节　和平与发展的时代潮流 …………………（11）
一　世界总体和平态势可以保持 ………………（12）
二　国际力量对比发生深刻变化 ………………（14）
三　大国关系竞争与合作并存 …………………（16）
四　世界"四化"趋势深入发展 ………………（18）

第二节　变乱交织的国际形势 ……………………（23）
一　复杂多变的周边外交环境 …………………（23）
二　时隐时现的民族分裂主义和反华活动 ……（24）
三　暗流涌动的海外利益安全威胁 ……………（25）

第三节　中国在当今世界中的历史方位 …………（25）
一　中国综合国力不断增强 ……………………（26）
二　牢牢抓住经济全球化带来的历史机遇 ……（29）
三　统筹国内国际两个大局 ……………………（32）
四　外交工作不断创新 …………………………（34）

第四节　本章小结 …………………………………（37）

第二章 新时代中国国家利益 (39)
第一节 坚决维护国家利益 (40)
一 国家利益的概念及其特性 (41)
二 坚持将国家利益作为对外政策的制定依据 (45)
三 谋求中国国家利益与各国共同利益相统一 (48)
第二节 奋力实现中华民族的伟大复兴 (53)
一 维护和延长中国发展的重要战略机遇期 (54)
二 实现"两个一百年"奋斗目标 (56)
三 实现国家富强、民族振兴、人民幸福 (61)
第三节 贯彻落实总体国家安全观 (63)
一 坚持统筹内部安全与外部安全 (64)
二 坚持统筹安全与发展 (67)
三 努力协调自身安全与共同安全 (69)
第四节 本章小结 (71)

第三章 推动建立新型国际关系 (74)
第一节 推动建立新型国际关系符合时代发展趋势 (75)
一 经济全球化深入发展的客观要求 (76)
二 中国和平发展道路的自然延伸 (76)
三 中国传统政治文化的现代体现 (77)
四 应对国际秩序挑战的现实选择 (78)
第二节 新型国际关系的内涵 (80)

一　政治上结伴不结盟 ……………………………（80）
　　二　经济上包容发展 ……………………………（83）
　　三　安全上合作共享 ……………………………（85）
　　四　文化上交流互鉴 ……………………………（87）
第三节　新型国际关系的外交实践 …………………（89）
　　一　以合作共赢原则构建新型大国关系 ………（89）
　　二　以"亲诚惠容"理念塑造周边环境 …………（96）
　　三　以正确义利观夯实与发展中国家
　　　　关系的基础 …………………………………（100）
第四节　本章小结 ……………………………………（104）

第四章　推动构建人类命运共同体 ………………（106）

第一节　人类命运共同体的内涵 ……………………（107）
　　一　平等相待、互商互谅的伙伴关系 …………（107）
　　二　公道正义、共建共享的安全格局 …………（108）
　　三　开放创新、包容互惠的发展前景 …………（110）
　　四　和而不同、兼收并蓄的文明交流 …………（111）
　　五　尊崇自然、绿色发展的生态体系 …………（112）
第二节　人类命运共同体的意义 ……………………（113）
　　一　中国特色大国外交理论的核心概念 ………（114）
　　二　中国特色大国外交的实践创新 ……………（118）
　　三　当代国际秩序的规范创新 …………………（120）
第三节　构建人类命运共同体的路径 ………………（122）
　　一　维护世界和平、促进普遍安全 ……………（123）
　　二　坚持互利共赢、促进共同发展 ……………（126）
　　三　构建伙伴关系、支持多边主义 ……………（130）

四　坚持绿色低碳、促进可持续发展 ………… (132)
　第四节　本章小结 ………………………………… (135)

第五章　推进"一带一路"建设 ………………… (137)
　第一节　"一带一路"是新时期改革开放的
　　　　　伟大探索 ………………………………… (138)
　　一　全面发展倡议 ………………………………… (141)
　　二　深度开放倡议 ………………………………… (144)
　　三　经济外交倡议 ………………………………… (148)
　第二节　推进互联互通是"一带一路"的
　　　　　关键环节 ………………………………… (152)
　　一　以政策沟通实现战略对接 …………………… (153)
　　二　以设施联通便利区域融合 …………………… (155)
　　三　以贸易畅通激活发展潜能 …………………… (157)
　　四　以资金融通化解金融短板 …………………… (159)
　　五　以民心相通夯实社会基础 …………………… (162)
　第三节　打造区域合作新平台是"一带一路"的
　　　　　重要保障 ………………………………… (164)
　　一　推进多元灵活合作 …………………………… (165)
　　二　坚持包容开放原则 …………………………… (168)
　　三　打造亚洲合作机制 …………………………… (171)
　第四节　本章小结 ………………………………… (175)

第六章　积极参与全球治理 ……………………… (180)
　第一节　全球治理观逐步成型 …………………… (180)
　　一　21世纪以来中国积极参与多边事务 ……… (181)

二　参与全球治理的时代背景与挑战 ……… （182）
　　三　推动全球治理体制朝着公正合理
　　　　方向发展 ………………………………… （183）
第二节　中国参与全球治理的宗旨 ……………… （186）
　　一　维护全人类共同利益 ……………………… （187）
　　二　为推动全球治理理念创新贡献
　　　　中国智慧 ………………………………… （191）
第三节　中国的全球治理实践 …………………… （196）
　　一　积极参与新兴治理机制 …………………… （197）
　　二　创建包容性新机制 ………………………… （199）
　　三　促进新旧制度的有机融合 ………………… （202）
　　四　重视非传统安全治理 ……………………… （204）
　　五　参与引领经济全球化发展 ………………… （208）
第四节　本章小结 ………………………………… （212）

第七章　贡献人类共同价值 ……………………… （214）
第一节　中国外交的价值追求 …………………… （215）
　　一　人类共同价值是当代中国价值的
　　　　全球传播 ………………………………… （216）
　　二　人类共同价值是全球价值理念的
　　　　中国表述 ………………………………… （220）
第二节　和平与发展 ……………………………… （224）
　　一　和平与发展是中国的基本价值 …………… （225）
　　二　和平与发展是中国的基本国策 …………… （228）
第三节　公平与正义 ……………………………… （230）

  一　创造公正平等的国际环境 ………………（231）
  二　坚持道义为先的交往原则 ………………（234）
 第四节　民主与自由 ……………………………（237）
  一　推进国际关系的民主化进程 ……………（237）
  二　尊重各国主权、保障人民自由 …………（240）
 第五节　本章小结 ………………………………（243）

参考文献 ……………………………………………（245）

索引 …………………………………………………（256）

后记 …………………………………………………（261）

导 论

党的十八大以来，面对错综复杂的国际形势和纷繁复杂的外交任务，以习近平同志为核心的党中央准确把握世界格局变化和中国发展大势，全面推进新时代中国特色大国外交，提出了一系列重大对外战略思想，开展了一系列重大外交行动，不仅为全面建成小康社会创造了有利外部环境，在国际体系变局中全面提升了中国的战略影响力和制度性权利，而且有力推动了国际格局朝着和平、稳定、公正和更加有利于世界发展繁荣的方向演进。一个全方位、多层次、立体化的外交布局已经全面展开，中国外交变得更加主动，更加进取，更加自信，更加成熟，中国的国际影响力、感召力、塑造力进一步提高。

首先，努力保持与主要大国关系的稳定。2013年以来，中国努力与美国推动构建新型大国关系，确保两国不对抗、不冲突，希望两国相互尊重对方的核心利益，并在各个领域实现合作共赢。习近平主席与时任美国总统奥巴马举行了四次会晤，包括"庄园会晤""瀛台夜话""白宫秋叙""西湖长谈"，与现任总统特朗普举行了"海湖庄园会"和"故宫茶叙"，两国元首的坦诚交流和战略沟通，达到了增信释疑的积极效果。一个稳定的中美关系，不仅对两国人民，而且对世界的和平与繁荣均产生了重要而积极的影响。

中俄战略协作伙伴关系不断深化，迈向更高水平。中俄两国元首以及各级别官员每年都要举行多次会晤，对两国关系发展作出规划、部署和调整。双方围绕重大国际和地区问题保持密切沟通和协调，能源、航空等领域大项目合作稳步推进，"一带一路"与欧亚经济联盟对接工作有序开展。中俄开展高水平战略协作，不仅有利于两国及两国人民，而且成为维护世界和平稳定的一块重要压舱石。

中国与欧盟以及欧洲国家的关系继续取得重要进展。中欧首脑峰会和中国—中东欧国家首脑峰会已经机制化，中法、中德各领域交流合作取得新成果。英国前首相卡梅伦和现首相梅均表示愿致力于打造英中关系"黄金时代"。中国与中东欧国家正在描绘"16+1合作"新蓝图。在欧洲经济持续低迷、个别国家经济危机有所深化的情况下，中欧合作特别是"一带一路"建设的推进对于重振欧洲经济，推动欧盟重新步入正轨具有重要意义。

其次，致力维护周边稳定合作大局。党的十八大以来，特别是2013年11月召开周边外交工作座谈会以来，中国周边外交积极贯彻"亲、诚、惠、容"的外交理念，坚持"结缘不结怨、结伴不结盟"原则，攻坚克难，开拓进取，有力维护国家主权、安全、发展利益，进一步拉紧周边命运共同体纽带，奏响了亚洲团结合作、互利共赢的时代强音。

中国不断加强与周边重要邻国的交往与合作。中国国家领导人每年都要出访一些周边邻国，巩固战略互信，深化传统友谊，提高合作水平。中国在周边的深耕厚植，使我们在亚洲的"朋友圈"越来越广，越交越深，同时也有力推动了"一带一路"建设走实、走深。

中国积极推动周边各种合作机制建设。习近平主席连续出席上合组织峰会，倡导弘扬"上海精神"，深化团结协作，推动上合组织发展进入新阶段。李克强总理成功出席东亚合作领导人系列会议，陆续推出系列务实合作新举措，书写中国—东盟关系新篇章。中国正式启动澜沧江—湄公河合作机制，为东亚区域合作打造新的引擎。

中国在周边热点问题上积极发挥建设性作用，尽力维护周边环境及地区局势的稳定。中国坚定推进朝鲜半岛无核化目标，坚持通过对话谈判解决朝核问题，以维护半岛的和平稳定。中国坚定维护自身正当利益和战略安全环境，反对以朝核问题为借口在半岛部署"萨德"反导系统。中国坚定支持阿富汗推进国内政治和解，积极参与阿富汗问题"伊斯坦布尔进程"，通过自身渠道以及中美巴阿四方机制为此奔走斡旋。中国坚持在南海问题上的既定立场，坚持有理、有利、有节的斗争方式，不仅实现了中菲关系转圜，而且使有关国家利用南海问题搅乱地区局势的图谋彻底破产，也为中国与东盟国家进一步深化合作扫除了障碍。

再次，奋力拓展发展中国家"朋友圈"。建立各种形式的伙伴关系是冷战结束以来中国外交的一大创新。2014年召开的中央外事工作会议提出要构建遍布全球的伙伴关系网络。此后，中国以发展中国家为重点，推动构建各具特色、各有侧重、相互补充的伙伴关系，全球伙伴关系网络基本形成并日益完善。据统计，截至2016年年底，中国已与全世界80多个国家和地区组织建立了各种形式的伙伴关系，其中大部分是发展中国家和国家集团。

最后，合力引领全球治理体系变革。近年来，世界经济尤其是发达国家经济持续低迷不振，而中国经济依然保持中高速稳定增长。因此，各方日益把期待的目光投向中国，希望中国为推动世界经济复苏增长、促进全球治理体系变革发挥更大的作用。以习近平同志为核心的党中央着眼国内国际两个大局，积极布局，主动谋划，特别是中央政治局在2016年两次围绕全球治理进行集体学习，提出要抓住机遇、顺势而为，推动国际秩序朝着更加公正合理的方向发展。中国利用二十国集团首脑峰会、亚太经合组织首脑峰会、联合国大会等高级别多边外交场合，阐述中方对于全球治理的理念，开出应对全球性问题的"中国药方"，与志同道合的国家合力引领经济全球化进程向更加包容普惠的方向发展，并在二十国集团杭州峰会上将创新和结构性改革明确为开创世界发展新局面的主线，不仅扩大了中国五大发展理念的国际影响，彰显了中国改革开放的世界意义，而且引领了世界经济和全球治理的前进方向。

习近平总书记善于从中国优秀传统文化中汲取营养，精于在波澜壮阔的历史进程中把握潮流，发展观、安全观、合作观、全球治理观和正确义利观等一系列新理念的提出从各个方面充实和完善了新时代中国特色大国外交理论体系，为快速发展的中国外交提供了有力指导。

导 论

从时代的高度、发展的角度、世界的维度总结党的十八大以来的习近平新时代中国特色社会主义外交思想，是本书的目标。需要指出的是，总结习近平新时代中国特色社会主义外交思想不等于研究这一时期中国的外交政策。虽然本书涉及大量中国的外交政策、战略、策略与行动，但我们的宗旨是以此来透视习近平新时代中国特色社会主义外交思想，告诉读者习近平新时代中国特色社会主义外交思想是怎样渗透在一系列的外交政策、战略、策略与行动中的，是怎样指导中国外交从一个胜利走向另一个胜利的。

经过认真梳理和总结，我们把习近平新时代中国特色社会主义外交思想总结为：一个基本判断、两个战略目标、三个工作抓手。一个基本判断就是坚持和平发展时代主题的基本判断不动摇。习近平总书记指出，一方面，和平、发展、合作、共赢已经成为时代潮流；另一方面，国际体系的加速演变和深刻调整是国际格局重组变革的必然过程。对中国而言，我们要顺应时代潮流，在应对挑战中寻找机遇、抓住机遇。

两个战略目标分别是推动建立新型国际关系、推动构建人类命运共同体。首先，推动建设相互尊重、公平正义、合作共赢的新型国际关系既是对中国特色外交理论与实践的凝练总结，又是中国呼吁国际社会共建国际秩序的方向，具有非常深刻的理论和思想内涵。其次，推动构建人类命运共同体是新时代坚持和发展中国特色社会主义的基本方略之一，是以习近平同志为核心的党中央领导中国为全世界提出的国际秩序构想，是中国外交目标在国际层面的体现，是中国特色大国外交的根本任务之一。

三个工作抓手分别是推动"一带一路"建设、积极参与全球治理、贡献人类共同价值。"一带一路"倡议是新时期中国深化改革开放、推进国际合作的关键抓手,对中国是全方位的发展战略,对世界是大视野的国际战略。近年来,中国积极投身全球治理,为解决全球问题提供中国方案,为全球治理做出中国努力。在此过程中,中国逐渐形成了一套独具特色、内涵丰富、自成体系的全球治理观。改革现有治理体系是中国参与全球治理的基本主张,提高制度性话语权是中国参与全球治理的重要内容,构建人类命运共同体是中国全球治理观的核心内容,推动治理理念创新是中国参与全球治理的重大贡献。中国外交不仅要在物质和制度层面做出贡献,还要在理念层面贡献自己的价值。和平、发展、公平、正义、民主、自由既是中国外交的理念基础,也是全人类的共同价值。人类共同价值的提出展现了中国遵循国际社会公认的基本价值的立场,表明中国特色社会主义的发展不会偏离人类的共同价值。

维护国家利益是中国外交工作的出发点和落脚点。党的十九大已经确定,实现"两个一百年"奋斗目标和中华民族伟大复兴是新时代中国特色社会主义建设的总任务,是引领国家和民族发展进步的宏伟目标,因此也是当前和下一阶段中国需要维护和实现的最大的国家利益。为此,中国需要坚定不移走和平发展道路,始终不渝倡导合作共赢理念,并在维护国家主权、安全、发展三方面国家利益之间取得平衡。

党的十八大以来,习近平总书记围绕如何在新时代

导 论

坚持和发展中国特色社会主义这个主题，以马克思列宁主义、毛泽东思想和中国特色社会主义理论体系为理论基础，以中华优秀传统文化为历史基础，以世情、国情、党情为现实基础，提出了一系列新思想，其主要内容可以概括为：一条主线（坚持和发展新时代中国特色社会主义）；两个百年目标（实现中华民族伟大复兴的中国梦）；三个价值引领（社会主义核心价值观）；"四个全面"战略布局（治国理政的战略重点）；五大发展理念（治国理政的思想指南）。这五个方面环环相扣：有了发展中国特色社会主义这条主线，就要进一步明确这条主线的指向，即实现中国梦；有了这个目标，就必须明确实现目标的价值导向，即社会主义核心价值观；有了价值引领，还要进一步明确当前和今后一个时期的战略重点，即"四个全面"战略布局；实现这个战略布局，要靠五大发展理念。

从内容来看，习近平新时代中国特色社会主义思想涵盖了经济、政治、文化、社会、生态文明建设等；从范畴来看，涉及改革发展稳定、内政国防外交、治党治国治军等各方面；从哲学思维来看，涉及历史思维、战略思维、辩证思维、法治思维、系统思维、底线思维、创新思维、开放思维等多种思维。这些新思想，从坚持和发展新时代中国特色社会主义，到经济发展新常态，再到一系列思维方式等，形成了一个相对完整的科学理论体系，充分体现了党中央治国理政、运筹帷幄的思想智慧。

从内政与外交的关联来看，习近平总书记在党的十九大报告中指出：中国特色社会主义进入新时代，意味着中国特色社会主义道路、理论、制度、文化不断发展，拓展了发展中国家走向现代化的途径，给世界上那些既希望加快发展又希望保持自身独立性的国家和民族提供了全新选择，为解决人类问题贡献了中国智慧和中国方案。这一重要论述深刻揭示了中国特色社会主义具有两方面的世界意义：一方面，中国特色社会主义开辟了一条全新的现代化道路和模式，使发展中国家走向现代化有了新的样板和选择，为解决人类发展问题提供了中国方案，贡献了中国智慧；另一方面，国家治理与全球治理密切相关。全球治理的顺利推进有赖于世界各国尤其是大国在国家治理上表现良好，从而有足够的意愿和能力为全球治理做贡献。中国作为世界第二大经济体和最大发展中国家，国家治理现代化的推进无疑是全球治理的重大福音。

习近平新时代中国特色社会主义外交思想是在中国进入民族复兴关键阶段历史进程中，从新时代中国外交波澜壮阔的宏伟实践中产生的，是习近平新时代中国特色社会主义思想的有机组成部分。习近平新时代中国特色社会主义外交思想贯穿着历史唯物主义和辩证唯物主义的立场、观点、方法，蕴含深厚的中华优秀传统文化和哲学思想，继承新中国外交优良传统，顺应时代发展潮流，具有强烈的时代特征、鲜明的中国特色、宽广的全球视野、深邃的历史意蕴。习近平新时代中国特色社会主义外交思想科学回答了中国作为国际社会重要一员推动建设什么样的世界、构建什么样的国际关系，以及新形势下中国需要什么样的外交、怎样办外交等重大问题，明确了现阶段对外工作的形势、目标和抓手，是一个科学、系统、完备的思想体系，是新时代我国外交事业最宝贵的精神财富和我国外交胜利前进的行动指南。研究习近平新时代中国特色社会主义外交思想，有助于我们总结和把握中国特色大国外交理论的发展，有助于我们理解中国外交总体布局，有助于我们观察和分析当前和今后一个时期中国外交政策的走向。

第一章

中国面临的国际环境

国际环境是外交思想形成和执行时所面对的外在环境。中国通常用时代主题来指代国际环境的总体特征。所谓时代主题是指国际关系历史上某个特定时期里的某种根本性特点，反映世界需要解决的主要战略性问题，以及世界发展的基本方向和主流趋势，从而区别于其他时期。科学观察和分析时代特征、正确估量和把握时代主题，是正确制定内外政策的基础和依据。

时代的特征总是随着世界形势的变化而变化。分析中国所处的时代，一方面要坚持马克思主义时代观，另一方面要把握时代脉搏，要善于从变幻的世界风云中发现本质，认清长期趋势；一方面要充分估计国际格局发展演变的复杂性，另一方面要看到中国崛起正在使"一超多强"格局发生深刻的变化；一方面要充分估计国际斗争的尖锐性，国际秩序之争的长期性，另一方面更要看清和平与发展仍然是我们的时代主题。

第一章　中国面临的国际环境

第一节　和平与发展的时代潮流

改革开放以后，邓小平同志最早认定时代主题发生变化并予以深刻阐述。早在1977年年底，他第一次提出了"可以争取延缓战争的爆发"的判断。① 1985年3月，他指出："现在世界上真正大的问题，带全球性的战略问题，一个是和平问题，一个是经济问题或者说发展问题。和平问题是东西问题，发展问题是南北问题。概括起来，就是东西南北四个字。南北问题是核心问题。"② 尽管邓小平同志没有明确地把和平发展说成是时代的主题（党的十三大概括为"当代世界的主题"，党的十五大才明确地称之为"时代主题"），但他关于和平与发展的一系列论述，改变了中华人民共和国成立后的30年关于"战争与革命"的时代主题的判断。

正是在邓小平同志关于时代主题新论断的基础之上，走向改革开放的中国放弃了20世纪70年代实行的针对苏联的"一条线""一大片"的国际战略，转而在和平共处五项原则的基础上，建立和发展同世界各国的友好合作关系。这种政策调整，为中国的现代化建设创造了一个有利的国际和平环境。因此，对时代主题的新论断不仅是邓小平外交思想的基础，也是改革开放四十年来中国国际战略的基石。

---

① 《邓小平文选》第2卷，人民出版社1994年版，第77页。
② 《邓小平文选》第3卷，人民出版社1994年版，第105页。

党的十八大以来，以习近平同志为核心的党中央继承了党的十三大以来对于时代主题的基本判断。习近平总书记在多个外交和外事场合反复强调和平、发展、合作、共赢的时代潮流更加强劲，经济全球化、政治多极化、文明多样化、社会信息化趋势不断加强。但他同时也清醒地指出，世界正在发生深刻而复杂的变化，各种战略力量加快分化组合，国际体系进入加速演变和深刻调整期。习近平总书记在党的十九大报告中指出："世界正处于大发展大变革大调整时期，和平与发展仍然是时代主题。世界多极化、经济全球化、社会信息化、文化多样化深入发展，全球治理体系和国际秩序变革加速推进，各国相互联系和依存日益加深，国际力量对比更趋平衡，和平发展大势不可逆转。同时，世界面临的不稳定性不确定性突出，世界经济增长动能不足，贫富分化日益严重，地区热点问题此起彼伏，恐怖主义、网络安全、重大传染性疾病、气候变化等非传统安全威胁持续蔓延，人类面临许多共同挑战。"[①]

一　世界总体和平态势可以保持

以中国为代表的发展中国家群体力量的增强使国际力量对比继续朝有利于和平与发展的方向变化。维护和平的力量上升，制约战争的因素增多，在可预见的未来，世界大战打不起来。但局部战争威胁仍然存在，小战不断、冲

[①] 习近平：《决胜全面建成小康社会　夺取新时代中国特色社会主义伟大胜利——在中国共产党第十九次全国代表大会上的报告》，《人民日报》2017年10月28日第5版。

突不止、危机频发仍是一些地区的常态。霸权主义、强权政治和新干涉主义有新的发展，一些国家仍在支持和鼓励他国内部的分离主义势力，以公开或隐蔽的方式强行推翻他国合法政权。各种国际力量围绕权力和权益再分配的斗争趋于激烈，民族宗教矛盾、边界领土争端等热战问题复杂多变。

非传统安全威胁的上升引起国际社会的高度重视，并日益占据着各国领导人的议事日程。"9·11"事件的发生极大地冲击了人们对国家安全的认知，使人们开始对以恐怖主义为代表的各种非传统安全问题给予更高的重视。面对气候变化、金融危机、网络安全、难民危机、自然灾害、能源与粮食安全、重大传染性疾病等全球性挑战，没有一个国家能够置身事外。应对这些全球性挑战，既涉及全球治理，也涉及国内治理。

以信息化为核心的世界新军事革命深入发展，直接影响各国的军事实力和综合国力对比，关乎战略主动权。这场世界新军事革命以重塑军事体系为目标，涉及军事战略、军事技术、作战思想、作战力量、编制体制和军事管理等方方面面，几乎覆盖战争和军队建设全部领域。这场新军事革命的速度之快、范围之广、程度之深、影响之大，为第二次世界大战结束以来所罕见。[1] 高新技术的发展运用将形成新的作战力量，催生新的攻防手段，产生新的作战样式，从根本上改变战争形态，由此推动世界新军事革命加速发

---

[1] 《总体国家安全观干部读本》编委会：《总体国家安全观干部读本》，人民出版社2016年版，第6页。

展。未来战争将可能由以信息技术和精确打击武器为核心的"初智"阶段，跃升为以生物、纳米、"无人"等技术为支撑的"高智"阶段，作战领域从单纯的自然空间、技术空间向"自然—技术—认知"复合空间拓展。

2008年爆发的国际金融危机的深层次影响在"相当长时期"依然存在，世界经济在深度调整中"曲折复苏、增长乏力"，处于一个结构性的持续低迷状态。世界主要经济体走势分化，发达国家中美国的经济复苏比较明显，而欧元区和日本的经济复苏仍存在不确定性。俄罗斯、巴西、南非等新兴经济体的困难和风险明显加大，对世界经济的引领作用下降。国际金融市场动荡不稳，大宗商品价格大幅波动，全球贸易持续低迷。全球经济结构性失衡、有效需求不足、债务积累过多等问题难以得到根本性改善。在新的经济增长点尚未形成、潜在增长率下降等因素的叠加作用下，世界经济将进入低速增长常态化时期，发展中国家面临着比发达国家更严重的经济复苏压力。与此同时，新一轮科技革命和产业变革"蓄势待发"，国际能源格局可能出现较大调整。全球治理体系深刻变革，发展中国家的治理能力和治理话语权继续上升，国际投资贸易规则体系加快重构。

二 国际力量对比发生深刻变化

"一超多强"是后冷战时代的国际格局。然而，随着近年来中国的快速崛起，这一结构不断趋于弱化。美国作为世界唯一超级大国的地位在未来五年内不会改变，但其优势程度将大大缩小，主导和控制世界事务的力度下降。与此同时，多强分化明显，中国从多强中脱颖而出，与美国的实力差距明显减小，与其他强国的实力差距明显加大。

从经济上看，2000年中国的GDP总量约为1.2万亿美元，美国为10.3万亿美元，中国只相当于美国的11.7%左右。而2015年中国的GDP总量为10.42万亿美元，美国为17.87万亿美元，中国约为美国的58%。中国的追赶速度可谓惊人。从2016年到2020年，如果中国年均经济增长率保持在6.5%左右，而美国保持在2.4%左右，则到2020年，中国的GDP总量将达到14.3万亿美元，而美国的GDP将达到20.1万亿美元，即中国的GDP将达到美国的71%左右。

从军事上看，2000年中国的国防支出约为146亿美元，美国约为2944亿美元，中国仅为美国的5%。而2016年中国的国防预算约为1480亿美元，美国为6050亿美元，中国相当于美国的24%。从2016年到2020年，如果按7%的增长率计算，2020年中国的国防预算将达到1940亿美元。与此同时，如果特朗普政府使美国国防开支保持温和增长的话，到2020年美国的国防支出大概在6000亿美元左右，即中国的国防支出可达到美国的32%左右，与美国还有相当大的差距。[①] 从2016年到2020年，随着航空母舰、战略核潜艇、第四代战斗机、北斗导航系统等一批高精尖军事装备投入使用并形成战斗力，中国人民解放军的能力将有更大的提高。不过，考虑到美军还有丰富的

---

① 中国的国防支出增长并不以美国为目标，但随着中国的不断崛起，两国国防支出差距不断缩小是个自然趋势。

作战经验、遍布全球的军事基地和众多的军事盟国。因此，到2020年，中国尚难以大幅度地、实质性地缩小与美国的军事差距。

如果说全球实力结构在未来几年内只是有较明显的分化趋势，但还不会发生质变的话，那么亚太地区的实力结构却很可能发生质变，到2020年全面建成小康社会之时，中国的综合国力将大大超过该地区除美国外的任何一个国家，甚至即将接近这些国家的总和。如果算上美国的话，亚太地区将出现两强并立的实力格局。由于中国执行不结盟政策，而美国拥有众多的亚太盟国，未来亚太地区将出现中国面对美国及其亚太同盟体系的局面，中国将承受越来越大的外部安全压力。

从国际制度性话语权来看，中国在国际货币基金组织（IMF）中的份额和投票权有明显增长。自2016年起，中国份额占比从3.996%升至6.394%，投票权从3.65%上升到6.07%，这两项的排名均仅次于美国和日本，位居第三。中国在世界银行中的投票权也从2.77%上升到4.42%，并成为该行第三大股东国，仅次于美国和日本。2015年，中国联合部分国家发起成立了亚洲基础设施投资银行，以应对本地区巨大的基础设施投资需求。自2008年起，中国积极参加二十国集团首脑峰会，并于2016年成为首脑峰会的主办国。中国还积极参与金砖国家合作机制，并力促金砖国家新开发银行的成立。

三 大国关系竞争与合作并存

21世纪以来，世界主要大国之间的战略关系一直呈现合作与竞争并存的局面。近年来，随着中国的日益崛起，各大国之间的"竞合"关系呈现出一些新趋势和新特点，特别是出现了阵营分界的苗头。

中俄进一步深化战略协作伙伴关系。自冷战结束以来，俄罗斯始终把中国当作最重要的战略合作伙伴。1996年，两国建立了战略协作伙伴关系。2001年，两国签署了《中俄睦邻友好合作条约》，标志着两国战略协作伙伴关系上升到一个新高度。16年来，在双方共同努力下，当前中俄战略协作伙伴关系正在全面、健康、稳定、快速发展。经济上，双方正在研究"一带一路"建设与欧亚经济联盟对接的问题；军事上，双方正在研究进一步深化军事合作的问题。两国政府还在研究进一步提升双边战略合作程度的政策与措施。

美国强化其亚太盟国的军事战略关系。美国前总统奥巴马一方面在口头上接受中方提出的"新型大国关系"概念，另一方面却在行动上执行"亚太再平衡"战略，竭力宣扬美国将会坚定地帮助东亚国家应对和防范来自中国的威胁，强调美国在地区层次上承担应对"中国崛起"的安全义务。围绕中国周边问题，美国主动出招，向菲律宾、韩国、日本等国承诺其可靠而强大的同盟责任，进一步密切与印度的战略合作，同时开展与越南的战略合作。美国高调介入南海问题，宣布美国在南海有"国家利益"，并通过一连串的军事演习和密切军事关系的举动，强调美国不会忽视"中国影响力上升"的信息。另外，奥巴马在执政期间先后三次对台出售武器，两次接见达赖喇嘛。这些做法使得中美关系不断波动，难以稳定发展。美国新任总统特朗普的对华政策仍在成形当中,虽然已经承诺"一个中国"政策保持不变,但双方在其他问题上的矛盾继续存在。总之,中美之间的结构性矛盾难解,虽不至于陷入"修昔底德陷阱",但美国将对中国施加更大的战略压力,两国关系有可能出现反复振荡的局面。

日本强化与美国的战略合作,旨在共同遏制中国的崛起。中日总体经济实力差距的不断拉大使两国之间的结构性矛盾日益凸显。日本意识到其在东亚地区的经济主导地位一去不复返,因此想通过建立一个广泛的同盟来防范中国,并提高日本在东亚地区的战略地位。日本不仅在钓鱼岛和东海海洋权益问题上与中国缠斗,而且积极强化日美安保同盟。另外,为牵制中国,日本还主动与越南、菲律宾、印度等国加强协调,企图介入南海争端。

中国与印度虽然同为地区新兴大国,但经济上的共同利益并不能防止双方战略矛盾的扩展。中印战略矛盾已不仅是领土争端,而且正在形成结构性矛盾,即印度视中国为其在亚洲崛起的主要竞争对手。为此,印度采取与地区外的国家合作,平衡中国不断增强的实力的策略。印度与美国加强关系,在核技术和军事方面展开合作,遏制中国影响力的提升。印度还逐渐卷入中国与周边国家的争端中,试图通过与东盟国家合作,共同制衡中国。

四 世界"四化"趋势深入发展

冷战结束以来,经济全球化、政治多极化、文化多样化、社会信息化趋势不断深入发展,给世界各国政府和人民带来了复杂而深远的影响。就经济全球化而言,一方面，经济全球化还在加速，国家之间的相互依存度仍然在提升，但也出现了反全球化现象和"逆全球化"思潮，这表明全球化进程的复杂性和曲折性在加强，全球化这条道路并不总是开满鲜花，也会存在崎岖的路段。

我们必须看到，推动全球化发展的主要动力没有消失。比如，贸易投资自由化的大趋势没有改变。在政策层面，国际金融危机后各国投资政策出现双向调整的迹象，多数国家继续开放并进一步加强投资促进政策。在制度安排层面，区域和双边自由贸易安排持续快速增长。与此同时，跨国公司继续在全球配置资源和国际化生产布局，在全球经济中占据更加重要的地位。由于日益重视拓展海外业务，跨国公司国际化生产近年来呈总体上升趋势。另外，以信息技术深入发展和应用、新材料和新能源开发为特点的新一轮技术创新不断取得突破，将为全球经济增长注入新的活力，有助于各国加快结构调整和增长方式的转变。

然而，反全球化现象和"逆全球化"思潮值得警惕。由于资源短缺、外部需求减弱、世界经济转入低速增长，部分国家和个人在全球化过程中成为受损者和失意者，他们对全球化的发展存在强烈的抵触心理，并以各种方式反对全球化进程。这导致全球贸易投资的发展环境有所恶化，全球治理和宏观政策协调难度加大。

就政治多极化而言，尽管冷战后形成的"一超多强"格局没有发生本质性变化，美国的"一超"地位在可预见的未来将继续保持，但世界格局向多极化发展的趋势没有逆转，也不可能逆转。一方面，新兴国家的群体性崛起正在深刻改变着世界经济和政治格局。在经济增长方面，2000—2013 年，新兴市场与发展中国家平均增长率为 6.1%，2013 年其 GDP 总额达到 28.64 万亿美元，占全球 GDP 份额达 38.7%。从经济规模的增量来看，2008—2013 年的 5 年间，新兴市场与发展中国家的 GDP 总额净增约 9.45 万亿美元，占全球 GDP 增量的 77.9%；而七国集团（G7）净增 1.88 万亿美元，只占全球 GDP 增量的 15.5%。

另一方面，多极格局的形成将是一个曲折的、长期的过程。多极格局的形成是世界各种力量重新组合和利益重新分配的过程，相互间利益的冲突与整合是必然的，世界多极化进程中将充满矛盾和斗争。作为世界上唯一的超级大国，美国一直借助其强大实力维护"一超"地位，这种逆时代潮流而动的做法是多极化进程向前发展的最大障碍。

就文化多样化而言，文化是民族的血脉，是人民的精神家园。世界上每个民族、每个国家都有自己独特的文化，民族文化是民族身份的重要标志。当今世界，有 200 多个国家和地区，2500 多个民族，6000 多种语言。这些不同民族、不同历史文化背景的人民，共同创造了丰富多彩的世界。正是由于不同文明之间持续开展对话、交流，才融合汇成人类文明奔流不息的长河。我们可以说，文化多样化是人类社会的基本特征，也是人类文明进步的重要动力。

2005 年 10 月第 33 届联合国教科文组织大会上通过的《保护和促进文化表现形式多样性公约》中，"文化多样性"被定义为各群体和社会借以表现其文化的多种不同形式。这些表现形式在他们内部及相互之间传承。文化多样性不仅体现在人类文化遗产通过丰富多彩的文化表现形式来表达、弘扬和传承的多种方式，也体现在借助各种方式和技术进行的艺术创造、生产、传播、销售和消费的多种方式。该公约要求各国既要认同本民族文化，又要尊重其他民族文化，相互借鉴，求同存异，尊重世界文化多样性，共同促进人类文明繁荣进步。

进入 21 世纪以来，随着世界多极化、经济全球化的深入发展，文化多样化的意义更加凸显。不同文化之间的交流、交锋与交融丰富了世界多样文化的形式和内涵，促进了人类文明历史的进步与发展，增进了国家间、民族间的关系和友谊。维护和促进世界文化多样性是大多数国家的共同愿望。因此，各个国家和国际社会促进文化多样化的努力一刻也未停歇。1995 年，世界文化发展报告《我们创造力的多样性》问世，肯定了世界文化多元发展的必要性。1998 年，在斯德哥尔摩召开的政府间文化政策促进发展会议，通过了《文化政策促进发展行动计划》，强调不同文化间的平等交流与合作。2001 年 11 月，联合国教科文组织第 31 届会议通过了《文化多样性宣言》，指出捍卫文化多样性对人类来讲就像生物多样性对于维持生物平衡那样必不可少。2005 年 10 月，联合国教科文组织第 33 届会议通过《保护和促进文化表现形式多样性公约》，标志着国际社会形成了关于文化多样性问题的一系列重要共识，成为保护人类文化多样性的一座里程碑。这份首次以公约形式确定保护文化多样性的世界性法律文书，记载着包括广大发展中国家在内的国际社会为捍卫世界文化多样性所进行的艰苦卓绝的努力，意味着文化多样性原则被提升到国际社会应该遵守的伦理道德高度。

就社会信息化而言，它是指以信息技术为核心的新技术革命影响和改造社会生活方式与管理方式的过程。当前，以信息技术为代表的新一轮科技革命方兴未艾，互联网日益成为创新驱动发展的先导力量。信息技术与生物技术、新能源技术、新材料技术等交叉融合，正在引发以绿色、智能、泛在为特征的群体性技术突破。信息、资本、技术、人才在全球范围内加速流动，互联网推动产业变革，促进工业经济向信息经济转型，国际分工新体系正在形成。网信事业代表新的生产力、新的发展方向，推动人类认识世界、改造世界的能力空前提升，正在深刻改变着人们的生产生活方式，带来生产力质的飞跃，引发生产关系重大变革，成为重塑国际经济、政治、文化、社会、生态、军事发展新格局的主导力量。全球信息化进入全面渗透、跨界融合、加速创新、引领发展的新阶段。

社会信息化的发展使社会和经济生活呈现出信息大联动、平台大集群、流程大互通、产品大升级、计算大覆盖、办公大自由、行业大融合、跨界大协同、管理大整合的趋势。也就是说，人类社会与经济生活的方方面面都因信息化而走向"互联互通"。面对这种形势，谁在信息化上占据制高点，谁就能够掌握先机、赢得优势、赢得安全、赢得未来。发达国家持续推动信息技术创新，不断加快经济社会数字化进程，全力巩固领先优势。发展中国家抢抓产业链重组和调整机遇，以信息化促转型发展，积极谋求掌握发展主动权。世界各国加快网络空间战略布局，围绕关键资源获取、国际规则制定的博弈日趋尖锐复杂。加快信息化发展，建设数字国家已经成为全球共识。①

第二节 变乱交织的国际形势

当前及今后一段时期，中国面临的总体国际形势将变得更加复杂多变。这种既变又乱的国际形势给世界带来了很大的不确定和不稳定性，引起国际社会普遍担忧。但另一方面，这种变和乱是国际格局重组变革的必然过程，其中既有新挑战，也有新机遇。对于各国来说，关键是如何抓住机遇，克服挑战，努力推动国际格局朝着和平、稳定、公正，更加有利于世界发展繁荣的方向演进。

一 复杂多变的周边外交环境

随着权力格局、安全结构和地区秩序的不断演进，中国的周边外交环境正在经历深刻复杂的转变。从全局层面来看，整体稳定与局部紧张并存；从区域层面来看，北部、西部和南部陆地方向形势较为稳定，东部和南部海洋方向形势持续紧张；从双边关系来看，中美、中日关系的竞争、对抗成分总体上增多；朝鲜半岛局势继续保持阵发性紧张；中国与东盟关系的复杂性加大。

美国一段时期以来持续推进"亚太再平衡"战略，强

---

① 《国家信息化发展战略纲要》，《人民日报》2016年7月28日第17版。

化其地区军事存在和军事同盟体系。① 日本积极谋求摆脱战后体制，大幅调整军事安全政策，国家发展走向引起地区国家高度关注。个别海洋邻国在涉及中国领土主权和海洋权益问题上采取挑衅性举动，在非法"占据"的中国岛礁上加强军事存在。一些域外国家也极力插手南海事务，个别国家对华保持高频度海空抵近侦察，海上方向维权斗争将长期存在。此外，朝鲜半岛和东北亚地区局势存在诸多不稳定和不确定因素。这些负面因素都给中国周边安全稳定带来不利影响。

二 时隐时现的民族分裂主义和反华活动

中国还面临民族分裂主义和敌对势力颠覆活动的威胁。台湾问题事关国家统一大业，国家统一是中华民族走向伟大复兴的前提条件。近年来，两岸关系保持着和平发展的良好势头，但影响台海局势稳定的根源并未消除。随着台湾地区领导人的更迭，蔡英文当局有可能在"隐性台独"之路上越走越远，因此，"台独"分裂势力及其分裂活动仍然是两岸关系和平发展的最大威胁。

近年来，"东突"和"藏独"分裂势力危害严重。国内外"东突"势力以各种形式相互勾结，不断在新疆以及内地制造各类暴力恐怖活动，给人民群众的生命财产安全造成严重影响。达赖喇嘛利用各种机会与国外政要见面，

---

① 自 2017 年 1 月特朗普总统上任以来，美国正在调整奥巴马总统时期的"亚太再平衡"战略，特朗普时代的美国亚太安全战略正在形成当中。

为"藏独"势力张目。其他反华势力则图谋制造"颜色革命",对中国的国家安全和社会稳定造成严重影响。

三 暗流涌动的海外利益安全威胁

随着国家利益不断拓展,国际和地区局势动荡、恐怖主义、海盗活动、重大自然灾害和疾病疫情等都可能对中国的国家安全构成威胁。近年来,中国的海外能源资源、战略通道安全以及海外机构、人员和资产安全等海外利益安全问题凸显,非传统安全威胁给中国带来的压力明显上升,主要原因之一在于恐怖组织、宗教极端势力对中国周边国家渗透的威胁在增多。

据悉,东亚、中亚的一些国家已经成为国际恐怖组织、宗教极端势力的招募中心,目前已有数千名来自上述地区的极端分子奔赴伊拉克、叙利亚参战。他们的目的是接受暴恐技能训练、获得资金援助和取得战争经验。"伊斯兰国"、塔利班等极端组织不断在中国周边地区组网结点、扩张势力。随着"圣战分子"的回流与聚集,中国周边地区成为恐怖主义高危地带的风险在加大。

东南亚、中亚和南亚是中国推进"一带一路"建设的重要区域,在这些地区有大量的投资项目。近年来,中国驻外机构和公民在巴基斯坦等国频繁受袭表明,中国的海外利益受到威胁的频率和程度都在增加。

第三节 中国在当今世界中的历史方位

党的十八大以来,国际格局在新起点上加快调整。国际形势的"变"与"乱"给世界带来了很大的不确定性。这种变和乱实际上是国际格局重组变革的必然过程，其中除了各种新的挑战，也蕴含着不少新的机遇，并且机遇大于挑战。

一方面，进入21世纪以来，中国对国际事务的参与在不断深入，与其他国家的互动日益频繁，相互依赖日渐加深。世界的繁荣稳定与中国的繁荣稳定相互影响，互为因果。另一方面，中国仍面临复杂多元的安全威胁，外部阻力和挑战逐步增多，生存安全问题和发展安全问题、传统安全威胁与非传统安全威胁相互交织，维护国家统一和领土完整，维护发展利益的任务艰巨繁重。

一　中国综合国力不断增强

一国的综合国力对该国的外交有直接而重大的影响。虽然国力强大不一定能搞好外交，但"弱国无外交"是铁律，晚清和民国时期中国外交的惨痛历史无不证明这一点。中华人民共和国成立六十多年来，中国共产党紧紧依靠人民，把马克思主义基本原理同中国实际和时代特征结合起来，建设中国特色社会主义，顺利实现了现代化建设"三步走"战略的前两步目标，人民生活基本达到小康水平。

当前，中国正处在全面建成小康社会的决胜阶段，到2020年将全面建成小康社会，实现第一个百年目标。截止到2015年，中国国民生产总值超过10万亿美元，人均国民总收入从190美元连续翻番达到约8000美元，从低收入国家跨入中等偏上收入国家行列。中国已是世界第二大

第一章 中国面临的国际环境

经济体，第二大服务贸易国，第二大对外投资国，第一大货物贸易国。

进入21世纪以来，中国不断深化国防和军队改革。2015年，中国制定了新的国防和军队改革目标，即在2020年前要在领导管理体制、联合作战指挥体制改革上取得突破性进展，在优化规模结构、完善政策制度、推动军民融合发展等方面改革上取得重要成果，努力构建能够打赢信息化战争、有效履行使命任务的中国特色现代军事力量体系，完善中国特色社会主义军事制度。

中国综合国力的不断增长使中国外交变得更加成熟，更加游刃有余，更加张弛有度。强大的国力为外交工作的顺利展开奠定了坚实的基础。2014年7月，利比亚冲突升级。中国在利比亚公民的生命财产受到严重威胁。中国政府果断决策，展开撤侨行动。从7月28日开始的12天内，中国政府共动用91架次中国民航包机，35架次外航包机，12架次军机，租用外国轮船11艘，中远、中海货轮5艘，军舰1艘，成功撤离中国驻利比亚人员35860人。这次自1949年以来中国最大的海外撤侨行动获得国际社会的广泛赞誉，而行动成功的重要原因之一在于中国政府具备强大的资源动员能力，如此强大的资源动员能力若没有国力的保障是不可想象的。

2015年下半年以来，南海问题日益升温。部分南海争端当事国与美国等域外国家串通一气，对中国以各种形式施压，妄图使其占据南海岛礁的非法行动长期化、合法化。越南组织大批船只围攻在西沙海域正常作业的中国981钻井平台，菲律宾向所谓的海牙国际仲裁法庭提起南海仲裁案。美国虽然不是南海争端的当事国，但亦借机搅局，不断派军舰进入中国南海相关岛礁海域，以执行所谓的"海上航行自由"行动。面对南海斗争激烈而复杂的形势，中国政府采取岛礁建设、外交斗争与军事斗争相结合的策略，坚持有理、有利、有节的方针，顶住了各种国际压力，在2016年下半年成功化解了危机。正是因为有强大的国力，中国才能在短时期内迅速完成有关岛礁的陆域吹填工程，为今后控制南海、为顶住来自美国等西方国家的压力打下了坚实的物质基础。

2013年3月，习近平主席访问非洲国家时提出，中国要以正确义利观为原则来进一步深化中非合作。[①] 正确义利观由此成为中国开展对发展中国家合作的指导原则。坚持正确义利观，就是义利兼顾，以义为先，不搞我赢你输，我多你少，在一些具体项目上照顾对方利益。在正确义利观原则的指导下，习近平主席在中非合作论坛峰会上宣布实施中非"十大合作计划"，促进双方在工农业现代化、基础设施、金融合作、绿色发展、贸易和投资便利化、减贫、公共卫生、人文和安全十个领域的全方位合作。他在联合国维和峰会上还宣布向非盟提供1亿美元的无偿军事援助，用于支持非洲常备军和危机应对快速反应部队建设。没有强大的国力，坚持正确义利观就缺少足够的资金能力，就无法更好地坚持义利兼顾、以义为先的原则。

---

① 《习近平主席访问非洲成果丰硕》，《人民日报》2013年4月11日第3版。

二　牢牢抓住经济全球化带来的历史机遇

冷战结束以来，经济全球化浪潮快速发展，席卷全球。中国牢牢抓住这一轮经济全球化浪潮带来的历史机遇，坚持对内改革、对外开放，经过艰苦努力，使自己成为世界第二大经济体。应当说，中国是这一轮经济全球化浪潮的最大受益者。

然而，自2008年国际金融危机爆发以来，世界经济持续低迷不振，贸易保护主义倾向有所抬头，经济全球化势头减缓，一些反全球化、去全球化的思潮和措施正在抬头。国际社会也围绕经济全球化的利弊与趋势等问题展开了广泛讨论。对此，中国政府有自己的看法。习近平总书记指出，经济全球化是社会生产力发展的客观要求和科技进步的必然结果，不是哪些人、哪些国家人为造出来的。经济全球化为世界经济增长提供了强劲动力，促进了商品和资本流动、科技和文明进步、各国人民交往。[1]

不过，经济全球化是一把"双刃剑"。当世界经济处于下行期的时候，全球经济"蛋糕"变小，增长和分配、资本和劳动、效率和公平的矛盾就会更加突出，发达国家和发展中国家都会感受到压力和冲击。而且经济全球化具有"后果非中性"特点，即在同一历史进程中，不同国家或不同群体的受益和受损情况同时存在。反全球化的呼

---

[1] 习近平：《共担时代责任　共促全球发展——在世界经济论坛2017年年会开幕式上的主旨演讲》，《人民日报》2017年1月18日第3版。

声，反映了经济全球化进程的不足，值得我们重视和深思。

但是，我们要看到，经济全球化的大趋势没有改变。全球化的过程不可能一直行进在充满鲜花的平坦大道上，偶尔遇到崎岖泥泞之路也是正常的。经济全球化确实带来了新问题，但我们不能就此把经济全球化一棍子打死，而是要适应和引导好经济全球化，消解经济全球化的负面影响，让它更好惠及每个国家、每个民族。

任何国家都回避不了世界经济的大海。想人为切断各国经济的资金流、技术流、产品流、产业流、人员流，让世界经济的大海退回到一个个孤立的小湖泊、小河流，既不现实，也不符合历史潮流。面对经济全球化带来的机遇和挑战，正确的选择是充分利用一切机遇，合作应对一切挑战，引导好经济全球化走向，而不要把困扰世界的问题归咎于经济全球化。

因此，对于中国来说，融入世界经济是历史大方向。中国经济要发展，就要敢于到世界市场的汪洋大海中游泳，如果永远不敢到大海中去经风雨、见世面，总有一天会在大海中溺水而亡。中国在勇敢地迈向世界市场的过程中，曾经呛过水，遇到过漩涡，遇到过风浪，但中国在游泳中学会了游泳。中国坚信，自由贸易最终还是会成功，因为全球分工专业化所带来的贸易收益太大了，贸易保护的成本是人类难以承受的。全球化过程中出现贸易摩擦是不可避免的，比如有些就业岗位会转移到其他国家，但不能就此因噎废食，我们所要做的就是努力让摩擦减少，让整个过程更加平滑。正如世界经济论坛主席施瓦布所说，

第一章 中国面临的国际环境

自由贸易仍然是全球经济发展和社会进步的最强动力。当今领袖面临的挑战和责任是,既要对抗贸易保护主义,又要让贸易成为包容性增长的原动力。

在新的历史起点上,中国将继续深入参与经济全球化进程。具体措施包括:支持多边贸易体制,放宽外商投资准入;加快同有关国家商签自由贸易协定和投资协定;推进国内高标准自由贸易试验区建设;有序开展人民币汇率市场化改革;逐步开放国内资本市场;继续推动人民币走出去;提高金融业国际化水平。

中国认为,世界经济长期低迷,贫富差距、南北差距问题突出的根源在于全球增长动能不足,难以支撑世界经济持续稳定增长;全球经济治理滞后,难以适应世界经济新变化;全球发展失衡,难以满足人们对美好生活的期待。为了解决上述问题,维持经济全球化向前发展的动力,中国发出了如下倡议:坚持创新驱动,打造富有活力的增长模式;坚持协同联动,打造开放共赢的合作模式;坚持与时俱进,打造公正合理的治理模式;坚持公平包容,打造平衡普惠的发展模式。[①]

与此同时,中国还积极向国际社会提供更多的公共产品。中国提出的"一带一路"倡议,旨在同沿线各国分享中国发展机遇,实现共同繁荣。中国倡导创建的亚洲基础设施投资银行已经开始发挥积极作用。中国倡导的新机制

[①] 习近平:《共担时代责任 共促全球发展——在世界经济论坛2017年年会开幕式上的主旨演讲》,《人民日报》2017年1月18日第3版。

新倡议是对现有国际机制的有益补充和完善，目标是实现合作共赢、共同发展。中国的对外开放欢迎各方共同参与，支持各国共同发展，而不是唱独角戏和谋求势力范围。

三　统筹国内国际两个大局

所谓国内大局，是指实现"两个一百年"奋斗目标和实现中华民族伟大复兴的中国梦。所谓国际大局，是指为中国改革发展稳定争取良好外部条件，维护国家主权、安全、发展利益，维护世界和平稳定、促进共同发展。

统筹国内国际两个大局是世界形势发展的现实与中国和平发展的需要共同决定的。中国已经进入实现中华民族伟大复兴的关键阶段。中国与世界的关系正在发生深刻变化，同国际社会的互联互动也已变得空前紧密。中国对世界的依靠、对国际事务的参与在不断加深，世界对中国的依靠、对中国的影响也在不断加深。因此，中国政府必须统筹考虑和综合运用国内国际两个市场、国内国际两种资源、国内国际两类规则。

国内国际两个大局既相互紧密联系，又相对独立存在。统筹两个大局，就是要充分认识这两个大局的发展趋势和基本特征，立足国内，放眼国际，把两个大局统一起来，形成彼此配合、良性互动的格局。统筹两个大局，就是必须坚持"打开国门搞建设"，既"立足国内"，充分运用中国资源、市场、制度等优势；又"重视国内国际经济联动效应"，积极应对外部环境变化，更好利用"两个市场、两种资源"，推动"互利共赢、共同发展"。为此，要处理好以下几方面关系。

一是要妥善处理国内发展与对外开放的关系。当前，中国加入世贸组织的开放红利正在消退，国内发展需要注入新的动力。中国要积极实施新一轮高水平全方位对外开放，倒逼和推动深层次改革，加快培育参与和引领国际经济合作竞争新优势。同时，要把握好开放的节奏、力度、范围，在扩大开放中维护国家安全。

二是要妥善处理发挥自身优势与利用外部条件的关系。中国有庞大的市场需求，不断提高的劳动力素质，独具特色的社会主义制度。统筹两个大局，就是要在扩大开放中取长补短，做好自身优势与国外市场、资源、要素的对接，使自身优势得到充分发挥，国外资源得到有效利用。

三是妥善处理立足自身国情办好自己事情与遵循国际规则履行国际责任的关系。作为世界第二大经济体，中国的发展态势和政策举措势必产生日益增大的国际外溢效应。中国在开展对外经济合作中要按国际规则办事，在调整国内政策和法规制度时也要考虑外部性或溢出效应。为了维护世界和平与发展的共同利益，中国要积极承担与自身发展水平和承受能力相适应的国际责任。

四是妥善处理中国自身发展与世界共同发展的关系。中国利益与世界利益是统一的。统筹国内国际两个大局，就要在国际交往中坚持"和而不同"，倡导"各美其美、美美与共"，不搞零和思维，努力实现互利共赢，构建人类命运共同体。

在新时期坚持统筹两个大局，关键在于贯彻五大发展理念。以创新发展统筹两个大局，不仅需要对内创新统筹方式方法，而且需要对外创新统筹方式方法，更需要对统筹两个大局的体制机制本身进行创新，大力强化中央统一指挥、跨部门合作、内政外交联动。

以协调发展统筹两个大局，不仅需要对内加强协调和进一步打破条块分割，而且需要对外加强部门协调和资源整合，更需要内外协调、沟通、互补，从而"以内领外、以外促内"。以绿色发展统筹两个大局，既需要对内加快发展方式转型升级、加大环保执法力度、持续改善生态环境、早日恢复生态平衡、努力实现"天人合一"；又需要对外加强环境外交、气候外交，与世界各国共同推进全球气候治理，积极参与抢险救灾等国际合作。以开放发展统筹两个大局，既需要一以贯之地坚持并扩大对外开放，深化中外利益捆绑和经济相互依存；也需要对内扩大开放，引导和培育社会组织，发展混合所有制经济，完善网络时代社会治理，有序释放民间潜能，不断增强社会生机。以共享发展统筹两个大局，首先需要对内加快和深化收入分配等改革，做大中等收入阶层，大力扶助弱势群体，打好脱贫攻坚战，依法限制垄断行业牟利，持续加大民生建设，切实增强社会公平和普通民众的安全感、满足感、幸福感；其次需要稳步促进国际关系民主化和全球治理平等化，进一步扩大发展中国家发言权、决策权，反对唯我独尊、凭借一己霸权谋求主宰国际事务。

四　外交工作不断创新

在以习近平同志为核心的党中央的正确领导下，中国的外交和外事部门不断创新工作思路和工作方法，有力推动了中国外交事业的发展进步。外交工作的创新包括理论创新、制度创新和实践创新。这里着重分析前两点。

首先，充实完善中国特色大国外交理论。党的十八大以来，习近平总书记准确把握世界格局变化和中国发展大势，提出了许多重大对外战略思想，丰富和发展了中国特色大国外交理论体系。他提出了公平、开放、全面、创新的发展观，共同、综合、合作、可持续的安全观，以深化亚非合作、拓展南南合作、推进南北合作为核心的合作观，共商、共建、共享的全球治理观，合作共赢的国际秩序观，义利相兼、以义为先的正确义利观。不断完善的中国特色大国外交理论体系，为快速发展的中国外交及时提供了有力指导。[1]

其次，加强外交工作的统筹协调。以习近平同志为核心的党中央从统筹国内国际两个大局出发，高度重视对外交工作的统筹协调，强调外交工作必须内外兼顾、通盘筹划、统一指挥、统筹实施，要求中央和地方、政府和民间、涉外各部门牢固树立外交一盘棋意识，各司其职，形成合力，既充分发挥各方面的积极性和创造力，又从国家利益的高度做好集中调度，保障中央对对外工作的领导、决策、管理、处置等各项功能顺利实施，确保中央对外战

---

[1] 《外交部部长王毅在2016年国际形势与中国外交研讨会开幕式上的演讲》，2016年12月3日，中华人民共和国外交部。

略意图的实现。① 为统一思想，中央召开了三次专门的外交外事工作会议，包括2013年10月的周边外交工作座谈会、2014年11月的中央外事工作会议以及2015年1月的全军外事工作会议和第十六次武官工作会议。

再次，加强外交工作的制度创新。党的十八大以来，中央加强了有关外交和外事机制的建设，逐步理顺体制机制，制定了明确规定，加强与规范外交和外事管理工作，有力改进和加强了中央对外交和外事工作的集中统一领导和统筹协调。中央相继成立了全面深化改革领导小组、网络安全和信息化领导小组以及中央国家安全委员会，外交部相继成立了国际经济金融咨询委员会和国际法咨询委员会。在加强制度建设的同时，中国还进一步完善了涉外安全领域的法律，使各项工作有法可依，其中包括《反间谍法》《国家安全法》《反恐怖主义法》和《境外非政府组织境内活动管理法》等。

最后，加强外交服务于人民的具体措施创新。党的十八大以来，中国外交部秉持外交服务于人民的工作理念，实施了一系列服务于群众、服务于地方经济建设的新措施。比如，中国在局势动荡的利比亚和南苏丹等国实施大规模的撤侨行动，成功营救被索马里海盗劫持的船员，妥善处置上万起涉及中国公民利益与安全的重大突发案件。"12308"领事保护热线运行通畅高效，已覆盖全球200多个驻外使领馆。中国还同多个国家和地区达成新的便利人

---

① 杨洁篪：《新形势下中国外交理论和实践创新》，《求是》2013年第16期，第9页。

员往来安排。截止到 2016 年年底,同中国实现简化签证手续的国家已有 40 个,持中国普通护照可以有条件免签或落地签前往的国家和地区已达 57 个。

外交部还启动了省区市全球推介活动,打造服务地方开放发展新平台,使各地方尤其是中西部省区市不出国门,也能和世界各国及国际著名企业相互对接,找到合作对象。同时也使各国驻华使节不出北京,就能了解中国地方省区市的开放政策和发展前景,开拓合作机会。外交部和驻外使领馆还利用自己的渠道、信息和人脉优势,为地方开放发展提供全方位的支持与服务。

外交部还全力配合国内主管部门做好国际追逃追赃工作,把反腐败的天罗地网撒向全球,通过合法手段和正式途径,追回多名"百人红通"分子,为全面依法治国和全面从严治党做出积极贡献。

第四节 本章小结

总之,当前国际环境的基本特征是:和平与发展的时代潮流更加强劲,但世界经济低速增长;国际力量对比发生深刻复杂变化,且中国面临的安全压力有所增加;大国关系竞合并存,但有阵营分野之势;周边热点难点问题长期存在,且中国难以回避;全球治理规则之争更加激烈,但中国影响力持续上升。

今后几年既是中国的"十三五"规划实施期和"全面建成小康社会冲刺期",也是世界的"秩序嬗变期"和"新旧角力期",国际环境的复杂程度前所未有。这种复杂多变的国际环境于我有利的一面在于世界仍将处于和平与发展的时代，国际力量对比继续趋于平衡；于我不利的一面在于国际政治环境中的危机、紧张面会继续上升，局部地区的地缘政治博弈更加激烈，传统安全威胁和非传统安全威胁交织，中国面临的国际安全压力将有增无减。然而，中国的综合国力仍将迅速增长，只要党中央统筹好国内国际两个大局，坚持新时代中国特色大国外交，今后中国参与全球治理、塑造国际环境的能力将得到有效提升。

第二章

新时代中国国家利益

维护国家利益是中国外交的神圣使命。党的十八大以来，以习近平同志为核心的党中央高度重视对国家利益的维护，始终将维护国家主权、安全、发展利益作为外交工作的基本出发点、落脚点和核心指导原则。习近平总书记多次提及"坚决维护国家核心利益"，始终将尊重各自核心利益、拓展共同利益作为发展双边关系的基础。他还将加强海外利益维护作为新形势下推进对外工作的重点方面，提出"要切实维护我国海外利益，不断提高保障能力和水平，加强保护力度"[1]。近年来，中国政府采取的一系列外交行动向国际社会强有力地表达了中国维护国家利益的坚定决心。

实现中华民族伟大复兴是新时代国家利益的核心内涵。中国共产党人的初心和使命，就是为中国人民谋幸福，为中华民族谋复兴。[2] 实现中华民族的伟大复兴是中

---

[1] 《中央外事工作会议在京举行》，《人民日报》2014年11月30日第1版。

[2] 习近平：《决胜全面建成小康社会 夺取新时代中国特色社会主义伟大胜利——在中国共产党第十九次全国代表大会上的报告》，《人民日报》2017年10月28日第5版。

华民族近代以来最伟大的梦想，是激励中国共产党人不断前进的根本动力。实现中华民族伟大复兴，就是要实现国家富强、民族振兴、人民幸福。我国正处于决胜全面建成小康社会、实现第一个百年奋斗目标的关键期，并将开启全面建设社会主义现代化国家、向第二个百年奋斗目标进军的新征程。实现中华民族伟大复兴的中国梦的历史使命将指导中国人民继续奋斗，实现夺取新时代中国特色社会主义伟大胜利。

贯彻总体国家安全观是维护新时代国家利益的重要途径。维护国家安全是全国各族人民根本利益所在，是夺取新时代中国特色社会主义伟大胜利，实现"两个一百年"奋斗目标和中华民族伟大复兴中国梦的重要保障。以习近平同志为核心的党中央准确把握国家安全形势变化新特点新趋势，提出总体国家安全观，明确国家安全战略方针和总体部署，为新时代国家安全工作提供了强大思想指导武器。贯彻落实好总体国家安全观，将为我国决胜全面建成小康社会和开启中华民族伟大复兴新征程保驾护航，为维护国家主权、安全和发展利益提供新途径。

第一节　坚决维护国家利益

自1648年近现代国际关系体系建立以来，国家利益至上成为主权国家处理国际关系的核心原则。中国共产党在社会主义现代化建设过程中，始终代表人民最根本的利益，在内政外交中实现国家利益与人民利益的高度统一。中国外交始终将维护国家和人民的根本利益作为工作宗旨。党的十八大以来，以习近平同志为核心的党中央更加重视国家利益在处理对外关系中的指导作用，更加鲜明地坚持国家利益作为对外政策底线的原则。

一 国家利益的概念及其特性

利益可以理解为需求，从抽象层面看，国家利益可以理解为国家生存和正常运作的客观需要。因此，国家利益是指一个主权国家在国际社会中生存需求和发展需求的总和，具体包括关乎国家生存和延续的领土完整、国家主权、经济财富和制度自决等。[①] 2016 年出版的《总体国家安全观干部读本》（以下简称《读本》）对国家利益及其内容进行了系统阐述。《读本》指出，任何国家都存在三种基本需求：第一，确保国家生存，包括维护领土完整和保护本国公民的生命安全；第二，促进人民的经济福利与幸福；第三，保持社会制度和政府体系的自决与自主。这三大需求构成最重要的国家利益，是保证国家存续和合法性的关键。[②]

在现实中，国家利益并不是单一的抽象原则，而是由不同类型的具体利益构成的整体。从横向看，国家利益可以分为国家安全、主权独立、经济财富、文化完整、社会稳定等细分领域的利益。这些具体领域的利益具有一定的层次性，战略重要性和轻重缓急各有不同。国家在制定对

[①]《总体国家安全观干部读本》编委会：《总体国家安全观干部读本》，人民出版社 2016 年版，第 47 页。

[②] 同上。

外政策时，要根据具体情势和条件对不同利益的排序进行判定。从纵向看，国家利益体现在全球、地区以及国家内部的不同层面。一国还可以依据其在国际体系中的位置，界定国家的整体利益，从而对不同时期的具体利益的重要性进行判断，为国家制定对外战略和外交政策提供指导原则。此外，国家利益还可以按照不同的划分标准分为生死攸关利益与非重大利益、一般利益与特定利益以及永久利益与可变利益等。

国家利益具有以下几方面特性：第一，国家利益具有整体性。国家利益是国家作为一个整体存在的特性。国家利益与国家主权息息相关，反映的是国家作为整体的需求。国家的领土安全、主权独立、国民基本生存所需的资源保障等国家利益，是神圣不可侵犯的，是确保国家主权的底线。在对外关系方面，国家利益的整体性尤其体现为国家在涉及主权、领土完整等生死攸关的核心利益时，不做任何让步和妥协。习近平总书记强调，我们要坚持把国家和民族发展放在自己力量的基点上，坚持走和平发展道路，但决不能放弃我们的正当权益，决不能牺牲国家核心利益。[①] 在涉及中国核心利益的问题上，我们要敢于划出红线，亮明底线。此外，国家利益的整体性还体现在国内治理领域。在对内治理方面，整体性体现为国家利益高于任何地方利益、局部利益或团体的特殊利益。同时，国家利益与地方利益、局部利益或团体利益是辩证统一的关

---

① 《中央外事工作会议在京举行》，《人民日报》2014年11月30日第1版。

系。作为整体利益的国家利益是国家统筹协调和总体考虑的结果,在本质上反映了全体人民的利益,是不同地区、局部或团体利益的代表和汇聚。习近平总书记在中央全面深化改革领导小组第十二次会议上强调全面深化改革要统筹各层次利益,[1] 正是党中央以国家利益为指导原则统筹国内国际两个大局,推进全面深化改革,实现经济社会发展的重要体现。

第二,国家利益具有层次性。国家利益包含不同部分或领域的利益,这些多维的国家利益并不是同等重要的,而是划分为不同的层次。不同层次的利益,对国家战略的重要性和紧迫性不同。因此,只有对国家利益进行明确的分层,才能够指导国家采取不同性质的应对行动。按照利益的优先性,国家利益可以分为核心利益、重大利益和一般利益。核心利益是国家生死攸关的利益,也是国家最高层次的利益,是不容让步和妥协的底线。国家既要对核心利益坚持到底、绝不妥协,也要对他国的核心利益审慎对待。同时,国家利益有相对稳定的部分,也有更易变化的部分。按照利益的稳定性,国家利益可以分为永久利益和可变利益。主权、领土、安全等涉及国家生存层面的利益更加稳定,是国家的永久利益。而经济福利、国际交往等国家发展层面的利益,更容易发生变化,是国家的可变利益。国家应坚决捍卫永久利益,积极促进可变利益。国家在处理领土、主权等永久利益时应该坚持原则,不能轻易

---

[1] 《把握改革大局自觉服从服务改革大局 共同把全面深化改革这篇大文章做好》,《人民日报》2015 年 5 月 6 日第 1 版。

灵活处理。在积极促进可变利益的过程中，应该以不损害永久利益为前提。

第三，国家在实现国家利益过程中受到国际体系的制约。虽然国家利益具有至高无上的特性，但是任何国家一旦进入国际体系，其需求就受制于所处的国际体系。国家在维护和追求本国利益的过程中，会形成相互制约的力量，国家要兼顾其他国家的合理关切。国家在根据国家利益原则确定本国具体目标的时候，也需要考虑其与其他国家利益和国际规范的兼容性，争取获得更多的认可与支持。在处理同西方发达国家关系时，习近平总书记强调尊重彼此的核心利益和重大关切。而在处理同发展中国家关系时，他则强调维护发展中国家的共同利益。当然，不同国家的国家利益的相互制约，既可能以合作的方式呈现，又可能以斗争的形式实现。在国际体系中，国家利益的实现本身就是不同观念和物质力量动态博弈的过程。随着国际社会中各国相互依存的深化，各国人民的命运日益联系在一起，通过国际合作实现共同利益日益成为国家实现国家利益的重要途径。

坚定不移地走和平发展道路，始终不渝倡导合作共赢理念，是新时期中国实现国家利益的重要方式。中国在处理对外关系过程中，坚持不损害其他国家利益和国际社会利益，兼顾他国合理关切，谋求各国共同发展。习近平主席在世界经济论坛 2017 年年会开幕式上旗帜鲜明地指出："人类已经成为你中有我、我中有你的命运共同体，利益高度融合，彼此相互依存。每个国家都有发展权利，同时都应该在更加广阔的层面考虑自身利益，不能以损害其他国家利益为代价。"① 他在访非期间提出中国外交要树立正确的义利观，主张政治上秉持公道正义、坚持平等相待；经济上坚持互利共赢、共同发展。他在会见联合国秘书长古特雷斯时，呼吁联合国要积极有为维护国际和平与安全，持之以恒推进共同发展，照顾发展中国家利益，多为发展中国家发声、办事。② 他在庆祝中国共产党成立95周年大会上提出，中国"愿扩大同各国的利益交汇点，推动构建以合作共赢为核心的新型国际关系，推动形成人类命运共同体和利益共同体"。③ 这些讲话都体现了习近平新时代中国特色社会主义外交思想将追求中国国家利益与各国共同发展相统一。

二　坚持将国家利益作为对外政策的制定依据

国家利益是国家制定对外政策的基本出发点和落脚点，任何对外战略和外交政策都应该以国家利益为依据，任何国家目标也应该在国家利益的指导下进行具体设定。制定国家对外政策，首先要界定国家利益的内涵。虽然界定国家利益的过程会不可避免地受到主观因素和特殊利益的干扰，但是国家利益自身是客观存在的。我们应该依据

---

① 习近平：《共担时代责任　共促全球发展——在世界经济论坛2017年年会开幕式上的主旨演讲》，《人民日报》2017年1月18日第3版。

② 中共中央宣传部：《习近平总书记系列重要讲话读本（2016年版）》，学习出版社、人民出版社2017年版，第262页。

③ 习近平：《在庆祝中国共产党成立95周年大会上的讲话》，人民出版社2016年版，第20页。

客观的标准界定不同情势下的国家利益，从而为理性地制定对外政策提供指导。

国家在制定对外政策的时候，必须清楚地认识国家利益。国家可以按照优先性对具体国家利益进行分层排序。国家利益可分为核心利益、重大利益和一般利益。国家最重要的是要根据其面临的内外环境，确定国家的核心利益，即生死攸关的利益。国家核心利益一般包括国家主权、领土完整、国内政治秩序自治等关乎国家生存的利益。2011年9月发表的《中国的和平发展》白皮书首次明确界定了中国的核心利益，包括：国家主权、国家安全、领土完整、国家统一、中国宪法确立的国家政治制度和社会大局稳定，经济社会可持续发展的基本保障。[①] 当核心利益面临威胁时，国家会义无反顾地维护，不会进行任何妥协让步。

核心利益之外的国家利益往往会具体化为各项国家可能追求的目标。国家利益为设定外交政策具体目标提供了宏观指导，在具体操作时仍然需要考虑具体的条件和环境。例如国家实力、国际环境、文化传统、国内制度等因素都可以作为国家在具体情势下根据国家利益设定国家目标的标准。此外，国家也可以根据本国在国际体系中的地位来界定整体国家利益，以此来确定国家的战略目标，指导具体外交政策。

维护国家领土、主权安全是国家核心利益的重要内容。习近平总书记多次强调："中国不觊觎他国权益，不

[①] 国务院新闻办公室：《中国的和平发展》白皮书，2011年9月6日。

嫉妒他国发展，但决不放弃我们的正当权益。中国人民不信邪也不怕邪，不惹事也不怕事，任何外国不要指望我们会拿自己的核心利益做交易，不要指望我们会吞下损害我国主权、安全、发展利益的苦果。"① 为此，习近平总书记在外交工作中坚决维护国家领土主权，采取更加坚定的立场和积极的措施，应对领土主权和海洋权益争端。面对中日钓鱼岛争端，中国公布了钓鱼岛领海基点基线，设立了东海防空识别区，表达了维护领土主权坚定不移的决心。同时，中国积极利用各种双多边对话努力推动双方达成共识。围绕菲律宾前政府挑起的所谓南海仲裁案，中国通过各种双多边场合表明不接受、不承认仲裁裁决的严正立场。中国还对菲律宾前政府的错误行径进行了坚决有力斗争，揭露南海仲裁案披着法律外衣的政治闹剧的实质，坚决维护中国合法海洋权益。中国正当立场得到来自近120个国家和240多个不同国家政党的理解和支持。针对台湾地区领导人试图制造"两个中国"或"一中一台"的图谋，我们旗帜鲜明地坚持"一个中国"原则，坚决反对和遏制"台独"分裂行径。中国还积极反对外部势力干预港澳事务，坚决遏制国际暴力恐怖和宗教极端势力的渗透，严厉打击"藏独""东突"等分裂势力的破坏活动，有效地维护了国家统一和社会稳定。此外，中国妥善处理与相关国家的分歧，加强对话和交流，更加坚定地维护同周边国家关系及地区和平稳定大局。

---

① 习近平：《在庆祝中国共产党成立95周年大会上的讲话》，人民出版社2016年版，第21页。

中国始终坚持以国家利益为指导原则来处理与各国的关系发展。对于中美关系，习近平总书记多次呼吁，中美两国要尊重彼此核心利益和重大关切，坚持通过对话磋商妥善处理分歧，构建中美新型大国关系。对于中俄全面战略协作伙伴关系，习近平总书记提出双方应坚定支持对方维护国家主权、安全、发展利益的努力，坚定支持对方走符合本国国情的发展道路，坚定支持对方发展复兴。① 对于中国与非洲国家的关系，习近平总书记提出中国与非洲是休戚与共的利益共同体和命运共同体，中国将一如既往地重视非洲的关切和利益，支持非洲经济社会发展、联合自强。对中国与金砖国家成员国的关系，习近平总书记提出要"强本固基"，打造金砖国家利益共同体，构建促进共同发展的伙伴关系。②

三 谋求中国国家利益与各国共同利益相统一

中国共产党是为中国人民谋幸福的政党，也是为人类进步事业奋斗的政党。以习近平同志为核心的党中央坚持将中国国家利益作为一切外交工作的出发点，同时高举和平、发展、合作、共赢的旗帜，恪守维护世界和平、促进共同发展的外交政策宗旨，坚定不移在和平共处五项原则基础上发展同各国的友好合作，推动建设相互尊重、公平

---

① 《习近平主席同普京总统会谈》，《人民日报》2013年3月23日第1版。

② 习近平：《共建伙伴关系 共创美好未来——在金砖国家领导人第七次会晤上的讲话》，《人民日报》2015年7月10日第3版。

正义、合作共赢的新型国际关系。①中国并不信奉狭隘的国家利益观,而是包容性地追求各国的共同发展,实现中国国家利益与各国共同利益相统一。

首先,中国坚定奉行独立自主的和平外交政策,尊重各国人民自主选择发展道路的权利,维护国际公平正义,反对把自己的意志强加于人,反对干涉别国内政,反对以强凌弱。②中国绝不以牺牲别国的利益来发展自己,在处理对外关系过程中,坚持不损害其他国家利益和国际社会利益,兼顾他国合理关切。习近平主席在世界经济论坛2017年年会开幕式上,旗帜鲜明地指出:"人类已经成为你中有我、我中有你的命运共同体,利益高度融合,彼此相互依存。每个国家都有发展权利,同时都应该在更加广阔的层面考虑自身利益,不能以损害其他国家利益为代价。"③中国奉行防御性的国防政策,中国的发展不对任何国家构成威胁。④中国永远不称霸,永远不搞侵略扩张,而是谋求与各国在相互尊重中实现合作共赢。面对动荡不

---

① 习近平:《决胜全面建成小康社会 夺取新时代中国特色社会主义伟大胜利——在中国共产党第十九次全国代表大会上的报告》,《人民日报》2017年10月28日第5版。

② 同上。

③ 习近平:《共担时代责任 共促全球发展——在世界经济论坛2017年年会开幕式上的主旨演讲》,《人民日报》2017年1月18日第3版。

④ 习近平:《决胜全面建成小康社会 夺取新时代中国特色社会主义伟大胜利——在中国共产党第十九次全国代表大会上的报告》,《人民日报》2017年10月28日第5版。

安的地区和国际形势，中国始终坚持走和平发展道路，坚持以和平对话的方式解决地区热点问题，为联合国维和行动多做贡献。面对国际体系中的不稳定因素和"逆全球化"及保护主义思潮抬头，中国始终坚定地拥抱多边主义，积极维护和完善战后国际秩序，构建开放包容的全球经济体系。中国在追求国家利益的过程中，不仅不对其他国家的国家利益和国际体系稳定带来威胁，而且中国通过积极的大国外交担当，为世界的和平带来了确定性，为全球经济的发展注入了新的活力。

其次，中国坚决维护国家的主权、安全和发展利益，对于侵害国家核心利益的行为毫不妥协。习近平总书记多次强调，我们要坚持走和平发展道路，但决不能放弃我们的正当权益，决不能牺牲国家核心利益。任何外国不要指望我们会拿自己的核心利益做交易，不要指望我们会吞下损害我国主权、安全、发展利益的苦果。[1] 中国具有坚定的意志和决心维护国家利益，并始终将维护国家的主权、安全和发展利益放在外交工作的首位。中国坚定捍卫国家主权和领土完整，绝不容忍任何分裂国家的行为，并妥善处理与周边一些国家的领土主权与海洋权益纠纷。中国人民坚持自己选择的社会制度和发展道路，不允许外部势力干涉中国内政，高度警惕和防范外部势力在各领域进行的渗透和破坏活动。中国外交一直把为国家发展服务置于突出地位，努力为改革发展提供有力保障，创造良好的外部

---

[1] 中共中央宣传部：《习近平总书记系列重要讲话读本（2016年版）》，学习出版社、人民出版社2016年版，第272页。

第二章　新时代中国国家利益

条件。同时，中国积极践行"外交为民"理念，加快海外利益保护能力建设，切实保护中国公民和法人在境外的安全。随着国家的不断发展强大，中国维护国家利益的资源和手段更加丰富多样。中国政府部门正在不断创新维护国家利益的方式方法以适应发展变化的新形势。

再次，中国坚持以国际合作的方式实现国家利益，努力扩大各方共同利益的汇合点。经济全球化大潮要求中国实现自身发展与世界发展的统一。冷战结束以来，经济全球化发展到一个新的高度，国家之间的相互依存日益深化。随着人员、信息、技术、资本、商品等经济要素跨国流动的加强，各国经济日益融入全球生产—消费体系当中。经济全球化是一把"双刃剑"。一方面，各国通过参与全球供应链、产业链和价值链的各个环节的分工合作实现共同获益，因此相互依存的加深促进了国际社会中的利益共生。另一方面，全球性问题的长期性、全局性和严峻性使得各国必须在全球范围内进行协调合作，才能应对共同的挑战。国际社会日益成为"你中有我、我中有你""一荣俱荣、一损俱损"的"命运共同体"。在这种情况下，中国无论是谋求自身发展，还是应对全球性挑战，都必须照顾别国关切，寻找自己利益与他国利益的交汇点和结合点，倡导包容性发展。中国特色大国外交的价值追求也要求中国实现自身发展与世界发展的统一。中国倡导包容性发展，强调各国走共同发展、共享繁荣的道路。在国内，中国致力于让增长和发展惠及所有人民，坚持"发展为了人民、发展依靠人民、发展成果由人民共享"。中国将消除经济发展过程中的社会不平等作为国家追求的重要目标，促进经济的可持续和包容性增长。在国际，中国致力于促进全球层面的减贫，减少全球发展的不平等和不平衡，使各国人民共享世界经济增长成果。中国促进发展中国家自主和可持续发展的做法充分体现了中国外交的道义取向。

坚定不移地走和平发展道路，始终不渝倡导合作共赢理念，是新时期中国实现国家利益的重要方式。在庆祝中国共产党成立95周年大会上，习近平总书记提出，中国"愿扩大同各国的利益交汇点，推动构建以合作共赢为核心的新型国际关系，推动形成人类命运共同体和利益共同体"。[①] 习近平总书记将追求中国国家利益与各国共同发展相统一的外交思想贯穿于中国外交的各个领域。中国始终努力把中国人民的利益同世界各国人民的共同利益结合起来，扩大同各方利益的汇合点，同各国各地区建立并发展不同领域不同层次的利益共同体，推动实现全人类共同利益，共享人类文明进步成果。[②] 习近平主席在访非期间强调，中国外交要树立正确的义利观，主张政治上秉持公道正义、坚持平等相待；经济上坚持互利共赢、共同发展。在会见候任联合国秘书长古特雷斯时，习近平主席呼吁联合国要积极有为维护国际和平与安全，持之以恒推进共同发展，照顾发展中国家利益，多为发展中国家发声、办事。[③]

---

① 习近平：《在庆祝中国共产党成立95周年大会上的讲话》，人民出版社2016年版，第20页。

② 国务院新闻办公室：《中国的和平发展》白皮书，2011年9月。

③ 中共中央宣传部：《习近平总书记系列重要讲话读本（2016年版）》，学习出版社、人民出版社2016年版，第262页。

第二节　奋力实现中华民族的伟大复兴

党的十八大以来，以习近平同志为核心的党中央深刻分析中国所处的国内外环境，提出实现全面建成小康社会、建成富强民主文明和谐美丽的社会主义现代化国家，实现中华民族伟大复兴的"中国梦"的奋斗目标。2012年11月29日，习近平总书记在参观《复兴之路》展览时指出："实现中华民族伟大复兴，就是中华民族近代以来最伟大的梦想。"① 2013年3月23日，他在莫斯科国际关系学院演讲时明确指出："实现中华民族伟大复兴，是近代以来中国人民最伟大的梦想，我们称之为'中国梦'，基本内涵是实现国家富强、民族振兴、人民幸福。"② 而且，从中国发展的速度来看，中国比历史上任何时期都更接近中华民族伟大复兴的目标，比历史上任何时期都更有信心、有能力实现这个目标。

中华民族的伟大复兴是新时代中国的根本国家利益，为中央更好地统筹国内国际两个大局，夯实和平发展道路指明了方向。习近平总书记在中央外事工作会议上进一步强调，中国已经进入了实现中华民族伟大复兴的关键阶段，新形势下对外工作要维护和延长中国发展的重要战略

---

① 《承前启后　继往开来　继续朝着中华民族伟大复兴目标奋勇前进》，《人民日报》2012年11月30日第1版。
② 习近平：《顺应时代前进潮流　促进世界和平发展——在莫斯科国际关系学院的演讲》，《人民日报》2013年3月24日第2版。

机遇期，为实现"两个一百年"奋斗目标、实现中华民族伟大复兴的中国梦提供有力保障。党的十八大明确提出了"两个一百年"的奋斗目标，我们还明确提出了实现中华民族伟大复兴的"中国梦"的奋斗目标。我们一定要抓住机遇，集中精力把自己的事情办好，使国家更加富强，使人民更加富裕，依靠不断发展起来的力量更好走和平发展道路。[1] 由此可以看出，新时期的外交工作就是要为实现中华民族伟大复兴这一国家总体目标的实现提供保障和创造条件。

一 维护和延长中国发展的重要战略机遇期

维护和延长发展的重要战略机遇期，是实现中华民族伟大复兴的"中国梦"的前提条件。党的十八大报告对中国面临的国内外形势作出如下判断："综观国际国内大势，中国发展仍处于可以大有作为的重要战略机遇期。我们要准确判断重要战略机遇期内涵和条件的变化，全面把握机遇，沉着应对挑战，赢得主动，赢得优势，赢得未来，确保到2020年实现全面建成小康社会宏伟目标。"[2]

习近平总书记在对国内外发展形势进行深入分析的基础上，作出中国仍然处于重要战略机遇期的判断。在2014年11月29日召开的中央外事工作会议上，习近平总书记强

---

[1] 习近平：《更好统筹国内国际两个大局夯实走和平发展道路的基础》，《人民日报》2013年1月30日第1版。
[2] 胡锦涛：《坚定不移沿着中国特色社会主义道路前进　为全面建成小康社会而奋斗》，《人民日报》2012年11月9日第2版。

调，中国已经进入了实现中华民族伟大复兴的关键阶段。中国要高举和平、发展、合作、共赢的旗帜，统筹国内国际两个大局，统筹发展安全两件大事，牢牢把握坚持和平发展、促进民族复兴这条主线，维护国家主权、安全、发展利益，为和平发展营造更加有利的国际环境，维护和延长中国发展的重要战略机遇期，为实现"两个一百年"奋斗目标、实现中华民族伟大复兴的中国梦提供有力保障。[1]

从内部看，虽然中国经济面临增速下降、结构调整等严峻挑战，但中国经济形势和运行态势总体表现良好，仍具备经济持续增长的良好支撑基础和条件。中国经济进入新常态，社会稳定和谐态势不断发展。从外部看，虽然中国面临世界政治格局调整和世界经济增速乏力的双重挑战，但是和平与发展的时代主题仍没有变。中国发展仍具有相对稳定开放的国际环境。我们最大的机遇就是自身不断发展壮大，同时也要重视各种风险和挑战，善于化危为机、转危为安。因此，可以说"尽管国际国内环境发生了深刻复杂变化，但我国发展重要战略机遇期的重大判断没有改变"。[2]

因此，中国现阶段外交工作的重心之一便是维护和延长中国发展战略机遇期。一方面，中国外交要积极通过以和平协商的方式解决领土争端，推动国际热点问题的政治

---

[1] 《中央外事工作会议在京举行》，《人民日报》2014年11月30日第1版。

[2] 习近平：《在党的十八届五中全会第二次全体会议上的讲话（节选）》，《求是》2016年第1期，第1页。

解决，努力营造和平稳定的国际环境。只有国际形势总体和平安定，中国才能够获得持续发展的机会。另一方面，中国外交要积极构建自由开放的国际经济体系，并通过深化发展伙伴关系，不断增强发展动力。中国坚定不移走和平发展道路，始终不渝倡导合作共赢理念，并以此作为维护国家核心利益的主要途径。中国将追求自身发展和民族振兴的中国梦同世界各国人民的美好梦想连接起来，让中国外交既为民族复兴尽责，体现鲜明的中国特色、中国风格、中国气派，又为人类进步担当，展现负责任大国的世界关怀。

二 实现"两个一百年"奋斗目标

"两个一百年"是中华民族伟大复兴的中国梦的具体奋斗目标。"两个一百年"是指到2020年，即中国共产党成立100年时，中国的国内生产总值和城乡居民人均收入在2010年的基础上翻一番，全面建成惠及十几亿人口的小康社会；到本世纪中叶，即中华人民共和国成立100年时，建成富强、民主、文明、和谐、美丽的社会主义现代化国家。从现在到2020年，是全面建成小康社会的决胜期。"从十九大到二十大，是'两个一百年'奋斗目标的历史交汇期。我们既要全面建成小康社会、实现第一个百年奋斗目标，又要乘势而上开启全面建设社会主义现代化国家新征程，向第二个百年奋斗目标进军。"[①] 习近平总书

---

① 习近平：《决胜全面建成小康社会 夺取新时代中国特色社会主义伟大胜利——在中国共产党第十九次全国代表大会上的报告》，《人民日报》2017年10月28日第3版。

第二章　新时代中国国家利益

记在党的十九大报告中，将2020年到本世纪中叶分两个阶段来安排。第一阶段，从2020年到2035年，在全面建成小康社会的基础上，再奋斗十五年，基本实现社会主义现代化。第二个阶段，从2035年到本世纪中叶，在基本实现现代化的基础上，再奋斗十五年，把我国建成富强民主文明和谐美丽的社会主义现代化强国。从全面建成小康社会到基本实现现代化，再到全面建成社会主义现代化强国，是新时代中国特色社会主义发展的战略安排。① 中国正在进入新时代社会主义现代化建设的新征程。

实现"两个一百年"奋斗目标就要求中国继续坚持外交为国家的经济社会发展服务。改革开放以来，中国共产党始终坚持外交工作服务于国家经济社会发展的方针。中国外交在为经济建设服务中取得了巨大成就，为改革和发展争取到了有利的国际环境。② 党的十八大报告指出："以经济建设为中心是兴国之要，发展仍是解决中国所有问题的关键。只有推动经济持续健康发展，才能筑牢国家繁荣富强、人民幸福安康、社会和谐稳定的物质基础。必须坚持发展是硬道理的战略思想，决不能有丝毫动摇。"③ 因此，中国外交今后要更好地服务于国内经济建设，为国内全面深化改革营造良好的国际环境。2013年3月18日，

---

① 习近平：《决胜全面建成小康社会　夺取新时代中国特色社会主义伟大胜利——在中国共产党第十九次全国代表大会上的报告》，《人民日报》2017年10月28日第3版。

② 《中国共产党第十八次全国代表大会文件汇编》，人民出版社2012年版，第4页。

③ 同上书，第18页。

习近平新时代中国特色社会主义外交思想研究

习近平总书记在第十二届全国人民代表大会第一次会议上的讲话中提出："我们要坚持发展是硬道理的战略思想，坚持以经济建设为中心，全面推进社会主义经济建设、政治建设、文化建设、社会建设、生态文明建设，深化改革开放，推动科学发展，不断夯实实现中国梦的物质文化基础。"① 他在金砖国家领导人第五次会晤时的主旨讲话中也强调："我们将继续把发展作为第一要务，把经济建设作为中心任务，继续推动国家经济社会发展。"②

实现"两个一百年"奋斗目标就要求外交工作要服务于国内国际两个大局。国内大局就是要实现"两个一百年"奋斗目标，实现中华民族伟大复兴的中国梦；国际大局就是为中国改革发展稳定争取良好外部条件，维护国家主权、安全、发展利益，维护世界和平稳定、促进共同发展。③ 因此，"中国外交还是要围绕发展、服务发展、促进发展，更加积极有效地为全面建成小康社会营造良好的外部环境，为解决各种不可持续的问题，为维护中国在世界上不断延伸的正当权益提供更为有力的保障"。④

---

① 习近平：《在第十二届全国人民代表大会第一次会议上的讲话》，《人民日报》2013年3月18日第1版。

② 习近平：《携手合作　共同发展——在金砖国家领导人第五次会晤时的主旨讲话》，《人民日报》2013年3月28日第2版。

③ 《为我国发展争取良好周边环境　推动我国发展更多惠及周边国家》，《人民日报》2013年10月26日第1版。

④ 王毅：《探索中国特色大国外交之路》，《人民论坛》2013年8月（上）。

第二章 新时代中国国家利益

首先,中国外交要为中国的改革和发展创造和平稳定的国际环境。维护世界和平,首先要确保大国之间避免走向对抗甚至冲突。中国作为新兴的发展中大国要避免与守成大国落入"修昔底德陷阱"。在相互依存和利益融合不断加深的背景下,中国积极利用发展的钥匙,突出各国互利共赢、共同发展,构建以合作共赢为核心的新型国际关系。中国积极推动"不冲突、不对抗,相互尊重,合作共赢"的中美新型大国关系,以"亲诚惠容"理念塑造和睦安宁的周边环境,并以正确义利观夯实与发展中国家关系基础。中国始终坚持通过对话与谈判和平解决领土和领海争端,促进地区和平稳定。对于国际和地区热点问题,中国始终坚持通过对话和谈判解决问题,坚持根据事情本身的是非曲直决定自己的政策和立场,反对动辄使用武力或以武力相威胁。中国还积极开展反恐、反毒、维护网络安全等国际合作,并积极参与联合国的国际维和与安全保障机制。

其次,中国外交要努力构建互利共赢的开放型经济新体制,促进各国共同发展。"中国梦"的实现依赖于稳定开放的国际经济体系。改革开放四十年来的实践告诉我们,中国必须参与全球经济体系,与各国共享繁荣,才能实现持续的发展。2015年5月5日,中共中央和国务院发布了关于构建开放型经济新体制的若干意见,提出要加快国内体制改革,推动更高水平的双向开放。为此,中国一方面要积极发挥经贸合作主渠道作用,以资源、市场和技术为重点,全方位、多层次、宽领域地推动中国同世界各国的经贸交流与合作,充分发挥经贸合作在双边关系中的

"压舱石"和"推进器"作用。① 另一方面，中国要积极参与全球经济治理，努力维护自由开放的国际经济体系。中国在多个公开场合旗帜鲜明地维护多边自由贸易体制，推动各国共同抵制一切形式的贸易和投资保护主义。中国还积极推动国际货币与金融体系的改革，优化国际金融机构的治理结构，充分发挥国际货币基金组织的特别提款权（SDR）的作用。②

实现"两个一百年"奋斗目标、实现中华民族伟大复兴的中国梦，是引领国家和民族发展进步的宏伟目标，是几代中国人共同奋斗的旗帜。与此同时，中国梦也是与世界各国人民追求和平与发展的美好梦想相通的。习近平总书记指出："中国梦是和平、发展、合作、共赢的梦，与世界各国人民的美好梦想息息相通，中国人民愿意同各国人民在实现各自梦想的过程中相互支持、相互帮助。中国将始终做全球发展的贡献者，坚持走共同发展道路，继续奉行互利共赢的开放战略，将自身发展经验和机遇同世界各国分享，欢迎各国搭乘中国发展'快车''便车''顺风车'，实现共同发展，让大家一起过上好日子。"③

---

① 高虎城：《让中国梦点亮美好世界——学习贯彻习近平总书记经济外交思想》，《求是》2014年第7期，第5—8页。

② 习近平：《构建创新、活力、联动、包容的世界经济——在二十国集团领导人杭州峰会上的开幕辞》，《人民日报》2016年9月5日第3版。

③ 中共中央宣传部：《习近平总书记系列重要讲话读本（2016年版）》，学习出版社、人民出版社2016年版，第16页。

三 实现国家富强、民族振兴、人民幸福

中华民族伟大复兴基本内涵是国家富强、民族振兴、人民幸福。这三大基本内涵对中国外交提出了新要求。首先，中国外交要努力推动中国从经济大国转为具有更大国际影响力的世界强国。实现国家富强凝结着无数仁人志士的不断艰辛探索，承载着全体中华儿女的夙愿。中国梦是强国梦，中国要建设军事强国、文化强国、贸易强国、科技强国、海洋强国和网络强国，要在国际上发挥负责任大国作用。经历几代人的艰辛努力，中国比任何时期都要接近民族复兴目标。

虽然中国正在从积贫积弱的落后国家发展为具有全球政治、经济和安全影响的大国，但中国面临的国际环境也日趋复杂。一方面，针对中国的各种猜疑和担忧的言论不断出现，"中国威胁论""中国崩溃论"不断翻新，甚至遏制中国的苗头开始抬头；另一方面，随着中国日益强大，国际社会也要求中国承担更多国际责任。面临国际环境的新变化，中国亟须积极践行中国特色大国外交，将日益增长的经济实力转化为国际影响力。

其次，中国外交要进一步根植人民、造福人民，切实将为人民谋幸福作为重要的任务。中国外交坚持"外交为民"理念，积极保护人民合法权益、帮助人民实现梦想。随着中国公民和企业大规模"走出去"，维护中国公民在海外的人身安全与合法权益成为中国外交的重要职责。为贯彻习近平总书记提出的"切实维护中国海外利益，不断提高保障能力和水平，加强保护力度"的要求，中国外交

部提出要从维护国家和人民利益,帮人民圆梦以及办好大国外交的角度来看待领事保护与服务工作,实现工作理念升级。中国海外领事机构切实履行领事保护的新使命,积极打造海外民生工程,努力做到中国公民走到哪里,领事服务和保护就能跟随到哪里,让每一个身处海外的同胞都能随时随地感受到党和国家的关心和温暖。① 伴随着"提高中国护照含金量"和"海外民生工程建设"的提出,"外交为民"理念的内涵不断扩展,现已从领事保护扩大到为中国公民在海外旅游、教育、营商、就业等提供帮助和支持。

最后,中国外交要为民族振兴提供支撑。"中国梦"对民族振兴的追求要求外交工作要准确把握中国是统一的多民族国家的基本国情,坚持维护民族团结和国家统一。为此,中国外交要处理好中华民族与世界其他民族和平相处与共同发展的问题。中国仍然受到民族分裂分子、宗教极端分子和暴力恐怖分子的困扰,而这些势力又常常与外部势力相勾连。这一现实要求中国必须采取有效外交措施,积极应对境外势力对中国民族问题的渗透和干预,尽力隔绝和消解外部因素的负面影响。另一方面,中华民族在振兴过程中必然加深与世界其他民族的互动,民族之间差异和误解可能导致国家之间矛盾和摩擦的进一步显现。为此,中国外交要积极承担起向世界阐释和宣传"中国梦"的工作,要开展广泛的交流合作,架起"中国梦"和

---

① 王毅:《中国特色大国外交的成功实践》,《人民日报》2013年12月19日第3版。

"世界梦"连接的桥梁。

第三节 贯彻落实总体国家安全观

国家安全是安邦定国的重要基石，维护国家安全是全国各族人民根本利益所在。[①] 党的十八大以来，以习近平同志为核心的党中央准确把握中国安全形势的新变化和时代特点，逐渐形成总体国家安全观，为新时期国家安全工作提供思想指导。总体国家安全观统筹国内国际两个大局、协调发展与安全的关系，为中国保持长治久安和实现中国梦提供重要保障。在总体国家安全观的指导下，中国确立了新时期国家安全战略，成为中国维护国家利益的指导纲要。

2014年4月15日，习近平总书记在中央国家安全委员会第一次会议上，正式提出总体国家安全观。习近平总书记强调，"贯彻落实总体国家安全观，必须既重视外部安全，又重视内部安全，对内求发展、求变革、求稳定、建设平安中国，对外求和平、求合作、求共赢、建设和谐世界；既重视国土安全，又重视国民安全，坚持以民为本、以人为本，坚持国家安全一切为了人民、一切依靠人民，真正夯实国家安全的群众基础；既重视传统安全，又重视非传统安全，构建集政治安全、国土安全、军事安

---

① 习近平：《决胜全面建成小康社会 夺取新时代中国特色社会主义伟大胜利——在中国共产党第十九次全国代表大会上的报告》，《人民日报》2017年10月28日第4版。

全、经济安全、文化安全、社会安全、科技安全、信息安全、生态安全、资源安全、核安全等于一体的国家安全体系；既重视发展问题，又重视安全问题，发展是安全的基础，安全是发展的条件，富国才能强兵，强兵才能卫国；既重视自身安全，又重视共同安全，打造命运共同体，推动各方朝着互利互惠、共同安全的目标相向而行"。①总体国家安全观包括五大要素和五对关系，系统阐述了中国国家安全工作的内涵和外延。五大要素，就是以人民安全为宗旨，以政治安全为根本，以经济安全为基础，以军事、文化、社会安全为保障，以促进国际安全为依托。五对关系，就是既重视外部安全，又重视内部安全；既重视国土安全，又重视国民安全；既重视传统安全，又重视非传统安全；既重视发展问题，又重视安全问题；既重视自身安全，又重视共同安全。总体国家安全观具有丰富的理论内涵，不仅为国家安全工作开创新局面指明了方向，更是为中国维护国家利益提供了指导原则。②

一　坚持统筹内部安全与外部安全

总体国家安全观要求中国在维护国家利益过程中，必须坚持统筹国内国际两个大局。在全球化的大背景下，中国国内事务同国际社会的联系和互动已空前紧密。中国在维护国家利益过程中，必须具有统筹内部安全和外部安全

---

①《坚持总体国家安全观　走中国特色国家安全道路》，《人民日报》2014年4月16日第1版。

② 同上。

的战略思维。对于国内安全，要坚决确保政治安全，全力保障经济安全，维护社会和谐稳定，严厉打击暴恐犯罪，加强社会治安综合治理。我国正处于全面建成小康社会、全面深化改革、全面依法治国、全面从严治党的重要时期，经济和社会转型面临的各种不确定性因素和矛盾增多，经济和金融领域的风险有所积累，各类群体性事件时有发生，环境保护和生态建设压力增大，内部安全形势依然严峻。在政治安全方面，坚持中国特色社会主义道路，关乎国家前途、民族命运、人民福祉。我们一定要增强对中国特色社会主义的道路自信、理论自信、制度自信，在中国共产党坚强领导下，矢志不渝沿着中国特色社会主义道路奋勇前进。① 在经济安全方面，我们要加强和改善党对经济工作的领导，坚持稳中求进工作总基调，坚持新发展理念，以推进供给侧结构性改革为主线，适度扩大总需求，坚定推进改革，妥善应对风险挑战，引导形成良好社会预期，经济社会保持平稳健康发展。② 在社会安全方面，我们要增强发展的全面性、协调性、可持续性，加强保障和改善民生工作，从源头预防和减少社会矛盾的发生。习近平总书记在主持十八届中央政治局第十四次集体学习时指出，维护国家安全，必须做好维护社会和谐稳定工作，做好预防化解社会矛盾工作，从制度、机制、政策、工作

---

① 习近平：《在纪念中国人民抗日战争暨世界反法西斯战争胜利69周年座谈会上的讲话》，《人民日报》2014年9月4日第2版。

② 《中央经济工作会议在北京举行》，《人民日报》2016年12月17日第1版。

上积极推动社会矛盾预防化解工作。要以促进社会公平正义、增进人民福祉为出发点和落脚点，加大协调各方面利益关系的力度，推动发展成果更多更公平惠及全体人民。①

对于外部安全，虽然世界总体和平态势可望维持，各国相互联系和依存日益加深。但是，世界面临的不稳定性不确定性突出，世界经济增长动能不足，贫富分化日益严重，地区热点问题此起彼伏，恐怖主义、网络安全、重大传染性疾病、气候变化等非传统安全威胁持续蔓延，人类面临许多共同挑战。② 在以习近平同志为核心的党中央的领导下，中国重点从三方面营造对我有利的国际安全环境：一是建立新型大国关系。中国要走出一条"相互尊重、公平正义、合作共赢"的国与国交往的新路，这是建构大国关系和处理崛起国和守成大国之间冲突和矛盾的新方式。二是维护稳定的周边环境。中国周边安全环境仍面临诸多不确定性，虽然周边安全形势可控，但周边的南海、东海和南亚等地缘问题和热点事件仍在持续，朝鲜半岛及其周边局势日趋紧张。我国将继续在周边热点问题上发挥建设性作用，积极推动构建新型区域安全机制建设，维护周边稳定合作大局。三是促进全球治理体系改革。随着国家之间相互依存的深化，全球性挑战成为中国面临的主要安全威胁。习近平总书记在主持十八届中央政治局第

---

① 《切实维护国家安全和社会安定　为实现奋斗目标营造良好社会环境》，《人民日报》2014年4月27日第1版。

② 习近平：《决胜全面建成小康社会　夺取新时代中国特色社会主义伟大胜利——在中国共产党第十九次全国代表大会上的报告》，《人民日报》2017年10月28日第5版。

二十七次集体学习时强调,要推动全球治理体制更加公正合理,为我国发展和世界和平创造有利条件。我国要推进全球治理规则民主化、法治化,加强国际社会应对资源能源安全、粮食安全、网络安全,应对气候变化、打击恐怖主义、防范重大传染性疾病等全球性挑战的能力,弘扬共商共建共享的全球治理理念。① 同时,在国家安全工作中,除了要同等重视外部和内部安全,还要注意内部安全与外部安全的彼此联系,相互影响,将内外安全置于国家治理的统一框架中。

二 坚持统筹安全与发展

总体国家安全观要求中国在维护国家利益过程中,必须坚持协调安全与发展的关系。2015年1月23日,中央政治局审议通过了《国家安全战略纲要》。会议认为,在新形势下维护国家安全,必须坚持以总体国家安全观为指导,坚决维护国家核心和重大利益,以人民安全为宗旨,在发展和改革开放中促安全,走中国特色国家安全道路。② 辩证处理发展与安全的关系,是维护好国家利益的重要前提。习近平总书记在十九届中央国家安全委员会第一次会议上强调,"全面贯彻落实总体国家安全观,必须坚持统筹发展和安全两件大事,既要善于运用发展成果夯实国家

---

① 《总体国家安全观干部读本》编委会:《总体国家安全观干部读本》,人民出版社2016年版,第25页。

② 《中共中央政治局召开会议 审议通过〈国家安全战略纲要〉》,《人民日报》2015年1月24日第1版。

安全的实力基础，又要善于塑造有利于经济社会发展的安全环境。"① 安全与发展是一体两面、互为前提，二者构成了执政兴国的基础。

发展是解决我国一切问题的基础和关键。我国要确保为国家发展创造安全稳定的内外部条件，确保国家主权独立和不受侵犯，维护国内政治社会稳定，构建稳定开放的国际体系是国家发展的根本保证。改革开放以来，我国积极推动各领域的国家安全工作，大力推进国家安全各种保障能力建设，为我国的改革和发展事业创造良好的内外环境。我国对内积极处理好改革发展与稳定的关系。稳定是改革发展的前提，必须坚持改革发展稳定的统一。只有社会稳定，改革发展才能不断推进；只有改革发展不断推进，社会稳定才能具有坚实基础。我国对外积极通过构建和平、合作和共赢的国际关系，为我国经济社会发展创造稳定开放的外部环境。一方面，我国要高度警惕国家被侵略、被颠覆、被分裂的风险；另一方面，我国要在维持国际和平行动和维护自由开放的多边经济体系中发挥积极作用，同其他国家一道创造持久和平、共同繁荣的国际社会。

确保国家的持久安全也依赖于持续的国内发展。我国要在改革和发展中求安全，只有不断推动经济发展和社会进步，才能够不断地提升国家实力和满足人民追求幸福的

---

① 《习近平在十九届中央国家安全委员会第一次会议上强调全面贯彻落实总体国家安全观 开创新时代国家安全工作新局面》，《人民日报》2018年4月18日第1版。

愿望，实现真正的长治久安。我国必须切实抓好发展这个执政兴国的第一要务，坚持不懈地推进改革，落实新发展理念，实现经济发展质量和效益的稳固提升，才能从根本上夯实安全的根基。习近平主席在第四次亚信峰会上提出，对亚洲大多数国家来说，发展就是最大安全，也是解决地区安全问题的"总钥匙"。要建造经得起风雨考验的亚洲安全大厦，就应该聚焦发展主题，积极改善民生，缩小贫富差距，不断夯实安全的根基。[①] 在我国改革发展的进程中，人民生活水平显著提高，社会保障制度和公共服务体系不断改善。经济社会的持续发展，开创了社会稳定和谐的良好态势，推动了国防力量的稳步提升，为我国国家安全提供了坚实的基础。我国将继续坚持发展和安全并重以实现持久安全，在发展和改革开放中促安全，营造安全与发展相互促进的良好局面。

三 努力协调自身安全与共同安全

当今世界，国家之间的相互依存程度空前加深，任何国家都不可能脱离世界而实现自身安全，地区和国际安全合作成为时代潮流。以习近平同志为核心的党中央审时度势，与时俱进地提出"共同安全"的理念，为我国更好地维护自身安全和国际安全提供了理论指导。协调好自身安全和共同安全，成为总体国家安全观的内在要求。我国要

[①] 习近平：《积极树立亚洲安全观 共创安全合作新局面——在亚洲相互协作与信任措施会议第四次峰会上的讲话》，《人民日报》2014年5月22日第2版。

倡导实现共同、综合、合作、可持续的安全，坚持走和平发展道路，在维护本国安全利益的同时，注重维护共同安全，推动建设持久和平、共同繁荣的和谐世界。① 中国绝不放弃自己的正当权益和核心利益，但也强调，在实现自身安全和维护自身利益的过程中，还要兼顾其他国家的合理关切，实现共同、综合、合作、可持续的安全，在谋求本国发展中促进各国共同发展。习近平总书记在主持中央国安委第一次会议时强调，我们要既重视自身安全，又重视共同安全，打造命运共同体，推动各方朝着互利互惠、共同安全的目标相向而行。② 在博鳌亚洲论坛2015年年会上，习近平总书记指出，当今世界，没有一个国家能实现脱离世界安全的自身安全，也没有建立在其他国家不安全基础上的安全。因此，各国必须坚持实现共同、综合、合作、可持续的安全，迈向命运共同体。③

倡导共同安全，意味着尊重每一个国家的安全，在保证其他国家安全的基础上维护自身安全。这要求国家摆脱传统的联盟对抗的安全模式，推动所有国家的共同合作，建立确保所有国家安全的国际安全体制。中国同各国一道，在亚洲相互协作与信任措施会议上积极倡导共同、综

---

① 《总体国家安全观干部读本》编委会：《总体国家安全观干部读本》，人民出版社2016年版，第21页。
② 《坚持总体国家安全观 走中国特色国家安全道路》，《人民日报》2014年4月16日第1版。
③ 习近平：《迈向命运共同体 开创亚洲新未来——在博鳌亚洲论坛2015年年会上的主旨演讲》，《人民日报》2015年3月29日第2版。

合、合作、可持续的亚洲安全观，搭建地区安全和合作新架构，就是通过对话合作促进各国和本地区安全，建立包容性地区安全机制的体现。同时，中国一直坚决反对强权政治和霸权主义，反对强国依据实力干涉和侵犯弱国和小国的安全利益。中国始终尊重各国的多样性，尊重各国选择的与其国情相符的发展道路。在处理国际热点问题上，中国提倡各方相互理解，妥善处理和照顾不同的利益关切和诉求，推动政治协商解决争端，促进安全合作与对话。推动和平解决国际争端、推进国际安全领域以及地区安全领域的合作，已经成为中国努力协调自身安全与共同安全，推动形成新国际安全模式的重要实践方向。

第四节　本章小结

维护国家利益是中国外交的宗旨，是中国走和平发展道路、倡导合作共赢理念的前提。中国共产党始终代表人民最根本的利益，在内政外交中实现国家利益与人民利益的高度统一。党的十八大以来，以习近平同志为核心的党中央更加重视国家利益在处理对外关系中的指导作用，更加鲜明地坚持国家利益作为对外政策底线的原则。习近平总书记在外交工作中坚决维护国家的主权、安全和发展利益，对于侵害国家核心利益的行为毫不妥协，采取更加坚定的立场和积极的措施，应对领土主权和海洋权益争端。同时，中国妥善处理与相关国家的分歧，加强对话和交流，更加坚定地维护同周边国家关系及地区和平稳定大局。中国坚持以国家利益为指导原则来处理与各国的关系发展，努力构建"相互尊重、公平正义、合作共赢"的新型国际关系。在维护国家利益的过程中，中国特别强调与各国共同利益相统一。在处理对外关系过程中，坚定奉行独立自主的和平外交政策，尊重各国人民自主选择发展道路的权利，维护国际公平正义，坚持不损害其他国家利益和国际社会利益，兼顾他国合理关切，努力扩大各方共同利益的汇合点。

中华民族的伟大复兴是新时代中国的根本国家利益，为中央更好地统筹国内国际两个大局，夯实和平发展道路指明了方向。以习近平同志为核心的党中央，对新时代中国特色社会主义发展做出从全面建成小康社会到基本实现现代化，再到全面建成社会主义现代化强国的战略安排。中国将追求自身发展和民族振兴的"中国梦"同世界各国人民的美好梦想连接起来，让中国外交既为民族复兴尽责，体现鲜明的中国特色、中国风格、中国气派，又为人类进步担当，展现负责任大国的世界关怀。新时期的外交工作就是要为实现中华民族伟大复兴这一国家总体目标提供保障和创造条件。为此，中国外交要为中国的改革和发展创造和平稳定的国际环境，努力构建互利共赢的开放型经济新体制，促进各国共同发展。

贯彻落实总体国家安全观是维护新时代中国国家利益的基本途径，为中国保持长治久安和实现中国梦提供重要保障。总体国家安全观为新时期国家安全工作和维护国家利益的方式方法提供思想指导。我国在维护国家利益过程中，必须坚持统筹国内国际两个大局，统筹好外部安全和内部安全。同时，还要坚持协调安全与发展的关系，在发展和改革开放中促安全，营造安全与发展相互促进的良好局面。最后，在国家之间的相互依存程度空前加深的背景下，我国要倡导实现共同、综合、合作、可持续的安全，坚持走和平发展道路，在维护本国安全利益的同时，注重维护共同安全，迈向命运共同体。

总之，中国坚定不移地走和平发展道路，营造和平稳定和共同发展的国际环境，为中国梦的实现创造良好的外部环境，同时也通过自身的发展，促进人类和平与发展事业，为人类做出新的更大的贡献。

第三章

推动建立新型国际关系

推动建立新型国际关系是新时代中国对外战略的两个总目标之一。党的十八大以来，习近平总书记多次强调要构建以合作共赢为核心的新型国际关系，把合作共赢理念体现到政治、经济、安全、文化等对外合作的方方面面。党的十九大报告提出："中国将高举和平、发展、合作、共赢的旗帜，恪守维护世界和平、促进共同发展的外交政策宗旨，坚定不移在和平共处五项原则基础上发展同各国的友好合作，推动建设相互尊重、公平正义、合作共赢的新型国际关系。"[①] 习近平总书记关于建立新型国际关系的重要论述，体现了中国外交的优良传统，符合国际社会的共同利益，反映了大多数国家的普遍期待，占据了人类道义的制高点，表明了中国共产党为人类做出新的更大的贡献的使命，必将引领未来国际关系的发展方向。新型国际关系理念既对中国的外交实践和国际秩序观进行了理论阐

[①] 习近平：《决胜全面建成小康社会 夺取新时代中国特色社会主义伟大胜利——在中国共产党第十九次全国代表大会上的报告》，《人民日报》2017年10月28日第5版。

述,又对传统国际关系理论进行重大创新,为当今国际关系的发展提供了新理念、开辟了新愿景。

新型国际关系是中国对和平发展道路的坚持,也是中国对塑造公正合理的国际新秩序的期望。在新型国际关系理念的指导下,中国将积极发展全球伙伴关系,扩大同各国的利益交汇点,推进大国协调和合作,构建总体稳定、均衡发展的大国关系框架,按照"亲诚惠容"理念和与邻为善、以邻为伴周边外交方针深化同周边国家关系,秉持正确义利观和真实亲诚理念加强同发展中国家团结合作,不断开创新时代中国特色大国外交新局面。①

第一节 推动建立新型国际关系符合时代发展趋势

时代特征是外交政策制定的前提。习近平总书记强调,认识世界发展大势,跟上时代潮流,是一个极为重要并且常做常新的课题。他在深入分析世界发展态势的基础上提出了"四个不会改变":世界多极化向前推进的态势不会改变、经济全球化进程不会改变、和平与发展的时代主题不会改变、国际体系变革的方向不会改变。② 正是在上述判断的基础上,以习近平同志为核心的党中央提出构

---

① 习近平:《决胜全面建成小康社会 夺取新时代中国特色社会主义伟大胜利——在中国共产党第十九次全国代表大会上的报告》,《人民日报》2017年10月28日第5版。

② 《中央外事工作会议在京举行》,《人民日报》2014年11月30日第1版。

建以合作共赢为核心的新型国际关系。

一 经济全球化深入发展的客观要求

中国提出构建以合作共赢为核心的新型国际关系，是顺应经济全球化背景下国家之间相互依存日益加深的历史趋势的重要体现。经济全球化在冷战结束后发展到一个新的高度，国家之间的相互依存日益深化，区域与双边合作水平不断提高，国家之间的社会经济关联超越传统的政治军事关系，成为国际关系的重要内容，国际社会由此成为彼此相连的命运共同体。

就中国而言，改革开放四十年以来，中国不断加大对外开放力度，积极参与全球分工体系，对外贸易和投资的自由化程度大幅度提高，已经成为这一轮经济全球化浪潮的重大受益者。但是，中国服务业的开放程度仍旧偏低，对外投资水平也较低，国内经济活动的法规与国际尚未完全接轨。因此，中国必须通过开放型发展战略的升级，建立全方位开放的新格局。中国必须推动对内对外开放相互促进、引进来和走出去更好结合，促进国际国内要素有序自由流动、资源高效配置、市场深度融合的全方位多层次国际合作关系。而构建以合作共赢为核心的新型国际关系恰好是经济全球化时代特征和中国新阶段对外开放战略的共同要求。

二 中国和平发展道路的自然延伸

世界历史展现的大国轮替的战争图景，使得崛起国与霸权国通过战争冲突实现权力更替成为西方政治家和战略家根深蒂固的观念。西方观察家往往以零和博弈的观点看待中国的崛起，认为中国的发展必然要以损害其他国家的利益为代价，并断言中国会陷进"崛起国与霸权国必然冲突"的历史怪圈。但是，在复合相互依存的经济全球化时代，中美两国的国家利益变得无法彻底剥离。在核武器时代，核战争无利可图，对人类对地球而言都是一个生存还是毁灭的问题。因此，中国只有抛弃历史上争夺势力范围的殖民主义模式、霸权战争模式和军事联盟集团对抗模式才能够真正实现崛起。

自20世纪70年代末以来，中国实行改革开放政策，选择了和平发展道路。中国的国内改革和对外开放有赖于一个和平稳定的国际环境。中国是现行国际秩序的受益者，并不主张对现行秩序进行推倒重来，而是采取渐进的方式参与和塑造国际秩序变革。中国的发展成就得益于改革开放的历史进程，因此也将继续坚持改革开放，继续坚持和平发展道路。中国选择全方位的对外经济合作，扩大发展空间和国际影响力的和平发展道路，而不希望与美国争夺世界霸主地位而中断自己的崛起之路。唯有构建以合作共赢为核心的新型国际关系，才能够为中国的发展提供广阔的国际空间，保证中国的和平崛起。中国推动建立以合作共赢为核心的新型国际关系，推动构建人类命运共同体，展示了中国追求和平发展的历史惯性和战略抉择。

三　中国传统政治文化的现代体现

中华文明为构建以合作共赢为核心的新型国际关系提供了历史思想资源。一方面，新型国际关系是对中国传统政治文化中"和"思想的继承和发展，因为中华文明自古坚持和平观念，主张通过"协和万邦"来处理国家关系。即便在军事战略观念中，也是将战争视为防御手段，反复强调"不战而屈人之兵""柔武"（尽量规避战争）。用和而不同的观点观察、处理问题，不仅有利于我们善待友邦，也有利于国际社会化解矛盾。另一方面，中华文明鼓励"己欲立而立人，己欲达而达人"，秉持"丈夫贵兼济，岂独善一身"的道德情怀，将"推己及人"视为与他人交往的首要原则，尽自己的力量帮助他人，最终实现共同发展。中华人民共和国成立以来的外交实践和改革开放经验为新型国际关系理念提供了现实土壤。中华人民共和国成立以来，中国坚定奉行独立自主的和平外交政策，积极倡导和平共处五项原则，团结支持广大亚非拉国家开展反帝反殖反霸斗争，壮大了维护世界和平的力量。中国反复对外庄严宣告，反对各种形式的霸权主义和强权政治，永远不称霸，永远不搞扩张。党的十一届三中全会以来，中国抓住总体和平稳定的国际环境和经济全球化提供的有利条件，不断深化改革、扩大开放，与世界各国开展友好往来与互利合作，现已成为世界第二大经济体，国际影响力和制度性话语权不断提升，成功走出了一条和平发展道路。

四　应对国际秩序挑战的现实选择

2008年爆发的国际金融危机使国际秩序进入了一个深度调整期。美国和西欧国家受到金融危机的重创，面临巨大的财政压力，贸易和投资保护主义有抬头趋势。随着经济全球化引起的经济不平等和文化冲突不断加剧，西方发达国家正在经历复杂的国内经济社会转型，对经济全球化和自由国际经济秩序的支持开始下降，许多国家甚至担心美国新任总统特朗普会破坏战后形成的国际经济秩序。西方发达国家面临的国内外困境正在侵蚀自由国际主义的共识，破坏自由开放的多边经济体系。因此，国际社会亟须加强国际协调，采取集体行动应对国际秩序变革面临的挑战。

国际金融危机也暴露出美国主导的国际经济治理体制存在诸多不足。源于美国并蔓延至全球的金融危机，使得国际社会对更大范围的宏观经济政策协调、国际金融救助、资本跨国流动管理、国际金融监管、贸易和投资自由化的需求增加。第二次世界大战后发展起来的以国际货币基金组织（IMF）、世界银行、世界贸易组织（WTO）和七国集团（G7）为代表的国际治理机构，既不具有足够的有效性也不具备足够的合法性来协调各国采取强有力的集体行动。当全球经济治理的政治基础日益弱化之时，如何从以美国霸权为基础的国际治理体系，转向更广泛参与的治理体系，成为国际经济体系面临的重大挑战。此外，国际体系依然面临诸多不确定性，不断兴起的新问题日益对和平稳定的国际环境构成挑战。地缘政治风险不断累积，地区热点问题不断升温，恐怖主义等非传统安全威胁不断上升，国家之间亟须通过加强协作，维持繁荣稳定的态势。

习近平总书记提出构建以合作共赢为核心的新型国际关系，是中国向国际社会提出的国际秩序变革方案。面对日趋复杂的国际政治经济形势，各国要改变单边、单干甚至霸道的行为方式，通过合作达到共赢，营造一个有利于和平发展的稳定环境，建立一个相互包容、共同获益的国际政治经济秩序。

第二节　新型国际关系的内涵

新型国际关系理念既是对新时代中国特色大国外交理论与实践的凝练总结，又是中国呼吁国际社会共建国际秩序的方向，具有非常深刻的理论和思想内涵。新型国际关系包括政治上结伴不结盟、经济上包容发展、安全上合作共享、文化上交流互鉴四方面的内涵，涵盖了中国对外交往的方方面面，为新时期中国处理对外关系指明了方向。

一　政治上结伴不结盟

中国努力通过建立各种形式的伙伴关系，为全面建成小康社会构筑和平发展的战略环境。中国不仅要努力通过有效的对外沟通和实际行动，消除世界对中国的误解和偏见，化解各种"中国威胁论""中国崩溃论"，还要构建伙伴关系网络，促进与世界各国的共同发展。为此，中国坚持不结盟政策，认为军事同盟关系具有排他性，以针对第三方为目标，而且可能要以牺牲弱势参与者的个体利益作为维护整体关系的手段。在2014年11月召开的中央外事工作会议上，习近平总书记强调："中国要在坚持不结盟原则的前提下广交朋友，形成遍布全球的伙伴关系网络"，以"争取世界各国对中国梦的理解和支持"，使他们认识到中国梦是"各国人民共同的福祉"。[①]

[①] 《中央外事工作会议在京举行》，《人民日报》2014年11月30日第1版。

第三章　推动建立新型国际关系

伙伴关系是国家间基于共同利益,通过共同行动,为实现共同目标而建立的一种独立自主的国际合作关系。中国建立的伙伴关系具有平等性、包容性、和平性、建设性和非意识形态性等特征。平等性主要表现为伙伴国之间是平等自愿、相互尊重的关系。包容性主要指没有排他性,其双边行为不针对第三方。和平性是指伙伴关系不以军事对抗手段解决伙伴之间的和外部的安全问题。建设性是指伙伴关系中的双方致力于发展共同利益,以对话协商的方式弥合矛盾冲突。非意识形态性是指伙伴关系超越社会制度与意识形态的异同,最大限度地谋求共同利益,正所谓"志同道合,是伙伴。求同存异,也是伙伴"。[①]

近年来,中国高举和平、发展、合作旗帜,秉持平等、包容和共赢的理念,已同90多个国家和区域组织建立了不同形式的伙伴关系,基本建成了覆盖全球的伙伴关系网络。这些不同类型的伙伴关系按合作程度由浅到深可以被大致分为伙伴关系、友好伙伴关系、合作伙伴关系、全面(全方位)合作伙伴关系、战略伙伴关系、全面(全方位)战略伙伴关系六个层次。其中"伙伴关系"大多是一般说法,并无明确的文件确认;"友好伙伴关系"表明虽然关系良好,但合作不多;"合作伙伴关系"如无特殊修饰,大多指经济合作;"战略伙伴关系"则是双方在重大问题上有共同交集,"关系重要、领域高端";而"全面""全方位"则是指合作的"领域多、范围广",代表

---

① 习近平:《谋求持久发展　共筑亚太梦想——在亚太经合组织工商领导人峰会开幕式上的演讲》,《人民日报》(海外版)2014年11月10日第7版。

着更加密切的双边关系。①

　　针对伙伴关系对于中国外交实践的指导性意义，习近平总书记有深刻的阐述。2017年1月19日，他在联合国日内瓦总部发表演讲时指出："中国坚持独立自主的和平外交政策，在和平共处五项原则基础上同所有国家发展友好合作。中国率先把建立伙伴关系确定为国家间交往的指导原则，同90多个国家和区域组织建立了不同形式的伙伴关系。中国将进一步联结遍布全球的'朋友圈'。中国将努力构建总体稳定、均衡发展的大国关系框架，积极同美国发展新型大国关系，同俄罗斯发展全面战略协作伙伴关系，同欧洲发展和平、增长、改革、文明伙伴关系，同金砖国家发展团结合作的伙伴关系。中国将继续坚持正确义利观，深化同发展中国家务实合作，实现同呼吸、共命运、齐发展。中国将按照'亲诚惠容'理念同周边国家深化互利合作，秉持真实亲诚对非政策理念同非洲国家共谋发展，推动中拉全面合作伙伴关系实现新发展。"② 针对伙伴关系对于世界各国的重要意义，习近平主席在2016年9月3日召开的二十国集团工商峰会开幕式上表示，"伙伴精神是二十国集团最宝贵的财富，也是各国共同应对全球性挑战的选择"，其通向"人类命运共同体"，因此各国应

---

　　① 陈晓晨：《细说中国对外"伙伴关系"》，《第一财经日报》2014年11月24日第A06版。

　　② 习近平：《共同构建人类命运共同体——在联合国日内瓦总部的演讲》，《人民日报》2017年1月20日第2版。

共同构建合作共赢的全球伙伴关系。①

二　经济上包容发展

合作共赢包含有相互获益的意涵，实质是一种"包容性发展"（inclusive development），即一国的发展应当惠及世界，其他各国均能够从中分享到福利进步的机会。这种包容性要求各国树立起利益共同体意识，在共同发展中寻求各方利益的最大公约数。习近平总书记提出，"我们要提倡创新、协调、绿色、开放、共享的发展观，实现各国经济社会协同进步，解决发展不平衡带来的问题，缩小发展差距，促进共同繁荣"。② 中国号召各国将自身发展经验和机遇同世界各国分享，并欢迎各国搭乘中国发展的"便车"和"顺风车"，实现共同发展。对于中国而言，包容性发展原则可以贯彻到中国的海外直接投资、对外贸易和发展合作等活动中，通过带动别国经济增长和社会进步来共同分享发展成果。

发挥负责任大国作用是推动包容性发展的前提。面对国际金融危机，中国保持宏观经济政策稳定，积极开展国际合作，为亚洲和世界经济企稳复苏发挥了关键作用。中国坚定履行加入世贸组织的承诺，致力于打造开放型经济，推动贸

---

① 习近平：《中国发展新起点　全球增长新蓝图——在二十国集团工商峰会开幕式上的主旨演讲》，《人民日报》2016年9月4日第3版。

② 习近平：《弘扬"上海精神"构建命运共同体——在上海合作组织成员国元首理事会第十八次会议上的讲话》，《人民日报》2018年6月11日第3版。

易投资自由化和便利化，构建开放包容的自由贸易网络，坚决反对各种形式的保护主义，促进了世界经济增长和贸易发展。另外，中国还积极建立以南南合作为基础的国际发展合作框架，为世界发展承担中国的国际责任。

坚定不移地实施对外开放战略是推动包容性发展的途径。全面建成小康社会必须坚持对外开放的基本国策，坚持互利共赢的开放战略，不断提高开放型经济水平。中国已经意识到，加快构建对外开放新体制是适应全球经济格局变化的必然要求，是应对全球规则竞争日趋激烈的迫切需要，是发展更高层次开放型经济和积极参与全球经济治理的内在要求。习近平总书记就此指出，中国必须适应经济全球化新趋势、准确判断国际形势新变化、深刻把握国内改革发展新要求，以更加积极有为的行动，推进更高水平的对外开放，加快实施自由贸易区战略，加快构建开放型经济新体制，以对外开放的主动赢得经济发展的主动、赢得国际竞争的主动。①《中共中央关于制定国民经济和社会发展第十三个五年规划的建议》提出了构建对外开放新体制的总体要求，即"完善法治化、国际化、便利化的营商环境，健全有利于合作共赢并同国际贸易投资规则相适应的体制机制"。② 习近平总书记在博鳌亚洲论坛2018年年会开幕式上强调，"中国人民将继续扩大开放、加强合

---

① 《加快实施自由贸易区战略　加快构建开放型经济新体制》，《人民日报》2014年12月7日第1版。

② 《中共中央关于制定国民经济和社会发展第十三个五年规划的建议》，《人民日报》2015年11月4日第1版。

第三章 推动建立新型国际关系

作,坚定不移奉行互利共赢的开放战略,坚持引进来和走出去并重,推动形成陆海内外联动、东西双向互济的开放格局,实行高水平的贸易和投资自由化便利化政策,探索建设中国特色自由贸易港。"①

外交工作要为构建开放型经济新体制提供战略谋划、开辟道路和保驾护航。习近平总书记提出的"一带一路"倡议,作为中国构建开放型经济体制和经济外交的顶层设计,将外交工作和对外开放战略有机地结合在一起。当前,中国正在推动"一带一路"建设,优化对外经贸关系布局,积极参与国际经济金融合作,推动全球经济治理体制重构,为中国全面建成小康社会营造良好的国际经济环境。为此,中国要积极开展经济外交,通过坚持多边贸易体制的主渠道作用、建立高标准的贸易投资协定网络和积极推进全球经济治理体制改革,拓展国际经济合作新空间。

三 安全上合作共享

在经济全球化时代,各国安全相互关联、彼此影响。任何国家很难通过一己之力谋求自身安全,或者将自身的安全凌驾在别国的不安全之上。在国际安全领域,中国要努力营造一个共建共享的安全新局面。习近平总书记提出,"各国应该树立共同、综合、合作、可持续的全球安全观,树立合作应对安全挑战的意识,以合作谋安全、谋稳定,以安全促和平、促发展,努力为各国人民创造持久

---

① 习近平:《开放共创繁荣 创新引领未来——在博鳌亚洲论坛 2018 年年会开幕式上的主旨演讲》,《人民日报》2018 年 4 月 11 日第 3 版。

的安全稳定环境。"① 贯彻共享安全原则，需要继续发展联合国及其安理会的维和与安全保障作用，同时积极致力于维护地区稳定，推动打造地区安全对话合作平台。此外，合作共赢还体现为不通过冲突的方式挑战现有秩序，其实质是通过共享安全原则进一步维护战后国际秩序。

中国一直秉持共享安全的原则处理国家之间的关系。中国的安全政策强调统筹保障每个国家各个领域的安全，并通过对话合作和发展与安全并重的方式实现持久安全。中国坚持通过对话协商和平解决领土争端，并通过区域经济合作和安全治理的互动，营造和平稳定与共同发展相融合的地区安全局势。中国奉行防御性的国防政策，并始终坚持通过对话协商和平解决国家间争端，反对动辄使用武力或以武力相威胁。此外，中国还积极参与各种热点问题的处理，坚持以不干涉内政和政治方式，推动朝核、伊核等热点问题的和平解决。

中国还积极开展反恐、维护网络安全、抗击传染病等国际合作，并积极参与联合国的国际维和与安全保障机制。2015年9月28日，习近平主席在联合国大会上庄严宣布，中国将加入新的联合国维和能力待命机制，决定为此率先组建常备成建制维和警队，并建设8000人规模的维和待命部队。此外，中国决定设立为期10年、总额10亿美元的中国—联合国和平与发展基金，部分用于支持联合国维和行动。最新的联合国会费与维和摊款数据显示，2016—2018年，中国将

---

① 《习近平出席国际刑警组织第86届全体大会开幕式并发表主旨演讲》，《人民日报》2017年9月27日 第2版。

承担10.29%的维和摊款,数额仅次于美国。同时,中国也是联合国安理会常任理事国中派出维和兵力最多的国家。中国迄今向联合国维和行动派出军事人员、警察和民事官员3万余人次,目前有3000多人在10个任务区执行任务。

四 文化上交流互鉴

中国要努力推动不同文明的交流互鉴,促进人类文明的和谐发展。习近平主席在巴黎联合国教科文组织总部发表的演讲中向世界阐明了关于不同文明之间进行交流互鉴的看法和主张。他指出:"文明因交流而多彩,文明因互鉴而丰富。文明交流互鉴,是推动人类文明进步和世界和平发展的重要动力。"① 全面建成小康社会有赖于世界和平发展与文明和谐共进。"文明冲突论"和"文明优越论"导致不同文明的摩擦与对抗,影响国际秩序的稳定和人类文明的共同发展。我们要倡导"和而不同"的文明互鉴准则,为世界和平发展提供纽带。不同的文明通过交流,能够求同存异、建立互信和共识,有利于建立和平共处、合作共赢的世界。不同文明通过建立平等、包容的文明对话模式,能够营造相互尊重、相互理解的和平友好的国际环境。

习近平总书记指出:"人们希望通过文明交流、平等教育、普及科学,消除隔阂、偏见、仇视,撒播和平理念的种子。"② 不同文明通过互鉴,能够推动各国人民增进友

---

① 习近平:《在联合国教科文组织总部的演讲》,《人民日报》2014年3月28日第3版。

② 同上。

谊、丰富精神生活以及促进文明的创新发展。文明交流互鉴，强调尊重各国自主选择社会制度和发展道路的权利，同时把世界的多样性和各国的差异性转化为促进各国共同发展的活力和动力，实现世界的持久和平与繁荣。[①] 最终，"让文明交流互鉴成为增进各国人民友谊的桥梁、推动人类社会进步的动力、维护世界和平的纽带"[②]。

文明交流互鉴可以与中国的外交实践结合起来。首先，中国承认各种文明的多样性，尊重不同国家发展模式和社会制度的多样性。中国坚持不干涉内政原则，尊重其他国家自主选择发展道路的权利。中国在坚持"和而不同"前提下与其他社会制度不同的国家和平共处、合作共赢，破解了不同文明和制度的国家和谐相处的国际关系难题。其次，中国坚持文明平等和文明和谐原则，以独立自主的和平发展道路取代西方强国"国强必霸"的老路。中国以文明交流互鉴取代文明对抗冲突，推动不同民族、文化、宗教交流交融、互学互鉴，求同存异、和谐共处。为此，中国已同美、俄、英、法、欧盟、印尼等多个国家和地区组织建立了人文交流机制。[③] 最后，文明交流互鉴成

---

① 王家瑞：《推动文明交流互鉴　促进世界和平发展——学习习近平同志访欧阐述的重要外交理念》，《求是》2014年第14期，第3页。

② 习近平：《在联合国教科文组织总部的演讲》，《人民日报》2014年3月28日第3版。

③ 王毅：《构建以合作共赢为核心的新型国际关系——对"21世纪国际关系向何处去"的中国答案》，《学习时报》2016年6月20日第1版。

为促进中国同他国相互了解，促进各领域交流与合作的重要纽带。文明交流可以深入人心，增信释疑，有利于提升中国对于其他国家的吸引力，促进各个领域的交流合作。随着文明交流的扩大，中华文化的国际影响力不断提升，将为中国塑造于我有利的国际环境提供文化软实力支撑。

第三节 新型国际关系的外交实践

党的十八大以来，以习近平同志为核心的党中央从"大国是关键、周边是首要、发展中国家是基础、多边是重要舞台"的框架出发，主动运筹全局，积极主动引领新型国际关系的发展方向，开创了新时期中国特色大国外交新局面。中国要努力推动与各大国关系的协调发展、巩固与周边国家的睦邻友好、深化与广大发展中国家的团结合作，并在国际事务中发挥负责任大国作用。[①]

一 以合作共赢原则构建新型大国关系

大国是影响世界和平稳定的关键力量，构建健康稳定的大国关系框架，能够为国内改革发展创造稳定的外部环境，推动国际体系的发展与完善。党的十八大报告明确指出："我们将改善和发展同发达国家关系，拓宽合作领域，

[①] 王毅：《坚定不移走和平发展道路 为实现中华民族伟大复兴营造良好国际环境》，《人民日报》2013年11月22日第16版。

妥善处理分歧，推动建立长期稳定健康发展的新型大国关系。"①由此，构建新型大国关系成为中国外交实践的重要内容之一。

首先，新型大国关系为中美关系的发展提供行动指南，开启了中美和谐相处、良性竞争、合作共赢的新境界。自习近平担任中国国家领导人以来，中美通过开启"庄园会晤""瀛台夜话""白宫秋叙""海湖庄园会""中美战略与经济对话机制""中美陆军首次机制性对话"等交流合作机制，不断推动中美关系牢牢抓住共同利益，有效管理矛盾分歧，促进中美合作伙伴关系不断取得进展和突破。

早在2012年2月访问美国时，时任国家副主席习近平就第一次提出了"中美新型大国关系"的概念，并做出四点具体论述：第一是要坦诚相待，持续增进中美相互理解和战略信任，加强战略交流，避免误读误判；第二是要相互尊重，切实尊重彼此核心利益和重大关切，处理好涉及对方核心利益的问题；第三是要与时俱进，努力深化中美合作互利共赢的格局，推进中美经贸合作；第四是要加强协作，不断加强在国际事务和全球性问题上的协调合作，在朝核、伊核、气候变化等问题上共迎挑战、共担责任，良性互动。②他还强调提出："双方应有充分信心、持久恒

---

① 胡锦涛：《坚定不移沿着中国特色社会主义道路前进 为全面建成小康社会而奋斗》，《人民日报》2012年11月9日第1版。

② 《习近平同美国副总统拜登会谈》，《人民日报》2012年2月15日第4版。

第三章　推动建立新型国际关系

心，始终抓住共同利益这一主线，携手走出一条大国之间和谐相处、良性竞争、合作共赢的新型道路。"① 新型大国关系这一概念随后成为中国处理大国关系的标准用语，党的十八大报告明确写道："我们将改善和发展同发达国家关系，拓展合作领域，妥善处理分歧，推动建立长期稳定健康发展的新型大国关系。"②

几年来，中国不断丰富和充实中美新型大国关系的内涵，努力推动两国就共同建立一个"不冲突、不对抗、相互尊重、合作共赢"的双边关系达成共识。2013年6月，习近平主席在与时任美国总统奥巴马举行"庄园会晤"时，强调"中美应该也可以走出一条不同于历史上大国冲突对抗的新路"，双方同意"共同努力构建新型大国关系，相互尊重，合作共赢，造福两国人民和世界人民"，应当共同做好世界稳定的"压舱石"和世界和平的"助推器"。③ 杨洁篪国务委员还进一步向国际社会传达了习近平主席对于"中美新型大国关系"内涵的三点精练概括，即"不冲突、不对抗""相互尊重""合作共赢"。④ "不冲突、不对抗"就是要客观理性看待彼此战略意图，坚持做伙

---

① 《习近平同美国副总统拜登会谈》，《人民日报》2012年2月15日第4版。

② 胡锦涛：《坚定不移沿着中国特色社会主义道路前进　为全面建成小康社会而奋斗》，《人民日报》2012年11月9日第1版。

③ 《在新起点上开展跨越太平洋的合作》，《人民日报》（海外版）2013年6月10日第1版。

④ 杨洁篪：《新形势下中国外交理论和实践创新》，《求是》2013年第16期。

伴、不做对手，并通过对话合作，而非对抗冲突的方式妥善处理矛盾和分歧。"不冲突、不对抗"是构建中美新型大国关系的必要前提。"相互尊重"就是要尊重各自选择的社会制度和发展道路，尊重彼此核心利益和重大关切，求同存异，包容互鉴，共同进步。"相互尊重"是构建中美新型大国关系的基本原则。"合作共赢"就是要摒弃零和思维，在追求自身利益时兼顾对方利益，在寻求自身发展时促进共同发展，不断深化利益交融格局。"合作共赢"是构建中美新型大国关系的必由之路。

2014年11月，在美国总统奥巴马访华并参加亚太经合组织第二十二次领导人非正式会议期间，双方领导人再次就构建中美新型大国关系进行了沟通。习近平主席提出两点建议：第一，保持经常性密切沟通的目的"不是就事论事"，而是"要就一些根本性的问题坦诚深入交流"，在加深信任的基础上做到相互尊重、避免误判；第二，不能将建设中美新型大国关系的战略目标"停留在概念上"，同时"也不能满足于早期收获"，要以"积水成渊、积土成山"的精神，不断向前推进。① 此次会谈最终产生了非常积极的效果，有力地推动了中美朝着建立新型大国关系的方向迈进。但是，由于美国一些人继续用"有色眼镜"看待中国，将中国看作威胁，并总是试图改变中国的政治体制，

---

① 《习近平同奥巴马在中南海会晤——强调要以积水成渊、积土成山的精神推进中美新型大国关系建设》，《人民日报》2014年11月12日第1版。

第三章 推动建立新型国际关系

这使得中美关系仍然经常出现"逆风"和"杂音"。①

2015年9月22—28日，习近平主席对美国进行国事访问，并出席联合国成立70周年系列峰会。在西雅图，习近平主席指出构建双方"不冲突不对抗、相互尊重、合作共赢"的新型大国关系是中国外交政策的优先方向，双方要少一些隔阂与猜忌，坚持以事实为依据，"防止三人成虎，也不疑邻盗斧"，避免大国间人为制造"修昔底德陷阱"。② 在与奥巴马总统会面后，双方就中美新型大国关系达成部分共识，即美国支持中国的稳定与改革，而中方也尊重美国在亚太的传统影响和现实利益，欢迎美方在地区事务中继续发挥积极、建设性的作用。③ 正是由于习近平主席的亲自推动和中国政府的不懈努力，落实中美新型大国关系的进程才不至于中断和倒退，中美双边关系才能积极、健康、稳定地发展，继续造福两国人民。

2016年6月6日，在奥巴马政府步入尾声之际，习近平主席出席了在钓鱼台国宾馆举行的第八轮中美战略与经济对话和第七轮中美人文交流高层磋商联合会开幕式。他再次回顾了双方构建中美新型大国关系的努力，指出过去三年来的合作不仅给中美双方带来了实实在在的利益，也有力促进了亚太地区及世界和平、稳定、发展；不仅符合

---

① 钟声：《厘清机遇威胁 尤需客观理性——二论构建中美新型大国关系》，《人民日报》2015年9月8日第3版。

② 习近平：《在华盛顿州当地政府和美国友好团体联合欢迎宴会上的演讲》，《人民日报》2015年9月24日第2版。

③ 《习近平主席对美国进行国事访问中方成果清单》，《人民日报》2015年9月26日第3版。

中美两国人民根本利益,也是各国人民普遍愿望。习近平主席再次代表中国政府郑重承诺:"无论国际风云如何变幻,我们都应该坚持这个大方向,毫不动摇为之努力。"①在构建中美新型大国关系的框架下,两国在加强高层沟通和交往、增进战略互信、深化各领域务实合作、管控分歧和敏感问题、促进人文交往、加强在国际地区热点及全球性问题上的合作等重点方向达成了重要的共识和合作成果,并且通过一系列具体外交行动,推进了中美双边关系的稳定、健康发展,惠及了两国人民。构建中美新型大国关系成为中国大国外交的重要领域,为中国破解守成大国与崛起大国的历史困局,维护大国关系稳定和世界的和平发展指明了方向。

不结盟、不对抗、不针对第三方是中俄全面战略协作伙伴关系的基础,其核心特征是:中俄既不相互制衡,也不建立一个针对第三国的同盟,而是以相互补充的方式加强双边合作和国际协调。中俄两国均把对方作为本国外交优先方向,在涉及彼此核心利益问题上相互坚定支持,相互尊重并坚定支持对方走符合本国国情的发展道路,建立起高度政治互信。同时,双方都把对方发展视为本国发展的机遇,致力于共同发展,实现共同繁荣。中俄建立了完备的高层交往机制、加强各个领域和层次的互利互惠经济合作、密切开展人文交流以及加强在国际和地区事务中的

---

① 习近平:《为构建中美新型大国关系而不懈努力——在第八轮中美战略与经济对话和第七轮中美人文交流高层磋商联合开幕式上的讲话》,《人民日报》2016年6月7日第2版。

协调和配合,为中俄全面战略协作伙伴关系持续健康稳定发展提供了有力的保障。

近年来,习近平主席多次与俄罗斯总统普京会面,就中俄关系及重大国际和地区问题深入交换意见并达成高度一致。双方一致提出推动中俄不断扩大和深化务实合作,把中俄全面战略协作伙伴关系推向更高水平。中俄在密切高层交往,巩固政治和战略互信、开展边境地区合作、深入推进两国发展战略对接和"一带一路"建设同欧亚经济联盟建设对接合作、加强国际战略协作,推动国际热点问题政治解决、促进全球治理与国际秩序向公正合理方向变革取得了实质性进展。

中欧全面战略伙伴关系成为中国处理与西方国家或发达国家关系的典范,是建构新型大国关系的成功经验。中欧分属两种不同的文明,分别作为最大的发展中国家和最大的发达国家联合体,也是世界市场中两个重要经济体。

中欧发展成为世界上最大规模和最具活力的经贸关系,使得中欧合作远超双边范畴,成为具有全球意义的大国开放合作的典范。2014年4月,习近平主席在布鲁日欧洲学院的演讲中,提出"共同努力建造和平、增长、改革、文明四座桥梁,建设更具全球影响力的中欧全面战略伙伴关系"[①]。具体而言,就是"我们要建设和平稳定之桥,把中欧两大力量连接起来。我们要建设增长繁荣之桥,把中欧两大市场连接起来。我们要建设改革进步之

---

① 习近平:《在布鲁日欧洲学院的演讲》,《人民日报》2014年4月2日第2版。

桥，把中欧两大改革进程连接起来。我们要建设文明共荣之桥，把中欧两大文明连接起来"①。

中欧密切的高层政治沟通和高效务实的经贸合作为双方建立新型大国关系打下了基础。中国还注重保持同欧洲各国关系竞相发展、相互促进的良好态势，以此促进中欧关系的整体发展。中欧双方尊重彼此选择的发展道路和社会制度，加强在改革等方面对话交流，增进相互理解和信任，把相互尊重、平等相待、求同存异、合作共赢理念贯穿中欧合作始终。②在具体合作方面，中欧正积极落实《中欧合作2020战略规划》，开展在中欧、亚欧、全球三个层面的合作，稳步推进中欧和平、增长、改革、文明四大伙伴关系落地生根，寻找新的合作空间和增长点。中国也更需要通过发展中欧关系来拓展国际关系的战略空间并构建更加平衡、合理、公正的国际秩序。同时，中欧还积极探讨把中欧合作和丝绸之路经济带建设结合起来，以构建亚欧大市场为目标，让亚欧两大洲人员、企业、资金、技术活起来、火起来，使中国和欧盟成为世界经济增长的双引擎。③

二 以"亲诚惠容"理念塑造周边环境

中国始终将周边置于外交全局的首要位置，因为一个

---

① 习近平：《在布鲁日欧洲学院的演讲》，《人民日报》2014年4月2日第2版。

② 《习近平会见欧盟委员会主席巴罗佐》，《人民日报》2014年4月1日第1版。

③ 习近平：《在布鲁日欧洲学院的演讲》，《人民日报》2014年4月2日第2版。

第三章 推动建立新型国际关系

稳定的周边环境是中国实现和平崛起和中华民族伟大复兴的必要条件。近年来,以习近平同志为核心的党中央在新型国际关系理念的指导下,在实践中逐渐形成了一整套成熟完备和立体化的周边外交政策体系。概括起来讲,就是以"亲诚惠容"为重要理念,以坚持与邻为善、以邻为伴为基本方针,以推进睦邻、安邻、富邻为核心政策,以倡导共同、综合、合作、可持续的安全观为有力保障,以实现亚太各国和平共处、互利共赢、共建伙伴关系乃至打造亚太命运共同体为长远目标。①

2013年10月24日,习近平总书记在周边外交工作座谈会上,集中阐释了他对推进周边外交工作的总体看法和最新方针。他首次提出要在周边外交中"突出体现亲、诚、惠、容的理念"。其中"亲"是指要"坚持睦邻友好,守望相助,多走动、多做得人心、暖人心的事,增强亲和力、感召力、影响力";"诚"是指"要诚心诚意对待周边国家,争取更多朋友和伙伴";"惠"是指"要本着互惠互利的原则同周边国家开展合作,把双方利益融合提升到更高水平,让周边国家得益于中国发展,使中国从周边国家共同发展中获得裨益和助力";"容"则是指要"倡导包容的思想,以更加开放的胸襟和更加积极的态度促进地区合作"。②

---

① 王毅:《中国是国际和地区秩序的维护者、建设者和贡献者——在第四届世界和平论坛午餐会上的演讲》,2015年6月27日,中华人民共和国外交部。
② 《为我国发展争取良好周边环境 推动我国发展更多惠及周边国家》,《人民日报》2013年10月26日第1版。

· 97 ·

在"亲诚惠容"的基础上,习近平总书记进一步提出关于"周边命运共同体"的重要论述,提出要"让命运共同体意识在周边国家落地生根"。2014年11月28日,习近平总书记在中央外事工作会议上正式提出"要切实抓好周边外交工作,打造周边命运共同体,秉持'亲诚惠容'的周边外交理念,坚持与邻为善、以邻为伴,坚持睦邻、安邻、富邻,深化同周边国家的互利合作和互联互通"①。在2015年博鳌亚洲论坛年会上,他进一步阐述了建立周边和亚洲"命运共同体"的主张,呼吁周边国家坚持相互尊重、平等相待,坚持合作共赢、共同发展,坚持实现共同、综合、合作、可持续安全,坚持不同文明的兼容并蓄、交流互鉴,迈向亚洲命运共同体。"打造周边命运共同体"与"亲诚惠容"周边外交理念共同成为中国周边外交的指导原则。

加强高层往来,为推动周边命运共同体建设打下政治基础。习近平总书记提出要同周边国家"讲平等、重感情;常见面,多走动",② 以共同维护和平安宁、深入对接发展战略、积极开展安全合作、不断巩固人缘相亲等方式深化合作、共谋发展。党的十八大以来,习近平主席相继访问了韩国、蒙古国、巴基斯坦、印度、斯里兰卡、东盟和中亚各国,这些国家的领导人也陆续来访。频密的高层

---

① 《中央外事工作会议在京举行》,《人民日报》2014年11月30日第1版。

② 《为我国发展争取良好周边环境 推动我国发展更多惠及周边国家》,《人民日报》2013年10月26日第1版。

第三章 推动建立新型国际关系

互访有力提升了中国与周边国家的合作伙伴关系,推动了各领域的双多边务实合作,巩固了稳定祥和的周边环境。

大力推动领土主权问题的和平解决,为推动周边命运共同体建设打下安全基础。中国始终坚持在尊重历史事实和国际法的基础上,坚持通过平等协商谈判,以和平的方式妥善处理同周边国家存在的领土和海洋权益争议。中国已同14个邻国中的12个彻底解决了陆地边界问题。同印度已建立探讨解决边界争端的特别机制,同不丹的边界谈判进展顺利,并主动与东盟国家探讨建立双边防务热线等危机管控措施,与日本重启海空联络机制磋商。① 另外,中国已经同8个周边国家签署睦邻友好合作条约,正在商谈签署中国—东盟睦邻友好合作条约。

积极参与各种形式的安全合作,为推动周边命运共同体建设打下制度基础。在双边层面,中国同27个国家建立防务安全磋商对话机制,并率先与东盟国家举行中国—东盟防长会晤。在多边层面,中国积极通过上海合作组织、东盟地区论坛、东盟防长扩大会议、亚信峰会等多边防务合作渠道,推动形成兼顾各方关切、促进地区和平的地区安全治理架构。中国还为重启朝鲜半岛核问题六方会谈、斡旋阿富汗的国内和平进程、缅甸国内的民族和解积极创造条件。

保持亚太地区经济强劲、平衡、可持续发展,为推动

---

① 王毅:《中国是国际和地区秩序的维护者、建设者和贡献者——在第四届世界和平论坛午餐会上的演讲》,2015年6月27日,中华人民共和国外交部。

周边命运共同体建设打下经济基础。中国努力通过推动亚太区域合作和一体化进程，促进地区内贸易投资自由化的进一步发展，打造亚太地区开放型经济新格局。中国积极通过APEC、上海合作组织、"10+1""10+3"、中日韩、东亚峰会等各种合作机制协调并进，构建更加开放包容、互利互补的亚太区域合作网络。[1] 同时，中国还倡议周边国家共同推进"一带一路"建设，通过亚洲基础设施投资银行、国家开发机构、丝路基金、商业银行、私募基金、投资银行等多层次的发展融资机制，为亚太地区基础设施建设和国际产能合作提供融资支持，推动亚太各国在经贸、投资、产业、基础设施等领域互利合作、共同发展。

三 以正确义利观夯实与发展中国家关系的基础

保持与发展同亚非拉发展中国家的友好合作既是中国外交的传统，也是中国追求国家利益和实现外交道义有机统一的落脚点。中国从建设人类命运共同体的战略高度，将南北关系当作事关世界和平稳定的全局性问题对待，大力推动南南合作。习近平总书记高度重视对发展中国家外交，强调"无论发展到哪一步，无论国际风云如何变幻，中国都永远做发展中国家的可靠朋友和真诚伙伴。这是中国对外政策的基础，过去、现在、将来都不会改变"[2]。

---

[1] 王毅：《中国是国际和地区秩序的维护者、建设者和贡献者——在第四届世界和平论坛午餐会上的演讲》，2015年6月27日，中华人民共和国外交部。

[2] 习近平：《弘扬万隆精神 推进合作共赢——在亚非领导人会议上的讲话》，《人民日报》2015年4月23日第2版。

中国高度重视中非关系。中国和非洲历来是休戚与共的命运共同体，是合作共赢的利益共同体。习近平总书记高度重视对非关系，上任后的首次出访就选择了非洲，并在访问过程中提出了"真实亲诚"的对非政策理念。他在解释什么是"真实亲诚"时表示："对待非洲朋友，我们讲一个'真'字；开展对非合作，我们讲一个'实'字；加强中非友好，我们讲一个'亲'字；解决合作中的问题，我们讲一个'诚'字。"① 在中非合作论坛约翰内斯堡峰会上，中非双方同意将中非关系提升为全面战略合作伙伴关系，并提出以政治上平等互信、经济上合作共赢、文明上交流互鉴、安全上守望相助、国际事务中团结协作为这一伙伴关系的"五大支柱"。②

发展同非洲国家的团结合作始终是中国对外政策的基石。习近平总书记表示："加强同非洲国家团结合作，是中国外交政策重要基石，这一点不会因为中国自身发展和国际地位提升而变化。中国在对非合作中秉持正确义利观，注重授人以渔，帮助非方筑巢引凤，提升非洲国家自我发展能力，惠及非洲各国人民，真正实现互利共赢，共圆发展振兴之梦。"③ 正是在正确义利观的指导下，中非双方推出了包括工业化、农业现代化、基础设施建设、金

---

① 习近平：《永远做可靠朋友和真诚伙伴——在坦桑尼亚尼雷尔国际会议中心的演讲》，《人民日报》2013年3月26日第2版。

② 习近平：《在中非合作论坛约翰内斯堡峰会上的总结讲话》，《人民日报》2015年12月6日第2版。

③ 《习近平会见纳米比亚总理根哥布》，《人民日报》2014年4月9日第1版。

融、绿色发展、贸易和投资便利化、减贫惠民、公共卫生、人文、和平和安全等内容的"十大合作计划",推动中非合作进入全面升级的新高度。另外,中国还承诺在联合国等国际组织当中将继续同广大发展中国家站在一起,坚定支持增加发展中国家特别是非洲国家在国际治理体系中的代表性和发言权,承诺中国在联合国的一票永远属于发展中国家。①

展望中非关系的未来,习近平总书记满怀信心地表示:"无论国际风云如何变幻,中国都会一如既往做非洲和平稳定、繁荣发展、联合自强、平等参与国际事务的支持者和促进者。中非合作是全方位合作。中国重视同所有非洲国家发展友好关系,无论大小、强弱、贫富。不管是资源富集国还是资源贫瘠国,中国都平等相待,积极开展互利共赢的务实合作。"②

拉美是中国开展对外交往的重要方向,中拉关系是南南合作快速发展的新篇章。中国同拉美主要国家都建立了全面战略伙伴关系,中拉整体合作处于稳步推进当中。2014年7月17日,习近平主席在出席中国—拉美和加勒比国家领导人会晤时又提出构建政治上真诚互信、经贸上合作共赢、人文上互学互鉴、国际事务中密切协作、整体合作和双边关系相互促进的中拉关系"五位一体"新格

---

① 习近平:《携手构建合作共赢新伙伴 同心打造人类命运共同体——在第七十届联合国大会一般性辩论时的讲话》,《人民日报》2015年9月29日第2版。

② 《习近平接受金砖国家媒体联合采访》,《人民日报》2013年3月20日第1版。

局,以积极推动中拉合作提质升级,实现双方更高水平的优势互补和共同发展,努力构建中拉携手共进的命运共同体。①2015年1月7日,习近平主席在中国—拉共体论坛首届部长级会议开幕式上,宣布中拉一致决定建立平等互利、共同发展的全面合作伙伴关系,正式启动中国—拉共体论坛,以推动中拉整体合作的发展。②

目前,中拉双方已推出"1+3+6"合作新框架,促进双边全方位合作的发展。"1"是"一个规划",即以实现包容性增长和可持续发展为目标,制定《中国与拉美和加勒比国家合作规划(2015—2019)》;"3"是"三大引擎",即以贸易、投资、金融合作为动力,推动中拉务实合作全面发展,力争实现10年内中拉贸易规模达到5000亿美元,中国对拉美投资存量达到2500亿美元,推动扩大双边贸易本币结算和本币互换;"6"是"六大领域",即以能源资源、基础设施建设、农业、制造业、科技创新、信息技术为合作重点,推进中拉产业对接。

中国与阿拉伯国家一直保持着传统友好合作关系,在政治、经贸、科技、文教、军事、卫生、体育、新闻等领域取得了丰硕的合作成果。中国始终从战略高度看待中阿关系,巩固和深化中阿友好合作。中国同8个阿

---

① 习近平:《努力构建携手共进的命运共同体——在中国—拉美和加勒比国家领导人会晤上的主旨讲话》,《人民日报》2014年7月19日第2版。

② 习近平:《共同谱写中拉全面合作伙伴关系新篇章——在中国—拉共体论坛首届部长级会议开幕式上的致辞》,《人民日报》2015年1月9日第2版。

拉伯国家建有全面战略伙伴关系、战略伙伴关系或战略合作关系，同海湾阿拉伯国家合作委员会建立中海战略对话机制。阿拉伯国家已成为中国第一大原油供应方和第七大贸易伙伴。2014年，习近平主席在中阿合作论坛第六届部长级会议上发表重要讲话，为中阿合作指明了发展方向，即促进文明互鉴、尊重道路选择、坚持合作共赢、倡导对话和平。① 2016年1月13日，正值中阿开启外交关系60周年之际，中国政府公布了《中国对阿拉伯国家政策文件》。

该文件在回顾和总结中阿关系发展经验的基础上，阐述发展中阿关系指导原则，规划中阿互利合作蓝图，重申致力于中东和平稳定的政治意愿，推动中阿关系迈向更高水平。文件中特别提到，中国同阿拉伯国家决定共同推动"一带一路"建设，努力构建以能源合作为主轴，以基础设施建设和贸易投资便利化为两翼，以核能、航天卫星、新能源三大高新领域为突破口的"1+2+3"合作格局。②

第四节　本章小结

构建以合作共赢为核心的新型国际关系是经济全球化深入发展的客观要求，是中国和平发展道路的自然延伸，

---

① 习近平：《习近平谈治国理政》，外文出版社2014年版，第316页。
② 《中国对阿拉伯国家政策文件》，新华社，2016年1月13日。

是中国传统政治文化的现代体现，是应对国际秩序挑战的现实需要。新型国际关系的实质是聚焦合作、管控分歧。它包括政治上结伴不结盟、经济上包容发展、安全上合作共享和文化上交流互鉴四方面内容。中国构建的伙伴关系网络无疑是对冷战时期以结盟和对抗为核心的国家间关系的否定，是一种新型的国际关系。

在实践中，中国以合作共赢原则构建新型大国关系，以"亲诚惠容"理念塑造周边环境，以正确义利观夯实与发展中国家关系的基础。中美新型大国关系持续平稳发展，中俄全面战略协作伙伴关系高水平运行，中欧全面战略伙伴关系不断推进，中国同新兴市场国家和发展中国家的团结协作不断增强，中非、中拉和中阿新型战略伙伴关系的内涵更加充实，这些都为中国构建新型国际关系的实践提供了很好的注脚。通过构建新型国际关系建设，中国的朋友圈越来越大，好朋友、好伙伴越来越多。

第四章

推动构建人类命运共同体

人类命运共同体是习近平新时代中国特色社会主义外交思想的核心理念,是新时代中国特色社会主义必须坚持的基本方略之一。2017年10月18日,习近平总书记在党的十九大报告中指出:"要坚持推动构建人类命运共同体。中国人民的梦想同各国人民的梦想息息相通,实现中国梦离不开和平的国际环境和稳定的国际秩序,必须统筹国内国际两个大局,始终不渝走和平发展道路,奉行互利共赢的开放战略,坚持正确义利观,树立共同、综合、合作、可持续的新安全观,谋求开放创新、包容互惠的发展前景,促进和而不同、兼收并蓄的文明交流,构筑尊崇自然、绿色发展的生态体系,始终做世界和平的建设者、全球发展的贡献者、国际秩序的维护者。"[1]

推动构建人类命运共同体,是新时代中国外交追求的总目标。这一目标超越了国别、党别和制度的异同,反映

---

[1] 习近平:《决胜全面建成小康社会 夺取新时代中国特色社会主义伟大胜利——在中国共产党第十九次全国代表大会上的报告》,《人民日报》2017年10月28日第3版。

了大多数国家的普遍期待，符合国际社会的共同利益，使中国的外交政策和理念占据了人类道义的制高点，表明中国共产党人可以也愿意为解决人类问题做出贡献，必将得到国际社会的广泛认同和支持。

第一节 人类命运共同体的内涵

2015年9月28日，习近平主席在第七十届联合国大会发言时清楚阐明了人类命运共同体的详细内涵，包括平等相待、互商互谅的伙伴关系，公道正义、共享共建的安全格局，开放创新、包容互惠的发展前景，和而不同、兼收并蓄的文明交流，尊崇自然、绿色发展的生态体系。[①]

一 平等相待、互商互谅的伙伴关系

建设人类命运共同体，就要建立平等相待、互商互谅的伙伴关系。人类命运共同体的基本构成单位是主权国家，结构基础是主权国家之间的平等原则，基本原则是多边主义。国家之间的主权原则和多边主义可以在平等相待、互商互谅的伙伴关系中得到充分体现。

对于每一个国家来说，其命运首先体现在安全之中，然后体现在发展之中。每一个国家的安全和发展都必须由该国人民说了算。平等原则意味着任何国家的主权独立和

---

① 习近平：《携手构建合作共赢新伙伴 同心构建人类命运共同体——在第七十届联合国大会一般性辩论时的讲话》，《人民日报》2015年9月29日第2版。

领土完整不容侵犯，任何国家的内政也都完全属于该国人民。任何其他国家、国际组织都无权挑战这一原则。平等原则意味着任何国家的发展道路都只能由该国人民自行自主决定。这是因为，世界各国资源禀赋、历史遗产、现状问题千差万别，只有该国人民才知道什么样的社会制度能够体现本国的历史精髓并解决当下的各种问题，也只有该国人民才知道什么样的发展道路能够最好地利用本国的资源禀赋并最大程度发挥本国人民的习俗及优点。

对于国家间关系来说，平等原则体现在互商互谅的多边主义原则中。与单个国家一样，国际体系的命运系于安全与发展两端。首先，国家之间难免存在分歧、争端，所以国际社会的安全离不开国家间分歧协商、争端解决。在分歧协商、争端解决的过程中，只有对话协商、尽量避免冲突对抗才是办法，只有坚持多边主义、避免单边主义才能使每一个国家的安全和利益得到基本保障。其次，国际社会的发展取决于各国的协同发展。在这一过程中，我赢你输、赢者通吃早已不适用于现代国际社会。只有在发展过程中争取双赢、多赢乃至共赢，国际社会才能实现协同发展，各国的命运及利益才能得到最大保障。

二 公道正义、共建共享的安全格局

建设人类命运共同体，就要建立公道正义、共建共享的安全格局。安全是人类命运共同体的重要组成部分，安全理念是人类命运共同体理念的底色和基础。在格局上，我们应当构建公道正义、共建共享的安全格局；在观念上，我们应当树立共同、综合、合作、可持续的新安全观。

第四章 推动构建人类命运共同体

维系世界命运共同体的安全格局，首先，必须是公道正义的，而公道正义的安全格局则要求世界各国共建共享。首先，在全球化时代，安全格局对世界各国而言，牵一发而动全身，如果国际体系是不安全的，那么没有任何国家可以幸免于难。唯一的安全之道是共同安全。此外，基于主权平等原则的安全格局意味着世界各国都能在这一安全格局中得到公道，而公道的安全格局才是正义的。弱肉强食、穷兵黩武既破坏公道正义，也违反平等原则，对共同安全乃至单边主义国家本身的安全都毫无助益。其次，这样公道正义的安全格局不可能由少数几个国家建立，而只能由各国共同努力来完成，同时，也离不开重要国际组织，其中，发挥核心作用的应当是联合国及其安理会。

共同、综合、合作、可持续的新安全观是人类命运共同体的安全理念。2014年，习近平主席在亚信峰会上提出亚洲新安全观。他指出："我们应该积极倡导共同、综合、合作、可持续的亚洲安全观，创新安全理念，搭建地区安全和合作新架构，努力走出一条共建、共享、共赢的亚洲安全之路。"[①] 共同安全意味着普遍、平等、包容的安全，意味着每一个国家的安全都要得到保障，无论国家大小、贫富、发展状况。综合安全是不断发展的全球化时代的新要求，意味着在传统安全领域和非传统安全领域都实现安全。合作安全与共建共享的安全格局密切相关，要求各个

[①] 习近平：《积极树立亚洲安全观 共创安全合作新局面——在亚洲相互协作与信任措施会议第四次峰会上的讲话》，《人民日报》2014年5月22日第2版。

国家都积极投入到共同安全格局的建设中来。可持续安全则结合安全和发展两大方面,以安全促发展,以发展保安全,实现和平与发展的辩证统一,共同前进。

三 开放创新、包容互惠的发展前景

建设人类命运共同体,就要构建开放创新、包容互惠的发展前景。开放创新、包容互惠的发展前景是人类命运共同体理念对发展道路的期待和畅想,是人类命运共同体最终得以实现的方法和途径。

每一个国家的命运都系于发展,因此,对于世界各个国家来说,只有开放创新、正确发挥政府与市场两只手的作用,才能最好实现不断发展。保持本国对世界市场开放和构建创造型国家是每一个国家实现发展的必经之路。同时,市场能够促进创新发展,市场与政府必须协同合作,效率与公平必须得到兼顾,这样,开放和创新才能带来既繁荣又公平的发展前景。

国际社会的命运也系于发展。包容互惠是实现共同发展的重要途径。从道义上来说,只有共同发展、包容发展才是符合人类命运共同体理念的真发展。不能构建人人免于匮乏、获得发展、享有尊严的发展前景,就不能说国际社会获得了真正的发展。从实现途径的可行性上来说,在经济全球化时代,国际社会层面的开放原则意味着各国在进行经济社会发展时可以互帮互助、互利互惠,而实现互帮互助、通过互利互惠来共同发展,也比先前的时代要更加可能、方便、必然了。在世界各国拥抱经济全球化、充分开放创新的前提下,在世界各国利用好市场与政府两只

手的条件下，加强协调协商，致力包容互惠，将使各国的发展前景融汇为人类命运共同体的发展前景。

四　和而不同、兼收并蓄的文明交流

建设人类命运共同体，就要促进和而不同、兼收并蓄的文明交流。世界的美丽在于不同的古老文明源流及其所带来的文明多样性。人类命运共同体的建设，是为了保存多样的文明形态，使得每种文明的民众都能享受到自身文明蓬勃发展的成果。而人类命运共同体的最终形成，亦将体现在人类文明的交融发展中。

在安全格局中，文明多样性不应当成为冲突的根源。如各个主权国家之间的关系一样，所有文明都是平等的，没有高低优劣之分。文明之间的平等并不体现为主权平等原则，但文明之间的平等体现于尊重而非排斥、交流而非取代，体现于多样性安全共存。每一种文明都不应当成为其他文明的安全威胁，每一种文明也都不应当从本质上将其他文明视为安全威胁。文明冲突论从根本上而言是错误的、危险的。文明之间应当彼此尊重，视对方为平等主体。文明之间应当相互交流，消弭误解、遏制冲突，增加相互之间的了解。文明之间应当积极借鉴，将彼此的智慧、经验、教训赋予新的积极意义。这样，文明之间就可望实现和谐共存，交融发展。

在发展前景中，既要注重尊重和保存不同文明的遗产和风格特征，又要在发展中与时俱进，创造性地发展现有文明。首先，时代发展与文明传统的保存有时会出现冲突。这样，我们应当具备长历史眼光，具备宏观视野，珍

惜文明传统与历史遗产，在发展中尽量保存、发扬文明的宝贵财富。发展不应以牺牲文明传统为代价，文明传统的保存也不应当以牺牲发展前景为代价。其次，文明传统自身也要创造性地进行发展，获取属于自身、属于这个时代的积极活力与不竭的发展动力。文明既可以成为发展创意和动力的来源，也将是发展的最终成果。

五 尊崇自然、绿色发展的生态体系

建设人类命运共同体，还必须构建尊崇自然、绿色发展的生态体系，这是人类命运共同体作为一个有机、完整的整体，与自然发生互动关系的根本指导原则，是人类命运共同体最终将走向何方的指南针，也是人类命运共同体理论本体论、认识论、方法论的综合体现。

尊崇自然、绿色发展是人类命运共同体作为有机完整整体、与自然发生互动关系过程中的指导原则，关乎人类如何认知自身、人类如何认知自然，以及人类如何处理与自然的关系。从本体论上来看，人类命运共同体理念将人视为有机的命运整体；从认知论上来看，人类命运共同体理念认为，这个命运共同体的地位不能凌驾于自然之上；从方法论上来看，人类命运共同体理念倡导正确处理与自然的关系，因为只有人与自然和谐共处，人类作为共同体的命运才能走向正确方向。

对于世界各国来说，构建尊崇自然、绿色发展的生态体系可能具有不同的含义。对于比较发达的国家来说，构建尊崇自然、绿色发展的生态体系意味着更正过去工业文明发展中产生的对自然不利的许多问题，意味着提供经验

教训、承担发展责任、转变发展方式，使得本国的发展更为符合人类命运共同体发展的正确道路。对于稍微欠发达的国家来说，构建尊崇自然、绿色发展的生态体系则意味着不走工业化国家发展的老路，意味着以创新、绿色、可持续的方式，走出属于新时代和属于本国经验的发展道路。无论是发达国家还是发展中国家，绿色、低碳、循环、可持续的发展道路才是合乎人类命运共同体整体利益的发展道路。

对于国际社会来说，人类与自然的关系关乎人类的未来，是人类命运共同体终极走向的指南针。观念上，必须树立尊重自然、顺应自然、保护自然的新的生态发展观念；方法上，必须坚持绿色、低碳、循环、可持续的发展道路；政治上，不同国家应当承担起不同的国际责任。发展中国家应当主动适应新时代的生态发展要求，发达国家应当承担历史性责任并帮助发展中国家适应气候变化，而中国也将承担自己的责任，做出自己的贡献。只有各国观念一致，协同步伐，才能实现人类命运共同体与自然的和谐共处。

第二节 人类命运共同体的意义

人类命运共同体理念的意义主要体现在概念、实践、规范这三个方面。首先，人类命运共同体理念是中国特色大国外交理论的核心概念。其次，人类命运共同体理念体现了中国特色大国外交的实践创新。最后，人类命运共同体理念是对当代国际秩序的规范创新。

一　中国特色大国外交理论的核心概念

人类命运共同体理念既超越了西方提出的"守成国—崛起国"话语框架，也超越了"均势—霸权"的西方秩序观。在考察各个国家所扮演的国际关系角色时，西方国际关系理论根据自身历史记忆与理论遗产，将各个国家纳入"崛起国对抗守成国"的二元理论框架进行分析。

第一，"崛起国对抗守成国"这一理论框架基于欧洲的历史经验，是西方国际关系理论对于欧洲历史经验的总结、归纳、提炼。任何理论都不能离开其经验渊薮。离开经验基础去应用理论，是武断、不负责任的智识行为。在一定程度上而言，三十年战争以后欧洲历史中的欧洲国家，无论是拿破仑治下的法国、英帝国，还是第一次世界大战前的德国，确实可以用"守成国"或"崛起国"这样的概念来描述并分析；这一组概念原本也确实就是欧洲历史的归纳总结。

第二，"崛起国对抗守成国"这一理论框架根本不符合世界范围内更为广泛的历史经验，而仅仅是欧洲历史的经验与理论产物。如果将视野放宽到全球范围内的世界历史，而非仅仅局限于以欧洲为中心的国际关系史，我们可以看到，世界历史并非由一次又一次崛起国对守成国的挑战及其成功或失败而构成；相反，世界历史可能更是由文明的交流与互鉴构成，由生产力与生产关系的交互发展构成。因此，使用"崛起国对抗守成国"这一理论框架来看待世界历史，是欧洲中心主义的，是东方主义的，是偏颇且错误的。

第四章　推动构建人类命运共同体

第三,"崛起国对抗守成国"这一理论框架不符合当前的世界图景。在经济全球化时代,国家与国际体系的性质已经与过去有所不同。在安全与经济都高度互联、高度相互依赖的当今世界,世界各国的安全和发展都一荣俱荣,一损俱损,而守成国与崛起国这组概念归根结底是零和博弈和冷战思维的体现,在当前时代、当前国际格局中再提"崛起国对抗守成国"话语框架,是冷战思维遗存,既不能反映现实,又无助于应对当前国际体系所面临的问题和挑战,甚至存在加剧国家间误解乃至冲突的可能性。

与此同时,人类命运共同体理念则超越了"崛起国对抗守成国"这一理论框架。首先,人类命运共同体理念将国家视为彼此命运共享、平等共赢的主体,而非相互争夺权力的行为体。其次,人类命运共同体理念能够体现全球化时代的国际体系特征,那就是世界各国紧密联系、相互依赖。人类命运共同体理论能够更好地归纳世界历史而非欧洲历史的发展进程,能够更好地体现当前国际社会的基本性质与构成机理,超越了西方中心主义理论框架"崛起国对抗守成国"。

在考察国际秩序的结构特征与基本性质时,西方国际关系理论根据自身历史记忆与理论遗产,以"非均势即霸权"的二元秩序观来予以讨论。

第一,"均势"和"霸权"作为描述国际秩序的概念,前者来自以近现代欧洲历史为主的西方历史记忆,后者来自更为古老的欧洲理论遗产。然而,从更为广阔的世界历史范围内来看,在广泛的相互联系、普遍的全球化发生以前,国际社会并未形成全球范围内的均势或霸权。适用于一小部分地区经验历史的理论归纳不能被用作概括全球历史的理论工具。第二,"均势"与"霸权"都是围绕"权力"这一概念建立的国际社会描述方法,是权力中心主义的国际关系理论。在广泛的相互联系、普遍的全球化发生以后,国际社会同呼吸共命运,以争夺权力为其潜在理论含义的"非均势即霸权"秩序观仍然并不适用。权力作为核心概念,仅仅适用于丛林法则的国际社会;在独立自主、互利共赢成为国际关系主流的今天,再使用权力作为核心概念来分析国际关系,已经不是那么合乎时宜了。

与此同时,人类命运共同体理论则超越了"非均势即霸权"的西方中心主义秩序观。第一,与立足欧洲历史经验的理论不同,只有诞生于真正全球化时代的理论框架、对国际社会现状进行归纳总结的理论工具,才适用于当前的世界和当前的时代。第二,人类命运共同体理论不以权力为核心概念,而以命运为核心概念。国际关系的常用分析层次包括国际社会、政治共同体和公民个体,只有命运概念可以运用于全部这三个层次,而权力概念对于国际社会、政治共同体和公民个体来说,含义大有差别。随着人类文明不断发展,国际社会、政治共同体、公民个体的繁荣和发展已经无法只用权力的争夺和占有来予以概括,只有命运这一概念可以涵盖包括安全、政治、经济、文明、生态在内的丰富层次,充分体现当今时代的人类追求。因此,命运共同体概念在适用性、概括性方面都远超西方中心主义秩序观"非均势即霸权"。

人类命运共同体理念超越西方中心主义的国家观"崛起国对抗守成国"、超越西方中心主义的国际秩序观"非均势即霸权"之余,作为主要被中国推动的一个国际关系概念,从历史渊源和实践创新两方面也都具有鲜明的中国特色。

就历史渊源而言,人类命运共同体理念脱胎于中华人民共和国成立早期的重要外交理论创新和平共处五项原则。构建人类命运共同体的首要前提——平等相待、互商互谅的伙伴关系——必须基于"互相尊重主权和领土完整、互不侵犯、互不干涉内政、平等互利、和平共处"这五项基本原则。最开始,和平共处五项原则是周恩来总理在处理中印双边关系时提出来的;现在,脱胎于此的人类命运共同体理念则体现了中国对世界的认识正在不断开阔、不断深化、不断升华,从外交历史经验中提炼、从历史理论中继承的外交思想也更加开阔、深化、升华。

就实践创新而言,中国之所以成为"命运共同体"的推动者,是因为中国同时兼具大国与发展中国家两重身份,对全球化及随之而来的命运共享更有切身体会,更有推动人类命运共同体形成及发展的责任与能力。就横向来看,中国是世界第二大经济体、世界第一大人口国,中国对大国与全球化的密切关系有着切身体会,对于推动人类命运共同体的形成和发展具有不可替代的能力。就纵向来看,中国是世界最大的发展中国家,是近三十年来发展成就最大的国家,对于全球化如何使得命运共同体不断发展具有深刻的认识且责无旁贷。中国外交实践不断创新,不断应对全球化、争取安全、繁荣、发展,在这一过程中,形成了对人类命运共同体的意识与认识,也形成了推动人类命运共同体形成与发展的能力和责任。

二 中国特色大国外交的实践创新

人类命运共同体理念不单单只是对西方中心主义国际关系理论的超越，还体现了中国特色大国外交的实践创新。人类命运共同体理念与中国外交进入"奋发有为"新常态密切相关。积极有为、奋发有为的外交新常态带领中国外交开创全新合作模式，承担全新国际责任。人类命运共同体理念正是其思想基础。

人类命运共同体理念是中国外交"奋发有为"新常态的思想基础。中国将自身视为人类命运共同体的一分子，将世界视为人类命运的共同体，并奋发有为、承担起促进人类命运共同体形成与发展的历史重任，是中国特色大国外交在实践中不断创新的思想基础。

第一，因为具有人类命运共同体意识，中国将自身视为人类命运共同体的一分子，视为人类命运的部分有机承载体。相比过去，相比强调"韬光养晦、有所作为"的时代，中国外交的目光更为开阔，更为深刻，也更有远见。要互利共赢，"韬光"不如慷慨将发展之光投向整个命运共同体；要包容互惠，"养晦"不如大方与命运共同体分享经验、教训、知识、思想。

第二，因为具有人类命运共同体意识，中国将世界视为一个共同体，视为全体人类命运唇齿相依、密切联系的共同体。随着改革开放不断深入、经济社会发展取得巨大成就，中国的世界观也发生了变化。"韬光养晦"意味着中国的世界观略微保守自持，一切以经济建设为中心，而将世界视为人类命运的共同体则意味着中国对世界的认识变得更加宏观、更加深刻了，这体现了中国在全球化进程中的深度融入。

第三，因为具有人类命运共同体意识，中国在外交上奋发有为，主动承担起促进人类命运共同体形成与发展的历史重任。首先，一个国家只能承担与能力相匹配的国际责任。在过去，中国外交之所以强调"韬光养晦"，是因为中国外交不能使得自身承担的国际责任超过自己的能力。而作为世界第二大经济体、作为对世界经济增长拉动作用最大的国家，中国对世界繁荣与发展的推动能力和责任早已今非昔比。其次，中国对全球化的深度融入使得中国与世界之间形成无数的共同发展机遇，而这些共同的发展机遇既需要中国奋发有为，也需要世界各国奋发有为，积极承担起变革并发展国际政治经济秩序的责任，以更积极的行动，重塑国际机制中的代表性地图，构建更加符合每一个国家命运与利益的全球治理体系。

积极有为、奋发有为，意味着积极参与到全球治理体系的存量和增量改革中去，从而开创合作新模式，承担大国新责任。"积极有为"意味着积极参与到全球治理体系的存量改革中去。中国的综合实力和能力并非世界第一。同时，中国在现有的全球治理体系中的制度性权力还没有得到充分表达，制度权力滞后于国际力量格局的量变与质变。所以，中国外交不能再"韬光养晦"，至少需要"积极有为"。首先，中国保障国家利益，需要"积极有为"。只有"积极有为"，积极研判问题、创新方法，才能有效维护新形势下的国家利益。其次，在现有国际组织中提升制度话语权，在现有治理结构中提升制度话语权，同样需要"积极有为"。

"奋发有为"意味着积极参与到全球治理体系的增量改革中去。首先,从"韬光养晦"到"奋发有为"转型的根本原因,是中国在国际格局中的地位发生改变。"你强我弱"需要"韬光养晦"战略,而新的国际格局与国际地位则呼唤"奋发有为"战略。其次,"奋发有为"意味着为全球治理和全球治理体系建设新制度,创设新机构,贡献新理念,提倡新风格,同时也倒逼现有机制改革。

从存量改革到增量改革,从"积极有为"到"奋发有为",都是在为开创全新合作模式准备好制度基础,都体现了中国承担的大国新责任。中国是全球化的重要受益者,因此有义务守护全球化进程。同时,中国有责任推动全球化进程的深化与发展,防止其倒退与停滞。这就需要中国推动现行全球治理体系朝着更加公道正义、包容互惠的方向发展。这一改革过程体现了中国外交奋发有为的新风格、新风气,这背后正是中国特色大国外交实践创新的思想基础——人类命运共同体理念。

三 当代国际秩序的规范创新

人类命运共同体理念是中国外交对当代国际秩序的规范创新。首先,人类命运共同体方案是全球治理的一套新方案。其次,人类命运共同体构想是对世界秩序的一套全新构想。人类命运共同体的提出,既是对全球治理必要性的直接回应,也是对全球治理新挑战的直接回应。

习近平主席在第七十届联合国大会关于人类命运共同体的发言是一套层次丰富、结构分明、可操作性强、全面

第四章 推动构建人类命运共同体

翔实的治理方案,旨在促进人类命运共同体的形成与发展。因此,人类命运共同体本质上就是一套全球治理方案。

首先,随着各国相互依赖和依存逐步加深,全球治理体系变革加速推进。第一,经济全球化不断深入发展,安全格局日益互联互通,文明交流互鉴日益繁荣多样,这意味着世界各国所面临的安全困境和发展问题也都需要从全球层面上协同解决。第二,即便如此,在世界的一定范围内却出现了逆全球化趋势,原本生机勃勃的地区主义、地区一体化进程遭遇重大挫折,国际经济秩序改革停滞不前,经济民族主义、保护主义开始冒头,文明冲突论论调甚嚣尘上。同样,这些问题不可能由单个国家来解决,而只能由世界各国互商互谅、从全球层面上来解决。

其次,全球治理机制的权力结构正在发生转变。第一,随着其经济占世界份额不断下降,原先主要承担全球治理责任的主要发达国家已经不能完全适应并面对全球化时代的新挑战。第二,随着其经济占世界份额不断增加,在现有的国际秩序中制度代表性和话语权尚不充分的发展中国家和新兴市场国家则迫切希望适应并面对全球化时代的新挑战。第三,因为国际力量格局对比近年来持续发生变化,现有的国际政治经济秩序已经不能完全面对全球化时代的新挑战。全球治理改革迫在眉睫。

人类命运共同体构想是对世界秩序的一套全新构想。首先,人类命运共同体构想凸显了国家间关系中的相互依赖而非矛盾冲突。在全球化时代,相互依赖而非矛盾冲突已经成为国家间关系的最突出特点。甚至,连各国及国际社会所面临的问题和挑战也绝大部分都是基于国家间的相互依赖，而非矛盾冲突。但有趣的是，虽然西方国际关系理论观察到并提出了相互依赖这一现象和概念，但却恰恰没有处理这一问题，仍然在围绕国家间关系中的冲突本质作文章。人类命运共同体构想则与此不同，它凸显的是国家间关系中的相互依赖，分析问题、应对挑战时的思路和方法也以相互依赖而非矛盾冲突为核心。其次，人类命运共同体构想囊括全新的国家观、安全观、发展观、文明观、生态观，是对世界的重新认识和重新规划，是中国世界观和外交思想在哲学上的升华。人类命运共同体构想包括如何认识国际体系中的国家，如何构建安全格局，如何塑造发展前景，如何促进文明交流，如何保护生态系统。这一"五位一体"理论体系分别处理了行为体本身、行为体自治与安全、行为体发展、行为体集合之间的关系，以及行为体集合与环境的关系，是对国际秩序未来的全新想象，也对国际秩序的发展方向作出了详细的政策路线安排，更是对国际秩序相关理论的全新发展。从这个意义上我们可以说，通过人类命运共同体理论，当代国际秩序的规范必将得以重塑。

第三节　构建人类命运共同体的路径

构建人类命运共同体的路径包括以下四个方面：维护世界和平，促进普遍安全；坚持互利共赢，促进共同发展；构建伙伴关系，支持多边主义；坚持绿色低碳，促进可持续发展。人类命运共同体的构建路径是其内涵的丰富和扩展，是其重要意义的现实表达。人类命运共同体成功实现，将是其最大价值。①

一 维护世界和平、促进普遍安全

构建人类命运共同体，首先就要维护世界和平、促进普遍安全。这一实现路径体现了人类命运共同体理念的内涵之一"构建公道正义、共建共享的安全格局"，是建立持久和平、普遍安全世界的必经之路。同时，这一和平路径富含中华文明基因，具有深刻的马克思主义根源，来自于和平发展的中国经验。

习近平总书记曾经指出，"和平的基因深植于中华民族的血脉之中"。② 中国的外交政策归根结底是和平外交政策。中国自古以来就是爱好和平的国家。中华人民共和国成立60多年以来，一直奉行和平外交政策。和平外交政策既是历史给予我们的宝贵财富，也是实践打磨出来的宝贵智慧。第一，和平外交政策来源于悠久的中国政治历史传统。在中国5000多年的文明发展历程中，中国人民自强不息，始终以"和为贵""和而不同""协和万邦"③ 等理念指导与世界各国人民的交往。经过长时期的沉淀与发展，和平早已成为中华文明的基因之一。第二，和平外交政策是中华人民共和国成立60多年以来在外交方面一以

---

① 习近平：《共同构建人类命运共同体——在联合国日内瓦总部的演讲》，《人民日报》2017年1月20日第2版。

② 习近平：《共倡开放包容 共促和平发展——在伦敦金融城市长晚宴上的演讲》，《人民日报》2015年10月23日第2版。

③ 同上。

贯之的基本立场。正如习近平主席2015年在伦敦金融城市长晚宴上所说的那样,"中国人民历经苦难,所以更珍视和平;中国致力于发展,所以更需要和平;中国期待美好未来,所以更爱护和平"。① 经过新时期的实践探索,和平仍然是中华民族珍视的外交价值。

"人类命运与共"这一看法,可以追溯到马克思恩格斯的社会共同体思想;而人类命运共同体理论也正是对马克思恩格斯社会共同体思想的创造性发展。第一,马克思恩格斯的社会共同体思想观察到人类命运休戚与共这一事实,为人类命运共同体打下了理论基础。马克思指出,人是一切社会关系的总和。基于关系的理论视野超越了基于个体的观察视野,人类命运休戚与共这一事实因此才能被发现。第二,人类命运休戚与共具有鲜明的共产主义理论特色。只有抛弃了狭隘的国家观、民族观,立足于全体自由人的联合及命运去审视人类历史,才能观察到人类命运休戚与共这一最为深刻的事实。第三,人类命运共同体理论是在认识到人类命运休戚与共之后,以最开阔、最深刻的理论视野提炼出来的创新理论。

人类命运共同体理念脱胎于和平共处五项基本原则,构建人类命运共同体的路径则来源于和平发展道路的中国经验。维护世界和平、促进普遍安全既是对新中国外交理论创新的继承,也是对中国特色大国外交实践经验的发扬光大。如上一节所述,就理论方面的历史渊源而言,人类

---

① 习近平:《共倡开放包容 共促和平发展——在伦敦金融城市长晚宴上的演讲》,《人民日报》2015年10月23日第2版。

第四章　推动构建人类命运共同体

命运共同体理念脱胎于中华人民共和国成立早期的重要外交理论创新和平共处五项原则。就实践方面的历史渊源而言，中华人民共和国成立60多年以来，和平共处五项基本原则在中国特色大国外交实践中与时俱进，不断深化，逐渐探索出中国和平发展的经验道路。在党的十八大以来这砥砺奋进的五年中，和平发展的中国经验愈臻成熟。构建人类命运共同体、维护世界和平、促进普遍安全的外交实践，与中华人民共和国成立60多年以来的和平发展历史经验是密不可分的。

　　对话协商打下基础，共建共享实现愿景。持久和平与普遍安全的人类命运共同体，必须首先通过对话协商、然后通过共建共享才能得以实现。持久和平必须基于对话协商。习近平总书记已经阐述了具体的实现路径。第一，大国与大国之间，应当建立新型关系，不冲突，不对抗，相互尊重双方利益，相互认可彼此关切。第二，大国与小国之间，应当遵循主权国家相互平等原则，遵循和平共处五项基本原则。第三，国际社会应当最终努力实现无核化，创造一个没有核武器的美好世界。第四，在新浮现的非传统安全领域，无论是深海、极地，还是外空、互联网，任何新问题、新挑战都应当积极研判、积极应对，都应当以对话协商而非冲突博弈的态度去处理。[①]

　　普遍安全必须基于共建共享。习近平总书记就此指

---

① 习近平：《共同构建人类命运共同体——在联合国日内瓦总部的演讲》，《人民日报》2017年1月20日第2版。

出:"各方应该树立共同、综合、合作、可持续的安全观。"① 通过共建共享实现普遍安全的具体路径包括,第一,与时俱进,树立适应时代的新安全观,以共同安全、综合安全、合作安全、可持续安全为真正的安全格局。第二,对抗恐怖主义活动,更要重视恐怖主义滋生的政治经济社会土壤,以公道、繁荣、发展清除这些邪恶的土壤。第三,在全球范围内,动用大家的力量,积极有效应对正在发生的难民危机。第四,对于国际热点问题,当事方应当选择和平外交解决方式,通过协商谈判解决问题,国际社会应当积极劝和促谈,发挥建设性作用,共同维护世界各国的集体安全和国际社会的普遍安全。

二 坚持互利共赢、促进共同发展

构建人类命运共同体就必须坚持互利共赢、促进共同发展。首先,中国应奉行互利共赢的开放战略。其次,中国要与世界发展共享"中国机遇"。最后,中国要为世界发展提供"中国公共产品"。通过以上举措,中国坚持合作共赢,建设共同繁荣的世界。

习近平总书记曾经说过,投我以木瓜、报之以琼琚,即是互利共赢。互利共赢以开放型经济和全球化进程为基础,反过来,开放型经济与全球化进程又将受益于互利共赢战略。如果人类作为命运的共同体毫无发展前景,那么,互利当然无法实现,共赢更加无从谈起。只有人类命

---

① 习近平:《共同构建人类命运共同体——在联合国日内瓦总部的演讲》,《人民日报》2017年1月20日第2版。

第四章　推动构建人类命运共同体

运共同体的发展前景向好，双赢、多赢、共赢的发展格局才可望实现。如果不能做到木瓜琼琚、互通有无、共享利益，那么，人类命运共同体很可能并不能实现发展，无休止的零和博弈甚至可能将人类命运共同体推向倒退乃至解体的边缘。具体说来，中国奉行互利共赢开放战略，一是做大蛋糕，与世界共享"中国机遇"；二是要承担国际责任，为世界发展提供中国公共产品。可以认为，做大发展的蛋糕，与世界共享中国机遇，是脚踏实地、共享共赢的经济发展努力。奋发有为承担国际责任、为世界发展提供公共产品，则是更具有远见的制度改革努力。

中国与世界共享发展机遇。通过对外援助，中国与世界分享发展经验与发展成果。通过保持经济高速稳健增长，拉动世界经济不断增长，分享中国发展动力与动能。通过商品进口与对外投资，中国与世界分享市场与资金。中国经济发展的经验、成果、动能、动力，乃至通过发展形成的庞大市场与投资资金，都成为世界经济发展的不竭动力来源。

中华人民共和国成立以来，始终坚持对外援助，坚持与世界分享自身的发展经验与发展成果，体现了极大的国际主义精神和国际责任感。首先，包括"8个100"项目、中非"十大合作计划"、南南合作援助基金、南南合作与发展学院、金砖国家经济技术合作交流计划等重大援助举措，彰显中国担当。其次，中国在农业、教育、卫生、减贫等领域内多达2000项民生援助措施，令受援国切实受益。再次，重视各类援外培训，注重提升受援国自主发展与建设能力，授之以渔。最后，各项紧急人道援助彰显中

· 127 ·

国大国道义。中国通过保持经济的高速稳健增长，拉动世界经济不断增长，与世界分享中国的发展动力。一国经济表现对世界经济发展的影响，最为直接的体现就是该国经济增长对世界经济增长的拉动力。即便在走向"新常态"，各项经济指标趋稳的2015年，中国经济增长仍然为世界经济增长贡献了高达41.05%的份额，远远高于其他国家。其他国家对世界经济增长的贡献率远不如中国。例如，印度对世界经济增长的贡献率仅为5.98%，美国对世界经济增长的贡献率则为-1.28%。换言之，中国经济的高速增长，是世界经济发展动力最重要的来源。同时，中国已经成为世界最重要的市场之一，也已经成为世界第二大对外投资国。2018年4月10日，习近平主席宣布，中国决定在扩大开放方面采取一系列新的重大举措，包括大幅度放宽市场准入，创造更有吸引力的投资环境，加强知识产权保护，主动扩大进口等。[①]

中国的"一带一路"倡议和新型多边金融机构建设，为世界发展提供了公共产品，从制度设计与制度安排上推动国际政治经济秩序朝着更为公道正义、开放包容的方向发展。习近平总书记于2013年提出"一带一路"倡议以来，得到了100多个国家和国际组织的热烈响应。截至2018年年底，已经有122个国家和29个国际组织与中国签署合作协议。沿线超过100个国家、40多亿人口都被

---

① 《习近平出席博鳌亚洲论坛2018年年会开幕式并发表主旨演讲强调顺应时代潮流 坚持开放共赢 宣布中国扩大开放新的重大举措》，《人民日报》2018年4月11日第1版。

第四章　推动构建人类命运共同体

"一带一路"倡议所涵盖，这无疑已经形成了目前为止最大的人类命运共同体。这些国家和人民不仅仅受益于中国作为主导国的庞大市场和充裕资金，更受益于"一带一路"倡议共同发展、互利共赢的全新合作机制安排。"一带一路"倡议不同于以往的经济合作计划，是沿线各国的大合唱，不是中国的独角戏；是共商、共建、共享、开放包容的发展倡议，不是封闭狭隘的利益分配俱乐部；是中国通过自身发展经验与开阔发展视野，为世界发展提供的制度产品。

中国创设各类新型多边金融机构与国际金融管理机制，为国际经济治理提供全新制度产品，推动国际经济秩序朝着更为公平正义、互利共赢的方向发展。中国加强建设各类新型多边金融机构。2016年1月，亚洲基础设施投资银行正式成立。在亚投行开业仪式上，习近平主席指出，亚洲基础设施融资需求巨大，亚投行还奉行"开放的区域主义，同现有多边开发银行相互补充……提高地区基础设施融资水平"。[①] 2014年，丝路基金在北京正式成立，秉承"开放包容、互利共赢"理念，致力于为"一带一路"框架内的经贸合作和双边多边互联互通提供投融资支持。中国改革更新国际经济治理多边管理机制。人民币国际化程度不断提高，跨境人民币结算业务发展如火如荼。2016年二十国集团领导人杭州峰会上通过的《G20全球投资政策指导原则》以全新的"中国方案"，弥补了全球多

[①] 习近平：《在亚洲基础设施投资银行开业仪式上的致辞》，《人民日报》2016年1月17日第2版。

边投资体制的缺失，为全球经济治理的一个重要领域做出了开创性贡献。

三　构建伙伴关系、支持多边主义

构建人类命运共同体，还要构建伙伴关系、支持多边主义。这一实现路径体现了人类命运共同体理念的两项内涵，即构建"平等互待、互商互谅的伙伴关系"以及"和而不同、兼收并蓄的文明交流"，是建立文明互鉴、开放包容世界的必经之路。

伙伴关系的基础是平等互待、互商互谅，文明交流的基础则必须坚持和而不同、兼收并蓄。为了构建这样的伙伴关系，中国坚持和平共处五项基本原则，奉行独立自主和平外交政策，与世界各国开展务实合作，构建基于和平、平等、独立联系的伙伴关系网络。可以说，这样一种伙伴关系网络既非势力范围，也非传统结盟。只有在这种结伴不结盟的伙伴关系网络中，才能最好遵循世界各国主权独立平等原则。

伙伴关系网络的构建要注意区分若干不同层次。对于中国外交来说，"大国是关键，周边是首要，发展中国家是基础，多边是重要舞台"。大国关系，与发展中国家关系，周边外交，对非政策各有不同的侧重点。根据这些不同侧重点构建的伙伴关系网络，是命运共同体的骨架与支撑。第一，在处理与大国关系方面，要努力构建不冲突、不对抗、互相尊重、合作共赢的新型大国关系。良好的大国关系是地区安全与经济社会发展的稳定器，也是人类命运共同体形成与发展的重要支撑。第二，在与发展中国家发展务实合作时，要坚持正确义利观。坚持正确义利观，在与发展中国家进行务实合作时，不以牺牲别国的利益为自身的利益，恪守互利原则，争取双赢、多赢、共赢局面，甚至有时要做到舍利为义，勇于承担属于大国的国际责任。第三，在处理与周边国家关系时，必须坚持"亲、诚、惠、容"的四字工作方针。2013年10月，习近平总书记在周边外交工作座谈会上提出周边外交的基本方针，提出要坚持与邻为善、以邻为伴，坚持睦邻、安邻、富邻。第四，对非工作方针必须突出"真、实、亲、诚"四个字。对非工作方针既体现了中国与非洲国家之间共享的历史经验，也体现了中国与非洲国家之间共享的发展任务和社会难题。真实亲诚的对非工作方针对于构建中国在非洲的伙伴关系、促进非洲经济社会发展功不可没。

联合国是现行国际体系的核心，现行国际关系基本准则是以《联合国宪章》的宗旨和原则为基石。维护联合国的权威就是反对霸权主义和单边主义，支持以多边主义手段维护和平、促进发展。在国际事务特别是地区热点和多边事务中，联合国具有权威地位，应当发挥核心作用。中国应在联合国框架下发挥积极的建设性作用。习近平主席指出，中国"坚定维护以联合国为核心的国际体系，坚定维护以联合国宪章宗旨和原则为基石的国际关系基本准则，坚定维护联合国权威和地位，坚定维护联合国在国际事务中的核心作用"。[①] 中国高举多边主义旗帜，以和平和

[①] 习近平：《共同构建人类命运共同体——在联合国日内瓦总部的演讲》，《人民日报》2017年1月20日第2版。

外交手段在地区热点问题上发挥建设性作用,全面参与全球发展合作,为维护联合国权威地位、发挥联合国核心作用做出了贡献。

霸权主义、单边主义盛行,一些国家服从另一些国家,一些文明敌视另一些文明的全球共同体是虚假的共同体。只有交流互鉴、开放包容的共同体才是真正的命运共同体。为了坚持交流互鉴、建设开放包容的世界,避免人类命运共同体成为这样的虚假共同体,我们应当尊重人类文明多样性,同时将人类文明差异视为多样性的基础、协同进步的来源,而非冲突的根源。加强文明交流,不同文明之间可以取长补短、互通有无,互相借鉴、共同进步,实现人类文明整体的创造性发展,也实现人类命运共同体的进一步发展。①

四 坚持绿色低碳、促进可持续发展

构建人类命运共同体,还要坚持绿色低碳、促进可持续发展。② 这一实现路径体现了人类命运共同体理念的内涵之一——构建"尊崇自然、绿色发展的生态体系",是建立绿色低碳经济、维护世界可持续发展、建设清洁美丽世界的必经之路。中国应当成为全球生态文明建设的重要参与者、贡献者、引领者。

---

① 习近平:《共同构建人类命运共同体——在联合国日内瓦总部的演讲》,《人民日报》2017年1月20日第2版。
② 习近平:《携手构建合作共赢新伙伴 同心构建人类命运共同体——在第七十届联合国大会一般性辩论时的讲话》,《人民日报》2015年9月29日第2版。

第四章　推动构建人类命运共同体

从增量改革视角来看，人类应当致力于构筑全新的绿色发展生态体系。正如习近平总书记指出的，绿水青山就是金山银山。绿色发展生态体系既具有经济价值，又是生命线，还是公共产品。第一，绿色发展生态体系是发展思路的崭新转变。绿色发展生态体系本身就具有极高的经济价值。绿水青山就是金山银山。绿色发展生态体系建设过程蕴含丰富的发展机会，不仅服务于当前的经济发展，更服务于将来的经济发展，是可持续发展的保障。第二，绿色发展生态体系是世界各国人民生存生活的基准线。与经济发展有所不同的是，从一定程度上来说，绿色发展生态体系就是人类命运共同体得以存续发展的根本保障。正如习近平总书记所说，山水田林湖是一个"生命共同体"。第三，绿色发展生态体系还是一种公共产品，是人类命运共同体未来发展的基本保障。2018年5月，习近平总书记在全国生态环境保护大会上指出，良好生态环境是最普惠的民生福祉。[①] 除此之外，习近平总书记还多次强调，保护生态环境是最普惠的民生工程。从这一意义上来看，绿色发展生态体系能够普惠民生，是敷益全体人类的公共产品，其价值远非单纯的GDP增长可以替代。

从存量改革视角来看，人类应当争取解决工业文明带来的矛盾。人类先前的发展道路存在一定问题。特别是工业化时代以来，工业文明破坏自然的现象十分突出，发展

---

① 《开创美丽中国建设新局面——习近平总书记在全国生态环境保护大会上的重要讲话引起热烈反响》，《人民日报》2018年5月21日第1版。

难以为继。解决工业文明带来的矛盾，对于发达国家和发展中国家来说，各自有不同的责任与义务，但分享同样的机遇。发达国家应当进行发展道路转型，尽早投入到绿色发展生态体系的构筑上来。与此同时，发达国家也应当承担起历史遗留的义务和责任，正视自身发展历史的问题，承担最主要的减排任务，与发展中国家分享工业化进程中的经验教训，并帮助发展中国家尽快适应气候变化。同时，发展中国家要寻求绿色发展道路，不走发达国家走过的老路，实现弯道超车，实现跨越式发展。与此同时，发展中国家也需要尽快缓解并适应工业文明发展留下的历史矛盾，积极减少排放，积极探索全新的绿色生态发展道路。

习近平总书记在党的十九大报告中指出，中国要坚定走生产发展、生活富裕、生态良好的文明发展道路，要建设美丽中国，要为全球生态安全做出贡献。[①] 要实现党的十九大报告提出的要求，中国应当采取以下四方面措施。第一，遵循天人合一、道法自然的发展理念。构建绿色生态系统，必须首先更新理念，更新观念，重新树立人与自然关系的正确认识。第二，倡导绿色环保、低碳循环、可持续的生活方式。人与自然的关系最终体现在人类对于生活方式的选择上。第三，平衡推进2030年可持续发展议程，探索一条生态文明的发展道路。第四，克服困难，共

---

① 习近平：《决胜全面建成小康社会 夺取新时代中国特色社会主义伟大胜利——在中国共产党第十九次全国代表大会上的报告》，《人民日报》2017年10月28日第1版。

同推动《巴黎协定》实施，积极应对气候变化，勇于承担国际责任。[1]

第四节 本章小结

习近平总书记提出并加以详细阐述的人类命运共同体理念，是创新的治理方案，有详尽具体的实现途径，在理论和实践上都具备了超越西方全球治理实践和西方国际关系理论的重大意义。人类命运共同体本身内涵之丰富、意义之重大，应当从以下四个方面来加以归纳、总结、理解。

人类命运共同体最容易实现的层面，是构建利益共同体。人类共同创造的财富和利益愈丰富，人人都免于匮乏的希望就愈大，互利共赢也就愈发容易实现，利益共同体的建设也愈发容易实现。在此，需要依靠并加强战略经济手段，夯实物质基础，为利益共同休的建设服务。

人类命运共同体最根本的支撑和动力，是形成安全共同体。人类对于集体安全的渴望古已有之。但是历史发展进程中，持久和平、普遍安全常常难以达成。通过构建平等互待的伙伴关系网络，将主权平等、独立自主的理念融入公道正义、共建共享的安全格局的政治基础之中，就可望破除"国强必霸"的诅咒，以安全共同体替代强权兴替的历史怪圈。

---

[1] 习近平：《共同构建人类命运共同体——在联合国日内瓦总部的演讲》，《人民日报》2017年1月20日第2版。

人类命运共同体最哲学的升华，是构建价值共同体。利益上互利共赢、安全上公道正义，这样的人类共同体才不会是马克思恩格斯所说的那种"虚假的共同体"，这样的人类共同体才能向价值共同体乃至命运共同体进一步转化并升华。相较于利益共同体和安全共同体的建设，这一过程任务可能更为艰巨；但与此同时，以共生观念为基础的价值共同体，正是形成命运共同体的雏形与基础。

人类命运共同体理念超越西方中心主义的理论与历史，面向世界各国人民的协同命运，吸取中华文明智慧，吸收马克思主义理论精华，吸取世界各国人民，特别是中华人民共和国成立以来的发展经验，形成了一套理念、一套方案、一套实践指导思想。通过其无比精巧、深刻、大气的理论设计和实践安排，人类命运共同体理念实现了从物质繁荣到安全共享，再到价值共生、观念共有的多层次跨越，是人类从繁荣和发展走向命运与共的设计蓝图。

第五章

推进"一带一路"建设

"一带一路"既是新时期统筹对内改革与对外开放、建立和深化开放型经济新体制、促进不同地区实现共同富裕的发展和开放战略,又是协调中国与相关国家关系、深化双边和多边利益纽带、为实现中华民族伟大复兴创造和平繁荣的必要外部环境的国际战略。从"历史维度"来看,"一带一路"顺应了人类社会"大发展大变革大调整时代"和平发展、变革创新的强劲需求;从"现实维度"来看,"一带一路"是要直面"和平赤字、发展赤字、治理赤字"等"摆在全人类面前的严峻挑战"。①

在地理空间上,"一带一路"倡议横贯整个亚非欧大陆,连接亚太经济圈和西欧经济圈,在立足大陆的基础上欢迎全世界各地区、各国家的广泛参与,是高度包容的合作开放体系;在政策空间上,"一带一路"倡导的互联互通涵盖了政策、基础设施、贸易、金融和社会文化等各方

---

① 习近平:《携手推进"一带一路"建设——在"一带一路"国际合作高峰论坛开幕式上的演讲》,《人民日报》2017年5月15日第3版。

面，是深度融合的相互依赖体系；在制度空间上，"一带一路"呼吁利用多种方式促进框架下合作，倡导建立和维护多元、灵活、有效的国际机制；在利益空间上，"共建'一带一路'倡议源于中国，但机会和成果属于世界，中国不打地缘博弈小算盘，不搞封闭排他小圈子，不做凌驾于人的强买强卖"。① 当前，不断完善和落实"一带一路"倡议已经成为中国深化自身发展、推进国际合作、推广治理理念的关键抓手，是习近平新时代中国特色社会主义思想在对外开放和国际交往领域中的重大创新。

第一节 "一带一路"是新时期改革开放的伟大探索

中国历来重视通过国际合作推动自身发展、促进共同繁荣，"一带一路"正是习近平总书记在经济新常态和国际经济新形势下亲自提出和大力推动的"促进全球和平合作和共同发展的中国方案"。② 2013 年 9—10 月，习近平主席先后在哈萨克斯坦的纳扎尔巴耶夫大学和印度尼西亚国会的演讲中首次提出了建设"丝绸之路经济带"和"21 世纪海上丝绸之路"的新型倡议，之后经过不断发展和完善，最终形成了"一带一路"的宏伟构想。

---

① 习近平：《开放共创繁荣 创新引领未来——在博鳌亚洲论坛 2018 年年会开幕式上的主旨演讲》，《人民日报》2018 年 4 月 11 日第 3 版。

② 推进"一带一路"建设工作领导小组办公室：《共建"一带一路"：理念、实践与中国的贡献》，新华社，2017 年 5 月 10 日。

第五章 推进"一带一路"建设

在阿斯塔纳，习近平主席敏锐地指出，"随着中国同欧亚国家关系快速发展，古老的丝绸之路日益焕发出新的生机活力，以新的形式把中国同欧亚国家的互利合作不断推向新的历史高度"，"为了使我们欧亚各国经济联系更加紧密、相互合作更加深入、发展空间更加广阔，我们可以用创新的合作模式，共同建设丝绸之路经济带"。① 在雅加达，习近平主席郑重表示，"东南亚地区自古以来就是海上丝绸之路的重要枢纽"，表达了中国愿意同东盟国家"发展好海洋合作伙伴关系，共同建设21世纪海上丝绸之路"的殷切期望。② 通过这两次讲话，"一带"与"一路"正式登上国际舞台。

2013年10月，在北京召开的周边外交工作座谈会上，习近平总书记正式提出"要同有关国家共同努力，加快基础设施互联互通，建设好丝绸之路经济带、21世纪海上丝绸之路"，将"一带一路"确立为"加快实施自由贸易区战略，扩大贸易、投资合作空间，构建区域经济一体化新格局"，"深化区域金融合作，积极筹建亚洲基础设施投资银行，完善区域金融安全网络"，"加快沿边地区开放，深化沿边省区同周边国家的互利合作"的重要抓手。③ 之后，在2013年11月召开的党的十八届三中全会上，丝绸之路

---

① 习近平：《弘扬人民友谊 共创美好未来——在纳扎尔巴耶夫大学的演讲》，新华社，2013年9月7日。
② 习近平：《习近平谈治国理政》，外文出版社2014年版，第293页。
③ 《为我国发展争取良好周边环境 推动我国发展更多惠及周边国家》，《人民日报》2013年10月26日第1版。

经济带和21世纪海上丝绸之路被正式写入全会通过的《中共中央关于全面深化改革若干重大问题的决定》（以下简称《决定》）。《决定》在"构建开放型经济新体制"这一章节中明确指出，要"建立开发性金融机构，加快同周边国家和区域基础设施互联互通建设，推进丝绸之路经济带、海上丝绸之路建设，形成全方位开放新格局"。[①] 这标志着"一带一路"成了中国顶层战略设计的一部分。

此后，通过不断的调整和发展，"一带一路"明确了丝绸之路经济带的三大走向，分别为从中国西北、东北经中亚、俄罗斯至欧洲、波罗的海；从中国西北经中亚、西亚至波斯湾、地中海；从中国西南经中南半岛至印度洋。明确了21世纪海上丝绸之路的两大走向，即从中国沿海港口过南海，经马六甲海峡到印度洋，延伸至欧洲；从中国沿海港口过南海，向南太平洋延伸。搭建起了"六廊六路多国多港"的主体框架，着力建设新亚欧大陆桥、中蒙俄、中国—中亚—西亚、中国—中南半岛、中巴和孟中印缅六大国际经济合作走廊；大力促进铁路、公路、航运、航空、管道和空间综合信息网络领域的互联互通；通过与一些国家的率先合作争取示范效应，争取更多国家踊跃加入；共建一批重要港口和节点城市，进一步繁荣海上合作。[②] 经过四年的逐步完善和推进，"一带

[①] 《中共中央关于全面深化改革若干重大问题的决定》，人民出版社2013年版，第13页。

[②] 推进"一带一路"建设工作领导小组办公室：《共建"一带一路"：理念、实践与中国的贡献》，新华社，2017年5月10日。

一路"已经发展为拥有一整套理念、原则、框架和内容的成熟合作框架。

在2017年5月于北京召开的"一带一路"国际合作高峰论坛上,习近平主席进一步指出倡议"植根于丝绸之路的历史土壤,重点面向亚欧非大陆",但是"同时向所有朋友开放","不论来自亚洲、欧洲,还是非洲、美洲,都是'一带一路'建设国际合作的伙伴"。① 这也标志着"一带一路"经过不断地成熟与完善,正式从一项区域合作倡议发展为放眼世界、覆盖全球的合作框架。经过不断的完善和发展,中国共产党第十九次全国代表大会正式将"遵循共商共建共享原则,推进'一带一路'建设"写入《中国共产党章程》,成为中国共产党的重要方针和理论指导。②

一 全面发展倡议

"一带一路"倡议是中国在经济新常态下立足全球经济形势的全面发展倡议,绝非是在国际贸易和投资领域中的简单规模扩大和单纯范围延伸。"一带一路"倡议考虑了世界的整体发展状况,中国经济与世界发展的内在关系,以及如何将国内的发展模式、产业结构和开放程度与这一关系的要求相匹配。习近平总书记指出,"一带一路"

---

① 习近平:《携手推进"一带一路"建设——在"一带一路"国际合作高峰论坛开幕式上的演讲》,《人民日报》2017年5月15日第3版。
② 《中国共产党章程》,《人民日报》2017年10月29日第1版。

是要"开展跨国互联互通，提高贸易和投资合作水平，推动国际产能和装备制造合作，本质上是通过提高有效供给来催生新的需求，实现世界经济再平衡"，特别是要推动"顺周期下形成的巨大产能和建设能力走出去，支持沿线国家推进工业化、现代化和提高基础设施水平的迫切需要"。①

由此可以看出，"一带一路"倡议既坚持维护和推广中国的成功发展经验，又要求中国经济自身在新形势下进行自我调整与提高。它是将经济稳定与转型、国内发展与国际合作、不同地区间的协调发展通盘考虑的全面发展战略，指明了中国经济在新常态下的总体发展方向和突破路径。

首先，"一带一路"倡议主张进一步推动区域经济、世界经济的一体化，继续坚持和推广融入全球经济分工、充分利用国内国际市场和生产要素的发展模式。当前，贸易保护主义、孤立主义情绪正在全球迅速蔓延，自由开放的国际经济体系面临重大威胁。习近平总书记多次表示"一花独放不是春，百花齐放春满园"，"各国经济，相通则共进，相闭则各退"。"一带一路"倡议反复申明中国将继续旗帜鲜明地坚持改革开放以来的成功发展经验，"顺应时代潮流，反对各种形式的保护主义，统筹利用国际国内两个市场，两种资源"，绝不会迎合甚嚣尘上的贸易保护主义，闭关自守。② 为此，中国将继续扮演推动区域经

---

① 《习近平就"一带一路"建设提8项要求》，《新华每日电讯》2016年8月18日第1版。

② 习近平：《共同维护和发展开放型世界经济——在二十国集团领导人峰会第一阶段会议上关于世界经济形势的发言》，《人民日报》2013年9月6日第2版。

济一体化和多边经济合作的积极倡导者,特别是要提高世界各国在互联互通和产能合作方面的合作水平,与各国一起共同维护和发展开放型世界经济。

其次,"一带一路"倡议始终着眼于通过更紧密的经济联系推动包括中国在内的各国实现"基础设施建设和体制机制创新,创造新的经济和就业增长点,增强各国经济内生动力和抗风险能力"[①]。这一目标向中国现有的外向型经济提出了自我更新的全面要求,"必须下决心在推进经济结构性改革方面作更大努力,使供给体系更适应需求结构的变化",应当通过"努力创新发展理念、发展模式、发展路径","加快产业升级换代,以科技创新带动产品、管理、商业模式创新",最终提高中国和亚太经济体在全球供应链中的地位。[②] 无论是推进国际产能合作还是兑现国际贸易潜力,都需要中国企业和产业提升产品质量,完善服务体系,满足国际标准和当地需求。只有先进、高效和优质的生产要素,才能具备国际吸引力,才能按照客观市场规律在国家间和区域内自由流动、平衡国内外产能供需、拓展与沿线国家经济联系、推动全地区的产业链升级和价值链提升。

最后,调整和平衡发展布局、降低地区间发展差距同样是"一带一路"倡议的重要任务。习近平总书记反复指出,要将"一带一路"建设同"京津冀协同发展、长江经

---

① 习近平:《习近平谈治国理政》,外文出版社 2014 年版,第 316 页。

② 习近平:《发挥亚太引领作用 应对世界经济挑战——在亚太经合组织工商领导人峰会上的主旨演讲》,《人民日报》2015 年 11 月 19 日第 2 版。

济带发展等国家战略"对接,与"西部开发、东北振兴、中部崛起、东部率先发展、沿边开发开放"结合,"带动形成全方位开放、东中西部联动发展的局面"。① 自提出伊始,"一带一路"倡议始终将边疆地区、西部省份视为推进沿线国家经济一体化、搭建对外合作平台的核心区域,倡导优先提高这些地区利用国际市场的水平,增强它们吸收国内外优质产能的能力。在实现东部地区产业转移和过剩产能化解的同时,拉动中西部地区的基础设施与工业投资。通过增强与沿线国家的经贸合作来促进各种生产要素在东中西部间的自由流动与公平分配,加速各个区域的经济升级,达到区域协同发展的目的。

二 深度开放倡议

"一带一路"倡议是中国对外开放进程在新时代、新环境下的必然选择,是中国全面推动新一轮对外开放的关键契机,是构建开放型经济新体制的重要途径,是对中国改革开放四十年来一贯坚持的"开放发展"与"合作发展"的高度提炼。习近平主席明确指出,"对一个国家而言,开放如同破茧成蝶,虽会经历一时阵痛,但将换来新生","'一带一路'建设要以开放为导向,解决经济增长和平衡问题"。② "一带一路"倡议蕴含的开放精神体现了

---

① 《习近平就"一带一路"建设提8项要求》,《新华每日电讯》2016年8月18日第1版。
② 习近平:《携手推进"一带一路"建设——在"一带一路"国际合作高峰论坛开幕式上的演讲》,《人民日报》2017年5月15日第3版。

中国向沿线国家分享更多发展红利、将中国和各国人民的共同利益更紧密地结合起来的强烈意愿。

2016年，中国已经成为中等偏上收入国家，在国际贸易等领域具有举足轻重的世界性力量。[1] 与此同时，中国又面临着突破"中等收入陷阱"、实现经济转型和包容性增长、化解"中国威胁论"的严峻挑战。对此，习近平总书记明确指出，"随着我国经济发展进入新常态，我们要保持经济持续健康发展，就必须树立全球视野，更加自觉地统筹国内国际两个大局，全面谋划全方位对外开放大战略，以更加积极主动的姿态走向世界"[2]。

在中国面临发展挑战的同时，世界上也出现了"逆全球化"和贸易保护主义的浪潮。面临这一内外挑战，正如习近平总书记所言，"不能一遇到风浪就退回到港湾中去，那是永远不能到达彼岸的"，"保护主义如同把自己关进黑屋子，看似躲过了风吹雨打，但也隔绝了阳光和空气"[3]。环境越是困难，中国越是要积极肩负起维护和推进开放型世界经济的重任，发展全球互联互通，实现联动增长，走向共同繁荣。中国正是要通过"一带一路"这一新举措来发展全球自由贸易和投资，在开放中推动贸易和投资自由

---

[1] 李扬主编：《经济蓝皮书夏季号：中国经济增长报告（2015—2016）》，社会科学文献出版社2016年版。

[2]《习近平就"一带一路"建设提8项要求》，《新华每日电讯》2016年8月18日第1版。

[3] 习近平：《共担时代责任　共促全球发展——在世界经济论坛2017年年会开幕式上的主旨演讲》，《人民日报》2017年1月18日第3版。

化便利化,旗帜鲜明地反对保护主义。

"一带一路"倡议促进深入开放的新意体现在三个方面:第一,将开放的重点由东部沿海地区转移到了中西部地区,尤其是边疆地区,举全国之力推动这些地区的对外开放,以形成更加平衡的整体开放格局;第二,将开放的侧重由发达国家转向发展中国家,尤其是周边的亚洲国家,加强与这些国家的复合联系,共享发展成果;第三,要进一步提升对外开放的水平,更加积极主动地在互惠互利的基础上向世界各国开放贸易和投资市场,推动中国的市场、资源和产业能力在国际舞台中更自由、更高效地配置。

在构建平衡的整体开放格局上,"一带一路"着力于实现东部和中西部地区之间、中国和沿线发展中国家间在工业产能、能源资源和生态环境上的再匹配。倡议致力于通过更大规模的开放与流动来推动各要素的合理配置,化解沿线地区在经济社会发展中所面临的资金、技术、资源、市场和环境约束,"实现各区域、各国生产要素互通有无、产业产能优势互补、发展经验互学互鉴","优化亚太供应链、产业链、价值链,形成亚太规模经济效应和联动效应,实现亚太经济整体振兴"。[①] 在国内,要加强东中西互动合作,全面释放内陆开放潜力,提升内陆沿边经济开放水平,特别是要"优化区域开放布局,加大西部开放

---

① 习近平:《发挥亚太引领作用 应对世界经济挑战——在亚太经合组织工商领导人峰会上的主旨演讲》,《人民日报》2015年11月19日第2版。

力度";①在国际,要深化沿边地区与周边国家的合作,"致力于建立发展创新、增长联动、利益融合的开放型亚太经济格局"②,让中国经济与周边发展中国家更紧密地联系起来,促进更大范围、更高水平、更深层次的区域合作,提升亚洲经济发展的整体性。

在提高开放水平上,倡议要求"坚持深度融入全球经济",致力于完善互利共赢、多元平衡、安全高效的开放型经济体系,加快转变中国的对外经济发展方式,创新开放发展模式。一方面要继续建设"公开透明的法律政策环境、高效的行政环境、平等竞争的市场环境",深化开放、宽松和透明的总体方向。习近平总书记在党的十九大报告中明确指出要"全面实行准入前国民待遇加负面清单管理制度,大幅度放宽市场准入,扩大服务业对外开放,保护外商投资合法权益",明确了"凡是在我国境内注册的企业,都要一视同仁、平等对待",并且还要"赋予自由贸易试验区更大改革自主权,探索建设自由贸易港"。③另一方面,则要在推进"一带一路"建设的过程中形成中国参

---

① 习近平:《决胜全面建成小康社会 夺取新时代中国特色社会主义伟大胜利——在中国共产党第十九次全国代表大会上的报告》,《人民日报》2017年10月28日第5版。

② 习近平:《谋求持久发展 共筑亚太梦想——在亚太经合组织工商领导人峰会开幕式上的演讲》,《人民日报》(海外版)2014年11月10日第7版。

③ 习近平:《决胜全面建成小康社会 夺取新时代中国特色社会主义伟大胜利——在中国共产党第十九次全国代表大会上的报告》,《人民日报》2017年10月28日第5版。

与和引领国际合作竞争的新优势,在广大的沿线区域中打造新的区域交通、贸易、科技和金融中心,"加强创新能力开放合作,形成陆海内外联动、东西双向互济的开放格局"。[①] 与此同时,突破参与国际分工的传统方式,提升中国在国际价值链中的位置。

对于对外开放的基本国策,习近平总书记反复重申"中国开放的大门永远不会关上","中国利用外资的政策不会变,对外商投资企业合法权益的保护不会变,为各国企业在华投资兴业提供更好服务的方向不会变"。[②] 在合作道路上,中国推动的"一带一路"倡议证明中国不仅不会关上开放的大门,相反还将积极为更平衡、更深入的区域对外开放创造条件、打好基础。"一带一路"所倡导的区域经济开放与合作将始终以坚持中国自身的进一步开放为前提,绝非是要求沿线国家单方面向中国开放投资和贸易市场,而是希望与周边国家实现更全面、更紧密的相互开放和经济联系,确保中国和周边国家走在大开放、大融合、大发展的经济合作道路上。

三 经济外交倡议

"一带一路"在推动中国和沿线国家经济发展的同时,

[①] 习近平:《决胜全面建成小康社会 夺取新时代中国特色社会主义伟大胜利——在中国共产党第十九次全国代表大会上的报告》,《人民日报》2017年10月28日第5版。

[②] 习近平:《发挥亚太引领作用 应对世界经济挑战——在亚太经合组织工商领导人峰会上的主旨演讲》,《人民日报》2015年11月19日第2版。

第五章 推进"一带一路"建设

也是指导中国经济外交的宏观构想。倡议以发展、开放、合作为主题，涵盖了双边、多边和国际机制等多个议题层面，为中国在沿线地区和整体世界的经济外交提供了创新性的宏观指导。

在双边经济交往中，倡议要求中国"以国家高层互访为引领，形成深化合作的第一推动力。广泛开展包括部门合作、地方合作在内的各级政府合作，构建多层次、多渠道政府间合作体系"①。与沿线国家在共商、共建、共享的基础上，遵循发展、合作和开放的原则，在政治、经济、文化等各方面建立长期、深入的交流与合作机制，推进双方在政策、基础设施、贸易、金融和民心上的互联互通，实现互利合作与共同发展，最终将双边关系建设成牢不可破的利益共同体、命运共同体。自提出"一带一路"倡议以来，中国先后与南亚、中亚、中东欧的数十个沿线国家签署了共建"一带一路"的合作文件、"一带一路"建设谅解备忘录，或者联合编制合作规划纲要。其中中巴经济走廊建设更是成了"一带一路"合作框架下的标志性项目，在各类双边合作中起到了"引领作用"，"发展成果惠及巴基斯坦全体人民，进而惠及本地区各国人民"。②

在多边经济交往中，倡议主张在现有的地区合作机制中展开合作，推动区域经济与治理一体化。为了消除沿线

---

① 穆虹：《推进"一带一路"建设》，《人民日报》2015年12月11日第7版。

② 习近平：《构建中巴命运共同体 开辟合作共赢新征程——在巴基斯坦议会的演讲》，《人民日报》2015年4月22日第2版。

国家在政治影响和经济体量对比上的顾虑，中国在推进"一带一路"建设的过程中尤其注意充分借助上海合作组织、中国—东盟自由贸易区、亚太经合组织（APEC）等多边机制，依托博鳌亚洲论坛、中国—东盟博览会、中国—阿拉伯国家合作论坛、中国—亚欧博览会等已有的国际多边平台，促进多边交流合作。中国致力于通过"一带一路"倡议充实现有的多边合作框架，在已有的轨道上加速区域一体化进程。需要强调的是，"一带一路"所倡导的多边合作并不局限于沿线国家间，中国一直主张"区域内合作和同其他地区合作并行不悖"，"亚洲应该欢迎域外国家为本地区稳定和发展发挥建设性作用"，同时"域外国家也应该尊重亚洲的多样性特点和已经形成的合作传统"。[①] 在多边交往中，"一带一路"合作框架与沿线地区的其他多边合作机制、沿线地区与域外国家之间的多边合作机制互相支持，相辅相成。

在国际制度层面上，"一带一路"倡议一方面要求中国积极参与和利用现有的国际机制，尤其是国际金融和开发机构，来增强中国的话语权和影响力，推动后者朝着更高效、更公平的方向不断完善。另一方面，倡议提出了实现沿线地区互联互通的宏伟目标，因而也面临着诸多新需求，它们是传统的国际机制所难以提供的。因此，倡议需要新的、创造性的国际制度来"保驾护航"。为此，中国积极倡导"稳步推进国际经济金融体系改革，完善全球治

---

① 习近平：《习近平谈治国理政》，外文出版社2014年版，第332页。

第五章 推进"一带一路"建设

理机制,为世界经济健康稳定增长提供保障",特别是要认识到亚洲所蕴含的自我变革活力,"要勇做时代的弄潮儿,使亚洲变革和世界发展相互促进、相得益彰",创造性地发展区域和国际合作机制。[①] 在这一精神的指导下,中国在推动"一带一路"建设的过程中积极筹建了包括丝路基金、亚洲基础设施投资银行、金砖国家新开发银行在内的一系列新机制,极大地激发了沿线和世界各国的参与热情,为倡议推进提供了坚实的机制保障。

无论是在双边、多边还是国际制度层面,中国在倡导和推进"一带一路"建设时都贯穿着一个基本判断和立场,即"中国的发展得益于国际社会",中国"愿为国际社会提供更多公共产品",愿意同沿线和世界各国"分享中国发展机遇,实现共同繁荣"。[②]

作为区域与国际合作倡议,"一带一路"倡议的互惠框架对沿线国家的分享效应是迅速的、立竿见影的,对中国经济的促进作用则是长期的、潜移默化的。为此,"一带一路"倡议需要尽可能地把快速发展的中国经济同沿线各国的发展利益结合起来,让后者从中国的发展中分享红利,让中国从沿线国家的繁荣中获取收益;需要尽快形成一批具有示范效应的早期成果,既为中国的长期稳定发展塑造必要的外部经济条件,同时又能获得沿线国家的积极

[①] 习近平:《习近平谈治国理政》,外文出版社 2014 年版,第 330 页。
[②] 习近平:《中国发展新起点 全球增长新蓝图——在二十国集团工商峰会开幕式上的主旨演讲》,《人民日报》2016 年 9 月 4 日第 3 版。

响应和参与。

第二节 推进互联互通是"一带一路"的关键环节

推进互联互通是"一带一路"建设的关键环节。互联互通的目标是实现政策沟通、设施联通、贸易畅通、资金融通、民心相通。习近平总书记指出,"一带一路"与互联互通"相融相近、相辅相成","一带一路"是中国振兴腾飞的两只翅膀,互联互通则是这一双翼的血脉经络。[①]"一带一路"所要推进的互联互通"不仅是修路架桥,不光是平面化和单线条的联通",而是"基础设施、制度规章、人员交流三位一体",是"政策沟通、设施联通、贸易畅通、资金融通、民心相通五大领域齐头并进",是"全方位、立体化、网络状的大联通,是生机勃勃、群策群力的开放系统"。[②] 互联互通不仅要实现沿线国家在物理层面上的连接,还致力于推动各国在政治、经济、社会、文化等各方面的更紧密联系。推进互联互通,就是要在"硬件"上推动沿线各国打好设施基础,在"软件"上促进沿线各国的发展对接与治理一体化,夯实长期合作的民意基础。

[①] 中共中央宣传部:《习近平总书记系列重要讲话读本(2016年版)》,学习出版社、人民出版社2016年版,第267页。

[②] 习近平:《联通引领发展 伙伴聚焦合作——在"加强互联互通伙伴关系"东道主伙伴对话会上的讲话》,《人民日报》2014年11月9日第2版。

一 以政策沟通实现战略对接

政策沟通既是在"一带一路"倡议框架下展开合作的政治基础，也是贯穿于各领域互联互通的普遍原则，其内涵是指"各国可以就经济发展战略和对策进行充分交流，本着求同存异原则，协商制定推进区域合作的规划和措施，在政策和法律上为区域经济融合开绿灯"[①]。从内容上看，政策沟通的主要侧重点是经济发展战略的对接，协调实际合作中所遇到的政策和法律问题，为务实合作及大型项目的实施提供政策支持。从原则上看，在政策沟通过程中应当坚持"坦诚相待，不惧怕分歧、不回避问题"的精神，以"就各自外交政策和发展战略进行充分交流，增进政治互信，促进战略对接"[②]。从方式上看，政策沟通是要通过政府间的多层次交流来实现务实合作的长期战略对接，提升双方合作的匹配度。

倡议主张沿线国家间的政策沟通应凝聚为多层次、全方位的政府间交流与合作机制，各国应共同参与制定和推进"一带一路"框架下的相关合作规划和方案，对接发展战略，为务实合作提供充足的政策保障。这种对接"不是你接受我的规划，也不是我接受你的规则，而是在相互尊重的基础上，找出共同点与合作点，进而制

---

① 习近平：《弘扬人民友谊 共创美好未来——在纳扎尔巴耶夫大学的演讲》，新华社，2013年9月7日。

② 习近平：《习近平谈治国理政》，外文出版社2014年版，第318页。

订共同规划"①。只有这样，才能确保"一带一路"所提出的合作框架符合合作各方的长期利益。除了直接的经济合作以外，政策沟通还应当是各国构建长期政治互信的出发点，应逐步由低敏感的经济合作上升到政治和战略层面的共同体建设，各方应当"通过坦诚深入的对话沟通，增进战略互信，减少相互猜疑，求同化异、和睦相处"，"不断扩大合作领域、创新合作方式，以合作谋和平、以合作促安全"。② 政策沟通应当既服务于短期的、具体的务实合作项目，也要致力于在交流中逐步培育起深厚的战略互信，为"一带一路"这一大规模、长周期的共同发展倡议建立稳固的、可持续的政治基础。

截至2017年5月，"一带一路"倡议已经与俄罗斯提出的欧亚经济联盟、东盟提出的互联互通总体规划、哈萨克斯坦提出的"光明之路"、土耳其提出的"中间走廊"、蒙古国提出的"发展之路"、越南提出的"两廊一圈"、英国提出的"英格兰北方经济中心"、波兰提出的"琥珀之路"等各国战略规划实现了对接③，截至2018年年底，与122个国家和29个国际组织签署了合作协议，有效地实

---

① 杨洁篪：《深化互信、加强对接，共建21世纪海上丝绸之路》，2015年3月29日，中华人民共和国外交部。

② 习近平：《积极树立亚洲安全观 共创安全合作新局面——在亚洲相互协作与信任措施会议第四次峰会上的讲话》，《人民日报》2014年5月22日第2版。

③ 习近平：《携手推进"一带一路"建设——在"一带一路"国际合作高峰论坛开幕式上的演讲》，《人民日报》2017年5月15日第3版。

现了"一加一大于二"的效果。

二 以设施联通便利区域融合

作为基础中的基础，设施联通一直是"一带一路"合作框架中的战略性优先项目，是获取早期收获、吸引更多国家参与倡议的重要手段。中国提倡的设施联通不仅仅是"修路架桥"，而是具有极为丰富的内涵，它是指沿线国家内部和国家之间在物理层面上的多层次联通。虽然中国最初采用的是"道路畅通"的说法，但是这一"道路"除了公路、铁路、港口、航空等交通基础设施之外，也包括沿线人民生活和发展所必需的其他硬件网络。对此，习近平总书记提议"着力解决他们用电、饮水、医疗、上学、就业、上网等现实问题。同时，需要保护生态环境，让美丽和发展同行"[1]。伴随着设施联通工作的不断推进，其内涵也逐步扩展到促进物理联通的政策与机制合作上，发展为以对接建设规划、衔接质量技术体系、促进运输便利化、推动项目建设、联通能源设施、打造信息网络为主要内容的复合概念。[2]

中国高度重视设施联通对沿线合作的促进作用，习近平总书记明确指出，"互联互通是一条脚下之路，无论是公路、铁路、航路还是网路，路通到哪里，我们的合作就

---

[1] 习近平：《联通引领发展 伙伴聚焦合作——在"加强互联互通伙伴关系"东道主伙伴对话会上的讲话》，《人民日报》2014年11月9日第2版。

[2] 推进"一带一路"建设工作领导小组办公室：《共建"一带一路"：理念、实践与中国的贡献》，新华社，2017年5月10日。

在哪里"[1]。设施联通是一切其他形式互联互通的物质基础，对其内涵的全面理解和优先性的高度重视是"一带一路"倡议的最突出特征，同时，推进设施联通也是落实"一带一路"倡议的最重要抓手。在方向上，设施联通要"以亚洲国家为重点方向，率先实现亚洲互联互通"，"以经济走廊为依托，建立亚洲互联互通的基本框架"，"以交通基础设施为突破，实现亚洲互联互通的早期收获"。[2] 这一推进方式遵循循序渐进的经济发展规律，能够更好地集中有限资源、避免过度分散，更为高效地运用中国的经济力量。同时，优先推进联通中国和巴基斯坦、孟加拉国、缅甸、老挝、柬埔寨、蒙古国、塔吉克斯坦等邻国的铁路、公路项目也能让沿线各国尽早分享到早期收获，形成良好的示范效应，增强"一带一路"的吸引力和生命力，保证其长期持续推进，最终惠及整个沿线地区。

设施联通强调在沿线地区大力推进全方位的基础设施建设，努力解决阻碍交通运输、经贸往来、经济发展的突出物理限制，冲破阻碍国家发展和区域一体化的自然瓶颈。中国所理解的设施联通绝非是狭隘的"道路建设"，而是要兴建和改善一切能够增强商品、人员、能源和信息传输与流动的基础设施，囊括铁路、公路、港口、区域航

---

[1] 习近平：《共建面向未来的亚太伙伴关系——在亚太经合组织第二十二次领导人非正式会议上的开幕辞》，《人民日报》2014年11月12日第2版。

[2] 习近平：《联通引领发展　伙伴聚焦合作——在"加强互联互通伙伴关系"东道主伙伴对话会上的讲话》，《人民日报》2014年11月9日第2版。

空、电力、电信、网络、卫生、教育等各领域，涉及相应的一整套规划、设计、建设、运营和维护工作。

三 以贸易畅通激活发展潜能

贸易畅通是指商品和服务贸易的"血液"能够在"一带一路"项目所构建的物理"血管"中自由、高效地流动，激活整个沿线区域的发展潜能。习近平总书记高度重视贸易畅通在推进"一带一路"倡议中的作用，明确指出要"拓展对外贸易，培育贸易新业态新模式，推进贸易强国建设"，"实行高水平的贸易和投资自由化便利化政策"。[1]

为了促进贸易畅通，中国主张"各方应就贸易和投资便利化问题进行探讨并做出适当安排，消除贸易壁垒，降低贸易和投资成本，提高区域经济循环速度和质量"[2]。在习近平总书记看来，贸易畅通的关键是规则的一体化，"互联互通是一条规则之路，多一些协调合作，少一些规则障碍，我们的物流就会更畅通、交往就会更便捷"[3]。倡议着力于通过贸易投资便利化来消除投资和贸易壁垒，在

---

[1] 习近平：《决胜全面建成小康社会 夺取新时代中国特色社会主义伟大胜利——在中国共产党第十九次全国代表大会上的报告》，《人民日报》2017年10月28日第5版。

[2] 习近平：《弘扬人民友谊 共创美好未来——在纳扎尔巴耶夫大学的演讲》，新华社，2013年9月7日。

[3] 习近平：《共建面向未来的亚太伙伴关系——在亚太经合组织第二十二次领导人非正式会议上的开幕辞》，《人民日报》2014年11月12日第2版。

经贸、海关、质检、运输等各个领域降低跨国规制协调成本,实现货物、资金、人员流动的便利化,激发和释放合作潜力,做大做好合作"蛋糕"。

除了提升贸易便利化程度、扩大贸易规模等"向外看"的举措之外,贸易畅通"也要着力解决发展失衡、治理困境、数字鸿沟、分配差距等问题","建设开放、包容、普惠、平衡、共赢的经济全球化"。[1] 增强沿线国家持续参与国际分工的能力,从根本上保障贸易的长期畅通,特别是要增强沿线国家在信息技术、生物、新能源、新材料等新兴产业领域的能力,优化产业链的分工布局,提升区域产业配套能力和综合竞争力。[2] "一带一路"倡议所鼓励的贸易畅通不是规模的单纯扩大,而是要通过更为高效的交流来创造出新需求和新就业,充分发挥沿线国家的比较优势和后发优势,打造"强劲、可持续、平衡增长的亚洲发展新气象"。习近平总书记认为,"亚洲各国就像一盏盏明灯,只有串联并联起来,才能让亚洲的夜空灯火辉煌"。[3] 因此,贸易畅通是"连接""一带一路"沿线各国

---

[1] 习近平:《携手推进"一带一路"建设——在"一带一路"国际合作高峰论坛开幕式上的演讲》,《人民日报》2017年5月15日第3版。

[2] 国家发展和改革委员会、商务部、外交部:《推动共建丝绸之路经济带和21世纪海上丝绸之路的愿景与行动》,《人民日报》2015年3月29日第4版。

[3] 习近平:《联通引领发展 伙伴聚焦合作——在"加强互联互通伙伴关系"东道主伙伴对话会上的讲话》,《人民日报》2014年11月9日第2版。

的必经之途。

贸易畅通是深化国家间利益联系和相互依赖的最直接动力,只有保障贸易畅通,才能实现"一带一路"沿线各国之间生产要素、产业产能的流通互补,形成一体化的供应链、产业链和价值链,才有可能通过联动效应实现区域的整体振兴和全面发展。倡议正是要通过"舒筋活血"的方式激活经济与社会发展潜力,塑造出沿线国家和人民共同体意识的客观物质基础。中国将借助"一带一路"促进中国—东盟自由贸易区建设,加速区域全面经济伙伴关系协定谈判,建成东亚经济共同体和亚洲自由贸易网络,"继续做全球自由贸易的旗手,维护多边贸易体制,构建互利共赢的全球价值链",推动"各种自由贸易协定做到开放、包容、透明、非歧视,避免市场分割和贸易体系分化"。[①] 更进一步的贸易畅通是挖掘沿线国家发展潜能的关键,中国在未来将坚定地站在自由贸易原则一边,为各国深化利益联系、巩固经济纽带提供更强劲的动力。

四 以资金融通化解金融短板

设施联通固然是塑造互联互通物质基础的强大动力,但是如果缺少不可见的"软件"支持和保障,那么不仅难以实现区域内的物理连接,而且即使得以建立,也将难以

[①] 习近平:《推动创新发展 实现联动增长——在二十国集团领导人第九次峰会第一阶段会议上的发言》,《人民日报》2014年11月16日第2版。

持续。事实上，缺乏建设资金正是阻碍大多数沿线国家改善各类基础设施的关键，因此"以建设融资平台为抓手""盘活存量、用好增量，将宝贵的资金用在刀刃上"就成了化解资金短板的关键。[①] 正如设施联通要挣脱的是阻碍亚洲各国发展的自然限制，资金融通要突破的则是长期困扰"一带一路"沿线各国的资金瓶颈。

倡议最初提出的概念是"货币流通"，其内涵是倡导沿线各国"在经常项下和资本项下实现本币兑换和结算"，"降低流通成本，增强抵御金融风险能力，提高本地区经济国际竞争力"，侧重于结算的便利化、抵御金融风险和人民币国际化。[②] 但是随着"一带一路"合作项目的不断铺开，中国迅速认识到了资金保障的重要性，开始将金融领域的合作重点由货币流通转向建设以丝路基金为代表的融资平台。[③]

之后，更为全面的资金融通的提法代替了货币流通。从内容上看，资金融通主要涉及融资支持和风险监管合作两大方面，包括加速亚洲货币稳定体系、投融资体系和信用体系建设，扩大沿线国家双边本币互换、结算的

---

① 习近平：《联通引领发展 伙伴聚焦合作——在"加强互联互通伙伴关系"东道主伙伴对话会上的讲话》，《人民日报》2014年11月9日第2版。

② 习近平：《弘扬人民友谊 共创美好未来——在纳扎尔巴耶夫大学的演讲》，新华社，2013年9月7日。

③ 习近平：《联通引领发展 伙伴聚焦合作——在"加强互联互通伙伴关系"东道主伙伴对话会上的讲话》，《人民日报》2014年11月9日第2版。

范围和规模，推动亚洲债券市场的开放和发展，推进亚洲基础设施投资银行、金砖国家新开发银行筹建，加快丝路基金组建运营，加强金融监管合作，构建区域性金融风险预警系统等多项内容。① 资金融通的中心目标就是要在加强金融监管和风险管理的前提下，为"一带一路"框架下的各类合作，尤其是大型项目提供现代化的投融资和信用渠道，保障前者的资金来源，服务于参与国的相互投资。

由于"一带一路"合作框架下大型基础设施建设具有周期长、投入大、风险高的特点，现有的地区和国际融资体系难以给予沿线国家足够支持。因此，中国必须"切实推进金融创新，创新国际化的融资模式"，"深化金融领域合作，打造多层次金融平台"，才能建立起服务于"一带一路"的"长期、稳定、可持续、风险可控的金融保障体系"，② 才能真正让世界范围内的资本流通惠及沿线地区急需资金支持的发展中国家。为了实现理念和制度创新，中国一方面借助各类多边场合积极宣传基础设施建设对经济增长的拉动意义，推动现有的国际机制加大相关投入，例如推动二十国集团成立全球基础设

---

① 《习近平就"一带一路"建设提8项要求》，《新华每日电讯》2016年8月18日第1版。
② 国家发展和改革委员会、商务部、外交部：《推动共建丝绸之路经济带和21世纪海上丝绸之路的愿景与行动》，《人民日报》2015年3月29日第4版。

施中心，支持世界银行成立全球基础设施基金。① 另一方面，中国也在探索通过建设亚洲基础设施投资银行、丝路基金等新机制，为全球投融资体系做出更多创造性的中国贡献。

五 以民心相通夯实社会基础

"国之交在于民相亲"，无论是政策、基础设施、贸易还是金融领域的合作，都"必须得到各国人民支持"，只有"加强人民友好往来，增进相互了解和传统友谊"，才能为开展区域合作"奠定坚实民意基础和社会基础"。② 习近平总书记指出，"以利相交，利尽则散；以势相交，势去则倾；惟以心相交，方成其久远"。③ 只有"民众加强感情、沟通心灵的柔力"与"政治、经济、安全合作的刚力"交汇融通，才能在根本上保障沿线国家间关系的长足发展。民心相通既是一切形式互联互通的社会基础，也是国家间互联互通的最高层次。只有惠及沿线国家的普通民众，增进不同国家民众间的友好往来和相互理解，才能真正为"一带一路"倡议夯实牢不可破的地基，使之不为一时一地的分歧和困难所动摇。

---

① 习近平：《推动创新发展 实现联动增长——在二十国集团领导人第九次峰会第一阶段会议上的发言》，《人民日报》2014年11月16日第2版。

② 习近平：《弘扬人民友谊 共创美好未来——在纳扎尔巴耶夫大学的演讲》，新华社，2013年9月7日。

③ 习近平：《共创中韩合作未来 同襄亚洲振兴繁荣——在韩国国立首尔大学的演讲》，《人民日报》2014年7月5日第2版。

第五章 推进"一带一路"建设

推进民心相通就是要弘扬多文明和平共存、共同繁荣的丝路精神，最终实现"以文明交流超越文明隔阂、文明互鉴超越文明冲突、文明共存超越文明优越"。① 倡议主张在合作中推进文明交流互鉴，重视人文沟通与对话，积极开展包括文化交流、学术往来、人才交流和媒体合作在内的多种社会交往，增强人文纽带。正如习近平总书记所提醒的那样，"民心交融要绵绵用力，久久为功"②。应当认识到，民心相通远比修路架桥、商旅往来要困难得多，需要不同文明在互相尊重、互相交流、互相理解的原则下，经过长期相处才能得以实现，绝非一朝一夕之事。只有正视民心工作的长期性和艰巨性，才能让民心交融，最终塑造出同呼吸、共命运的共同体意识。

为了促进民心相通，"中国支持不同文明和宗教对话，鼓励加强各国文化交流和民间往来，支持丝绸之路沿线国家联合申请世界文化遗产，鼓励更多亚洲国家地方省区市建立合作关系"，着重"发展丝绸之路特色旅游，让旅游合作和互联互通建设相互促进"，加强专业技术人员交流培训和留学合作。③ 此外，医疗与科技合作，党际和民间

---

① 习近平：《决胜全面建成小康社会 夺取新时代中国特色社会主义伟大胜利——在中国共产党第十九次全国代表大会上的报告》，《人民日报》2017年10月28日第5版。

② 习近平：《共同开创中阿关系的美好未来——在阿拉伯国家联盟总部的演讲》，新华社，2016年1月21日。

③ 习近平：《联通引领发展 伙伴聚焦合作——在"加强互联互通伙伴关系"东道主伙伴对话会上的讲话》，《人民日报》2014年11月9日第2版。

组织、社会团体间的交流，同样是"一带一路"民心相通工程中的重要组成部分。在多种形式的人文交流中，习近平总书记还特别强调智库的作用。为此，他一方面呼吁沿线各国在教育、科技、文化、体育、旅游、卫生、考古等各人文领域中，建立大数据交流平台，共同打造"一带一路"智库合作网络；① 另一方面又要求国内各机构"切实推进舆论宣传，积极宣传'一带一路'建设的实实在在成果，加强'一带一路'建设学术研究、理论支撑、话语体系建设"。② 因此，各类智库应当发挥专长和优势，在前期评估、中期规划和后期宣传中起到汇聚民意、沟通民情、拉近民心的作用，为"一带一路"建设的推进做出贡献。

第三节　打造区域合作新平台是"一带一路"的重要保障

"一带一路"是中国发起的创造性倡议，但是要想实现这一宏伟构想，仅凭中国自身的力量还远远不够。只有本着共商、共建、共享的丝路精神，汇聚起中国、沿线国家和世界各国的共同意愿和力量，才可能让这一远大理想由蓝图转化为现实。要想汇聚各国、各方力量，引导、协调和组织各类政治群体、智库媒体、工商企业、民间组织

---

① 习近平：《携手共创丝绸之路新辉煌——在乌兹别克斯坦最高会议立法院的演讲》，《人民日报》2016年6月23日第2版。

② 《习近平就"一带一路"建设提8项要求》，《新华每日电讯》2016年8月18日第1版。

参与到"一带一路"中来,并且将这种多方参与制度化、高效化、长效化,就必须建立起与"一带一路"新理念相匹配的新型合作平台作为保障,共同打造出开放、包容、均衡、普惠的区域合作新模式。

与当前普遍存在的一体化模式不同,"一带一路"所倡导的国际合作新平台没有设置传统合作平台所强调的一系列统一门槛和标准,也不将个别领域中的具体指标奉为圭臬,而是主张在不同发展水平上推动沿线国家的设施和产业建设,并在此基础上自然而然地带动"一带一路"沿线国家的整体经济和社会发展,增添共同发展新动力。中国所推崇的国际合作新平台具有主体多元、方式多样、富有亚洲色彩的鲜明特点,贯穿着包容开放的原则,高度凝聚了中国倡导的发展理念和治理模式。

一 推进多元灵活合作

"一带一路"倡议打造的新型合作平台具有高度多元化的特点。加入"一带一路"倡议、参与框架合作并不拘泥于具体形式或者途径,只要具备合作意愿、认可倡议精神,中国都会予以积极对接,根据实际需求和情况灵活展开合作。为了落实和推进"一带一路"倡议,中国致力于打造多元灵活的新型合作平台,让理念与平台相互配合、相得益彰,有力地推进了倡议的不断扩散和深入。

在合作方式上,各国可以建立和增强多层次、多渠道的双边合作机制,通过签署合作备忘录、共同进行合作规划、建设双边合作示范项目等多种形式,不拘一格地在双边层次推进倡议合作。各国也可以通过各类多边合作机制加入"一带一路"合作框架，以多种方式汇聚合力、化解疑虑，推动合作项目落地。这些机制既可以是亚洲基础设施投资银行、丝路基金等配套新型多边合作机制，也可以是其他成熟的区域合作平台。

在合作主体上，推进"一带一路"建设固然需要沿线各国在政府层面的携手努力，但是落实各类合作项目的主力军仍然是各类企业和社会组织。在推进中，倡议"主张政府为企业牵线搭桥、保驾护航。帮助企业实现优势互补，风险共担，收益共享"，[1] 积极推动各国政府、企业、社会机构和民间团体之间开展多种形式的互利合作。充分发挥各国中央政府的媒介作用，在地方政府、企业和其他民间机构间形成合力。在指导大型国有企业发挥示范作用，承担大项目、争取早期收获的同时，还要"推动各国政府、企业、社会机构、民间团体开展形式多样的互利合作，增强企业自主参与意愿，吸收社会资本参与合作项目"[2]。只有实现合作主体的多元化，才能让沿线各国社会之间形成立体、深入的互动联系，促使"一带一路"框架下的合作项目形成长期、持续的吸引力和生命力，而不是单纯依赖政府的推动和扶植。

在合作水平上，中国与"一带一路"沿线国家的经贸合作建立在自愿、平等和互利的基础之上，不会在自

---

[1] 杨洁篪：《深化互信、加强对接，共建21世纪海上丝绸之路》，2015年3月29日，中华人民共和国外交部。

[2] 习近平：《携手共创丝绸之路新辉煌——在乌兹别克斯坦最高会议立法院的演讲》，《人民日报》2016年6月23日第2版。

由贸易、一体化水平或者其他政策标准上设置门槛。共建"一带一路"的途径是始终"以目标协调、政策沟通为主,不刻意追求一致性,可高度灵活,富有弹性",坚持多元开放的合作进程。为最大限度地适应沿线的不同状况和发展需求,尽可能地惠及处于不同发展水平的各参与国,中国将与沿线国家一起不断调整、充实、完善"一带一路"的具体合作内容和方式,共同制定时间表、路线图,积极对接沿线国家发展和区域合作规划,保持动态的灵活性。[①] 也就是说,"一带一路"是要通过不拘一格的务实合作让各方在发展水平、社会文化、政治制度存在差异的状况下都能参与到倡议框架中来,形成发展合力。因此,"一带一路"所倡导的经济合作与开放一方面要坚持"照顾各方舒适度,不强人所难,不干涉他国内政"的指导原则,另一方面还要秉持"循序渐进、先易后难、以点带面、积少成多"的精神,在"行稳致远"中不断提高互信和合作水平。[②] 而正是因为合作水平上的高度多元化,"一带一路"倡议才能够最大限度地吸引和团结沿线国家,携手构建务实进取、包容互鉴、开放创新、共谋发展的互利合作网络,全面推动区域共同繁荣。

[①] 国家发展和改革委员会、商务部、外交部:《推动共建丝绸之路经济带和21世纪海上丝绸之路的愿景与行动》,《人民日报》2015年3月29日第4版。

[②] 习近平:《联通引领发展 伙伴聚焦合作——在"加强互联互通伙伴关系"东道主伙伴对话会上的讲话》,《人民日报》2014年11月9日第2版。

在合作领域上，虽然基础设施建设和大型项目是推进"一带一路"倡议的重要抓手，但是它们在落实中并不是孤立的，而是涉及沿线国家经济和社会发展的方方面面。"一带一路"倡议主张以贸易和投资便利化为纽带，以互联互通、产能合作、人文交流为基础，以金融合作为保障，综合推进倡议合作。在务实合作上，中国一直在不断地开拓新领域，尝试新办法，全方位、多领域地促进沿线国家的共同发展。

二　坚持包容开放原则

坚持包容开放原则是"一带一路"倡议化解各方疑虑，实现共同合作与发展的理念基础。只有这样，才能保证"一带一路"能够在世界范围内获得最广泛的理解和支持。"一带一路"倡议高度重视全球经济和社会发展的整体性，反对一切形式的贸易保护主义，倡导在国家、区域和世界各层面上的包容开放，致力于促进区域和世界范围内经济要素的有序自由流动、资源的高效配置以及市场的深度融合。正所谓"一花独放不是春，百花齐放春满园"，"一带一路"倡议追求的是以中国和沿线国家的发展来推动全世界的共同发展，绝非某一国家和地区的一枝独秀，因此中国推进"一带一路"建设始终要将立足点放在促进共同繁荣、构建人类命运共同体的崇高理念上。

"一带一路"是包容的合作倡议。与很多具有不同程度封闭性的区域合作倡议不同，"一带一路"在概念上是开放的，旨在建立穿越非洲、环连亚欧的广阔朋友圈，

第五章 推进"一带一路"建设

所有感兴趣的国家都可以添加进入朋友圈,"这条路不是某一方的私家小路,而是大家携手前进的阳光大道"[①]。"一带一路"没有空间和主体限制,只要具有共同参与的愿望,遵循共商共建共享原则,所有国家都可以参与到"一带一路"框架下的各类合作中来。一方面,"一带一路"不与任何国家、集团竞争和对抗,不会有任何地理范围和准入门槛的自我设限,绝不奉行圈内圈外"泾渭分明"的封闭思维,欢迎一切认同共同发展、共同繁荣理念的伙伴国家加入;另一方面,"一带一路"同样欢迎倡议以外的国家为地区的稳定和发展发挥积极的建设性作用,协助推进合作框架下的各类项目,加入配套的新型国际合作机制,共商沿线地区的政治、经济与社会发展。中国明确表示,欢迎拉丁美洲和加勒比地区参与"一带一路"建设,将大洋洲视为"21世纪海上丝绸之路"的南向延伸,强调与发达国家的第三方合作是共建"一带一路"的重要内容。[②] 这些举措说明,"一带一路"倡议追求的是尽可能广泛的团结一致与共同发展,具有空前的包容性。

"一带一路"是开放的合作倡议。首先,与一部分经济合作倡议不同,"一带一路"倡议的显著特色就在于其旗帜鲜明地"维护自由、开放、非歧视的多边贸易体制",

---

① 《习近平出席中英工商峰会并致辞》,《人民日报》(海外版)2015年10月22日第2版。

② 推进"一带一路"建设工作领导小组办公室:《共建"一带一路":理念、实践与中国的贡献》,新华社,2017年5月10日。

习近平新时代中国特色社会主义外交思想研究

"不搞排他性贸易标准、规则、体系",① "推动各国经济加深融合,共同建设全球价值链,避免造成全球市场分割和贸易体系分化"。② "一带一路"倡议的目的是推动沿线各国更好地向世界开放,而不是在"一带一路"沿线与世界其他国家之间构筑经贸壁垒。中国倡导的区域合作与一体化"不是要营造自己的后花园,而是要建设各国共享的百花园"。③ 推动沿线国家和地区走向开放而非封闭,坚持互利共赢而非以邻为壑,这是"一带一路"所倡导的开放的第一层含义。

其次,中国多次强调"'一带一路'不是中国一家的独奏,而是沿线国家的合唱","'一带一路'建设不是要替代现有地区合作机制和倡议,而是要在已有基础上,推动沿线国家实现发展战略互相对接、优势互补"。④ 中国不谋求以"一带一路"替换已有的国际合作机制,也不追求在倡议中占有"主导"地位,更不会按照自身的特殊利益来量身打造所谓的"规则",攫取国际经济中的势力范围。相反,中

---

① 习近平:《共同维护和发展开放型世界经济——在二十国集团领导人峰会第一阶段会议上关于世界经济形势的发言》,《人民日报》2013年9月6日第2版。

② 《习近平接受土、俄、哈、乌、吉五国媒体联合采访》,《人民日报》2013年9月4日第2版。

③ 习近平:《中国发展新起点 全球增长新蓝图——在二十国集团工商峰会开幕式上的主旨演讲》,《人民日报》2016年9月4日第3版。

④ 习近平:《迈向命运共同体 开创亚洲新未来——在博鳌亚洲论坛2015年年会上的主旨演讲》,《人民日报》2015年3月29日第2版。

国在推进"一带一路"建设的全过程中,始终坚持利用和增强现有的区域和国际合作机制,确保倡议能够体现出对各参与国和现有国际多边体系的尊重与支持。之所以如此,就在于中国提出倡议"不是为了另起炉灶,更不是为了针对谁,而是对现有国际机制的有益补充和完善,目标是实现合作共赢、共同发展"[1]。确保"一带一路"合作框架的共享性,倡导不同机制间的合作而非对抗,互相支持而非竞争,构成了"一带一路"所倡导的开放的第二层含义。

三 打造亚洲合作机制

"一带一路"倡议所推动建立的新型合作平台除了多元灵活、包容开放的特征之外,还具有浓厚的亚洲色彩,遵循的是亚洲国家的普遍价值观和合作模式。习近平总书记指出,倡议的亚洲导向体现在"共同编织和平、富强、进步的亚洲梦",打造"亚洲特色的合作平台","在亚洲资源、亚洲制造、亚洲储蓄、亚洲工厂的基础上,致力发展亚洲价值、亚洲创造、亚洲投资、亚洲市场"[2]。这一导向是由中国处于亚欧大陆东端的地理位置、与亚洲各国经济紧密相连的现实环境所决定的。由中国倡议和推动建立的新型合作框架承担的是增强区域贸易和投资合作、深化

---

[1] 习近平:《中国发展新起点 全球增长新蓝图——在二十国集团工商峰会开幕式上的主旨演讲》,《人民日报》2016年9月4日第3版。

[2] 习近平:《联通引领发展 伙伴聚焦合作——在"加强互联互通伙伴关系"东道主伙伴对话会上的讲话》,《人民日报》2014年11月9日第2版。

安全与战略互信的任务，必然要基于亚洲的独特现实，针对性地提出亚洲治理方案，有效地完善和补充现有全球治理和国际制度的不足之处。

在机制的运作原则上，"一带一路"倡导以亚洲安全观为指导，坚持发展和安全并重，协调推进地区安全治理，共同担当和应对传统和非传统安全问题，在合作中坚持"互尊互信、聚同化异、开放包容、合作共赢的邻国相处之道"①。在倡议推进过程中，习近平主席指出，"要着力化解热点，坚持政治解决；要着力斡旋调解，坚持公道正义；要着力推进反恐，标本兼治，消除贫困落后和社会不公"，绝不能让古丝绸之路上"很多地方成了冲突动荡和危机挑战的代名词"的状况再持续下去。②

在构建具有亚洲特色的合作机制时，要坚持和发扬亚洲国家在冷战后推进区域合作实践中逐步形成的"相互尊重、协商一致、照顾各方舒适度的亚洲方式"③。一方面，各国"在追求本国利益时兼顾他国合理关切，在谋求自身发展中促进各国共同发展，不断扩大共同利益汇合点"，逐步扩大合作共识；另一方面，在合作中"应尊重各国自主选择社

---

① 习近平：《深化合作伙伴关系　共建亚洲美好家园——在新加坡国立大学的演讲》，《人民日报》2015年11月8日第2版。

② 习近平：《携手推进"一带一路"建设——在"一带一路"国际合作高峰论坛开幕式上的演讲》，《人民日报》2017年5月15日第3版。

③ 习近平：《迈向命运共同体　开创亚洲新未来——在博鳌亚洲论坛2015年年会上的主旨演讲》，《人民日报》2015年3月29日第2版。

会制度和发展道路的权利","把世界多样性和各国差异性转化为发展活力和动力",从亚洲国家的多样性中发掘新的合作空间。① 中国所搭建的亚洲合作平台高度尊重沿线国家的具体意愿和需要,积极协调各方诉求,在共同呵护亚洲地区长治久安的基础上合作探索共同发展之路。

从高度重视互相尊重、协调一致、共谋发展的理念可以看出,中国所致力于打造的"亚洲特色"体现的是对第二次世界大战后形成的国际秩序、以联合国为核心的国际体系、以《联合国宪章》为宗旨的国际关系准则以及自由开放的世界贸易体系的坚定支持和维护,绝非是在一般国际准则之外另起炉灶,另搞一套。② 中国倡议成立的亚洲基础设施投资银行等新型合作机制都是对现有国际机制的补充和完善,其方式也是通过开放的国际合作来予以实现,解决的是当今时代各国普遍面临的治理问题。

在机制内容上,亚洲机制旨在着力解决亚洲问题。倡议强调要认识到现有的国际金融和发展机制中所存在的不能满足亚洲国家实际发展需求的缺陷,提倡以稳步推进国际经济金融体系改革、完善全球的发展援助机制为突破口,带动整体国际机制朝着更加公正、合理、高效的方向发展,其中亚洲基础设施投资银行就是这一理

---

① 习近平:《习近平谈治国理政》,外文出版社2014年版,第331页。
② 王毅:《发展中的中国和中国外交》,《人民论坛》2016年第13期。

念的突出体现。世界银行、亚洲开发银行等传统发展援助机构强调规避风险，更加重视投资的安全性而非资金在促进受援国发展上的作用。这一方面导致它们决策迟缓、效率不足，另一方面也使其难以在基础设施等长周期项目上给予发展中国家足够的投融资支持。因此，对于亚洲基础设施融资需求这一片"广阔的蓝海"而言，新老机构互补空间巨大，两者可以通过多种形式的合作与良性竞争"相互促进，取长补短，共同提高"。当前，重视投融资的发展效果的丝路基金、亚洲基础设施投资银行等新型国际机制弥补了既有机制的主要缺陷，创新了业务模式和融资工具，帮助沿线国家开发"高质量、低成本"的基础设施项目，成为"推进南南合作和南北合作的桥梁和纽带"。[①] 这一解决亚洲问题的新型合作机制既能够促进沿线国家实现基础设施的更新和产业能力的发展，又可以推动相关的传统国际机制进行反思和改革。

  未来，中国还将在坚持亚洲价值的基础上继续探索构建和完善具有亚洲特色的新型合作平台。特别是要以国际金融合作为抓手，进一步推动金融创新，发掘新的国际化的融资模式，深化金融领域合作，打造多层次的金融平台，为"一带一路"建设和地区的整体发展继续谋划长期稳定的金融保障体系。在这一探索过程中，中国将始终坚持包容开放的原则，欢迎沿线与世界各国的广泛参与。

---

  ① 习近平：《在亚洲基础设施投资银行开业仪式上的致辞》，《人民日报》2016年1月17日第2版。

第五章 推进"一带一路"建设

第四节 本章小结

"一带一路"是根植于中国改革开放四十年来成功发展经验上的伟大构想，是统筹国内国际两个大局的发展倡议、开放倡议与经济外交倡议。"一带一路"所追求的目标，是在物理上、制度上和人心上实现亚欧大陆的互联互通，用中国的繁荣来带动沿线国家的发展，用沿线国家的整体发展来保障中国的长期繁荣。"一带一路"倡议的提出，标志着中国迈入了经济社会发展的新阶段，中国将本着包容开放的原则、不断推动自身、沿线各国和世界走上合作发展、共同发展的新台阶。在这一进程中，中国致力于打造能够适应沿线国家差异性的国际合作新平台，保障"一带一路"倡议的顺利实施和推进。

"一带一路"是中国向世界提出的全面发展方案，它要求中国自身"将继续把发展作为第一要务，把经济建设作为中心任务，继续推动国家经济社会发展"，也呼吁世界各国"下大气力推进经贸、金融、基础设施建设、人员往来等领域合作，朝着一体化大市场、多层次大流通、陆海空大联通、文化大交流的目标前进"。通过倡议来加速中国发展模式的转变，实现各要素在国家间、区域间、产业间的合理分配，建立起保障中国、区域和世界经济持续繁荣的新的强大引擎。倡议主张的发展是"开放的发展"与"合作的发展"，中国不仅要在传统意义上坚持对外开放、提高开放型经济的水平，还要"坚持共同发展的理念，在平等互利的基础上开展同世界各国的经济技术合作，通过合作促进自身发展和各国共同发展"，实现沿线国家间的利益共享与命运共享。①

由此可见，"一带一路"倡议"来自中国""惠及世界"。倡议提出以来，已经获得了100多个国家和国际组织的积极响应和支持，"一带一路"的"朋友圈"正在不断扩大。在基础设施互联互通、产业投资、资源开发、经贸合作、金融合作、人文交流、生态保护、海上合作等领域内与沿线各国形成了一大批标志性的合作项目。近年来，中国对"一带一路"沿线国家的大量投资和展开的广泛合作有力带动了各国经济发展，创造了大量就业机会。迄今为止，"一带一路"倡议已经取得了大量实实在在的早期收获，显著加深了中国与沿线各国政府和人民的战略互信和多层次联系，迅速提升了中国的国际声誉和软实力，推动沿线国家朝着构建人类命运共同体的伟大理想迈出了坚实的一步。

表1　　　　　　　　"一带一路"成果一览

合作框架	截至2018年年底，共与122个国家签署包括"一带一路"合作备忘录、地区合作和边境合作的备忘录、经贸合作中长期发展规划、地区合作规划纲要等合作文件
合作机制建设②	推动亚洲基础设施投资银行筹建 发起设立丝路基金 强化中国—欧亚经济合作基金投资功能；成立中国—中东欧"16+1"金融控股公司

① 习近平：《习近平谈治国理政》，外文出版社2014年版，第326页。
② 国家发展和改革委员会、商务部、外交部：《推动共建丝绸之路经济带和21世纪海上丝绸之路的愿景与行动》，《人民日报》2015年3月28日第4版。

续表

沿线非金融类直接投资	2017年1—2月：共对沿线41国进行非金融类直接投资17.9亿美元① 2016年：共对沿线53国进行了非金融类直接投资145.3亿美元② 2015年1—10月：共对沿线49国进行了非金融类直接投资131.7亿美元③
沿线海外工程承包	2017年1—2月：共在54国新签对外承包工程项目合同659份，新签合同额113.7亿美元④ 2016年：共在沿线61国新签对外承包工程项目合同8158份，新签合同额1260.3亿美元⑤ 2015年1—10月：共在沿线60国新承揽对外承包工程项目2677个，新签合同额645.5亿美元⑥
代表性合作项目	经济走廊建设：中巴经济走廊 铁路项目：雅加达—万隆高铁项目、莫斯科—喀山高铁项目、中国—老挝铁路项目、中国—泰国铁路项目、匈牙利—塞尔维亚铁路项目、土耳其东西高铁项目 港口项目：中国—缅甸皎漂港项目、科伦坡港口城项目、希腊比雷埃夫斯港港务局项目 能源项目：中俄原油管道复线工程项目 经济园区建设：中国—白俄罗斯工业园区项目、埃及泰达苏伊士经贸合作区

资料来源：由笔者根据公开资料编制。

---

① 《2017年1—2月我对"一带一路"沿线国家投资合作情况》，中华人民共和国商务部，2017年3月23日。

② 《2016年对"一带一路"沿线国家投资合作情况》，中华人民共和国商务部，2017年1月19日。

③ 《2015年1—10月中国与"一带一路"沿线国家经贸合作情况》，中华人民共和国商务部，2015年12月18日。

④ 《2017年1—2月我对"一带一路"沿线国家投资合作情况》，中华人民共和国商务部，2017年3月23日。

⑤ 《2016年对"一带一路"沿线国家投资合作情况》，中华人民共和国商务部，2017年1月19日。

⑥ 《2015年1—10月中国与"一带一路"沿线国家经贸合作情况》，中华人民共和国商务部，2015年12月18日。

在充分理解推进"一带一路"倡议的必要性和光明前景的同时,也要认识到风险的客观存在,认识到落实倡议合作仍然需要细致、耐心的长期努力和艰苦工作,既不可能一蹴而就,也不会一劳永逸。在"一带一路"建设的实施过程中,"要切实推进安全保障,完善安全风险评估、监测预警、应急处置,建立健全工作机制,细化工作方案,确保有关部署和举措落实到每个部门、每个项目执行单位和企业"①。形成一套完整的事前、事中和事后的风险评估、安全保障和反馈监督体系,综合考虑沿线地区的政治、经济和社会状况,尽可能地降低合作中的经济和安全风险,最大限度地提升倡议在促进地区共同繁荣、联动发展上的效果。

正如习近平总书记所说:"古丝绸之路绵亘万里,延续千年,积淀了以和平合作、开放包容、互学互鉴、互利共赢为核心的丝路精神。这是人类文明的宝贵遗产。"中国提出的"一带一路"倡议正是要以宝贵的丝路精神为指导,"勇敢迈出第一步,坚持相向而行","走出一条相遇相知、共同发展之路"。中国将坚定不移地将"一带一路"建成和平之路、繁荣之路、开放之路、创新之路和文明之路,造福中国与世界人民。② 未来,中国还将继续推动倡议向更深、更广和更全面的方向发展,在这一过程中倡议

---

① 《习近平就"一带一路"建设提8项要求》,《新华每日电讯》2016年8月18日第1版。

② 习近平:《携手推进"一带一路"建设——在"一带一路"国际合作高峰论坛开幕式上的演讲》,《人民日报》2017年5月15日第3版。

第五章 推进"一带一路"建设

也将继续积极吸取自身和世界的最新发展经验，不断完善理念、原则和方式。伴随着倡议的不断推进，整个沿线地区必将焕发出新的经济活力，为中国实现"两个一百年"的伟大目标提供必要的经济条件和良好的外部环境。

第六章

积极参与全球治理

自2008年国际金融危机爆发以来,中国逐渐成为全球公共产品的重要提供者,在全球治理的多个平台上占有不可或缺的地位,在推动全球经济增长、世界和平安全、规则公平合理等方面都做出了积极的贡献。习近平总书记敏锐地注意到全球治理对于中国外交的重要意义,积极推动全球治理体制变革,并在实践中逐渐形成了自己的全球治理观。

第一节　全球治理观逐步成型

中国对全球治理的参与经历了一个较长的历史时期。中国积极参与全球治理正是以多边主义的方式参与全球和地区事务的重要体现。习近平总书记就此指出,"要坚持多边主义,不搞单边主义;要奉行双赢、多赢、共赢的新理念,扔掉我赢你输、赢者通吃的旧思维"[1]。简单回顾中

---

[1] 习近平:《携手构建合作共赢新伙伴　同心打造人类命运共同体——在第七十届联合国大会一般性辩论时的讲话》,《人民日报》2015年9月29日第2版。

华人民共和国成立以来的多边外交政策与行为，有助于我们更好地从中国参与全球治理的时代背景、宗旨、主张和指导思想等几方面分析近年来中国积极践行多边主义，参与全球治理的外交实践，有助于我们深入理解习近平总书记的全球治理观的理念内涵。

一　21世纪以来中国积极参与多边事务

1971年中国重返联合国是中国多边外交工作的重要转折点，之后中国以联合国为平台，逐步实施了一些多边外交行动。1986年的政府工作报告第一次将多边外交列为中国独立自主和平外交政策的重要内容之一。进入21世纪后，中国提出了互信、互利、平等、协作的"新安全观"，坚持通过协商与谈判的和平外交方式解决矛盾，维护世界和平与安全。近年来，中国倡导和践行多边主义，积极参与多边事务，支持联合国、世界银行等国际组织在国际事务中发挥重要作用，推动政治解决地区热点问题。为此，中国活跃在上海合作组织、朝核六方会谈、WTO多哈回合谈判、中非合作论坛、亚太经合组织、东盟等多边外交机制当中。

在经济全球化快速发展的同时，世界积累的治理问题也越来越多，越来越严重。2008年爆发的国际金融危机即是一例。面对这次金融危机，原有的国际治理平台捉襟见肘，力不从心。由此，世界各国越发认识到以合作方式进行全球治理的重要性。为了应对新形势和新问题，各类新兴国际组织不断出现，为全球治理注入了新的活力，而中国也在二十国集团（G20）、金砖国家等机制中发挥了重要作用。

中国在开展多边外交时一贯遵循联合国宪章的宗旨和原则,支持联合国在宪章精神指导下的各项工作,积极参与联合国及其专门机构开展的活动。中国愿与世界各国一道共同致力于推动国际关系民主化,推动国际秩序朝着更加公平合理的方向发展,推动平等协商集体制定国际规则,推动对话和平解决国际争端,维护世界和平稳定,促进共同发展繁荣。

二 参与全球治理的时代背景与挑战

第二次世界大战后形成的全球治理体制曾在经济、政治、文化等多个方面都发挥了重要作用。然而,这一由西方发达国家主导的全球治理体制的根本宗旨在于维护西方发达国家的既得利益,因而在制度设计上呈现出严重的"制度非中性"特征。在这一治理体制下,发达国家拥有决定议程的权力,拥有绝对的话语权,处于劣势的发展中国家特别是新兴经济体则长期受到压制,无法享有相应的制度性话语权。随着时代的发展,这一全球治理体制开始面临严重的问题,主要表现在美欧等发达经济体不愿意将手中的治理权力向新兴经济体让出,而自身解决问题的能力又在下降,这导致全球治理平台的合法性、代表性和效率都在不断下降。

广大发展中国家迫切希望全球治理体制进行深层次的改革,而包括中国在内的新兴经济体的群体性崛起为这一改革带来了希望。2008年国际金融危机爆发以来,新兴经济体积极响应和参与全球治理,不断提供公共产品,为有效遏制国际金融危机并推动世界经济秩序的恢复和稳定做出了重大贡献。然而,它们的贡献并没有相应地体现在全球经济治理的规则框架之中。

新兴经济体已经认识到既有治理体制中的"制度非中性",开始呼吁维护发展中国家的利益,希望改革现有全球治理机制中不合理的部分,以获得与其实力与贡献相匹配的制度性话语权。在此背景下,"西方治理"转型为"西方和非西方的共同治理"的过程是大势所趋。对此,习近平总书记在中共中央政治局第二十七次集体学习时敏锐地指出,推动全球治理体制朝更加公正合理的方向发展,可以为中国发展和世界和平创造更加有利的条件。[①] 以公正、合理、有效的治理效果为宗旨来推进全球治理体制的改革,其实就是使这一体制更多地反映新兴经济体的利益诉求,增强各国参与全球治理的积极性和合法性。

三 推动全球治理体制朝着公正合理方向发展

在2013年3月南非德班举行的金砖国家领导人第五次会晤上,习近平主席指出,不管全球治理体系如何变革,我们都要积极参与,发挥建设性作用,推动国际秩序朝着更加公正合理的方向发展,为世界和平稳定提供制度保障。[②] 在二十国集团(G20)、金砖国家等诸多治理平台

---

① 《推动全球治理体制更加公正更加合理 为我国发展和世界和平创造有利条件》,《人民日报》2015年10月14日第1版。

② 习近平:《习近平谈治国理政》,外文出版社2014年版,第323—327页。

上，以中国为代表的新兴经济体不断呼吁进行全球治理机制的改革。其中，最迫切的就是国际金融领域的治理改革。在2013年出席二十国集团峰会的金砖国家领导人非正式会晤时，习近平主席两次讲话均触及国际货币基金组织（IMF）改革的必要性，呼吁进行新的份额安排以更准确地反映各国经济占世界经济总量的比重。

IMF的份额与投票权问题的形成有其历史原因。在布雷顿森林体系建立之初，各国在IMF中的份额与投票权主要由该国的经济体量和结构决定，具体影响因素包括GDP、开放度、经济波动性和官方储备等。由于IMF的份额、投票权条款和计算公式存在不合理性，因此导致少数发达国家拥有更高的份额和更大的投票权，而发展中国家的份额和投票权偏低，由此形成发达国家和发展中国家的话语权存在严重的结构不平衡现象。例如，中国已经成为世界第二大经济体，但人民币的国际地位偏低。如果IMF不将人民币纳入SDR货币篮子，则可能会影响SDR的权威性、合法性和代表性。经过艰苦博弈与磋商，2016年10月1日人民币加入SDR货币篮子。这一举措使IMF的全球威望有所回升，有助于形成均衡的国际货币体系。另外，"人民币入篮"也是发展中国家在国际金融领域影响力提升的重要体现，具有标志性意义。它在一定程度上打破了发达国家的国际货币垄断，有助于公正合理有序地推进全球经济治理改革，促进国际货币供给的竞争，为各国提供一个良好的发展环境。

另外，新兴经济体为推动IMF和世界银行进行份额改革的努力也进行得非常艰难。IMF曾于2006年和2008年分别进行了两次份额改革，使发展中国家的份额与投票权均有所上升。近年来，IMF不断向遭受金融危机重创的国家进行援助，其资金总规模持续下降，而西方发达国家无力扭转这一趋势。与此同时，新兴经济体要求对不均衡、不合理与不公正的份额分配以及投票权安排进行改革的呼声与日俱增。例如，2009年中印俄外交部长第九次会晤提出，IMF应向新兴市场和发展中国家转移至少5%的份额，世界银行增加至少3%的实质性投票权，以期达到增强发展中国家发言权的目的。2010年金砖国家央行行长和财长会议提出，发达国家应至少让渡6%的投票权给发展中国家和新兴经济体国家，后者份额将上升到42.3%，转移5.3%投票权，金砖成员国的份额届时将会进入前十位。此外，取消原有任命产生执董的机制，改为选举产生，欧洲国家减少两个席位。

然而，2010年IMF出台的一份改革方案却遭到来自美国的阻力。美国政府为了捍卫自己在该组织中的主导权，不愿意推动旨在提升发展中国家地位的份额改革。另外，少数发达国家为了维护自身的利益，不断推动修订《国际货币基金组织协定》，企图在重要决策事项中增加特别多数通过的条件，以确保主要发达国家的份额总额占据主导优势的局面。

经过多年努力，IMF改革方案终于在2016年1月正式生效。虽然美国继续保有否决权，但新兴经济体的话语权得到大幅度提升。新兴经济体比以前增加了超过6%的份额，其中中国的投票权份额从3.8%提升到6.071%，投票权排名从第6位升至第3位。中、巴、印、俄四国与美、日、法、德、意、英同时位列IMF前十大成员国。世界银行的治理结构改革也有很大的进展。世界银行的改革主要涉及增加发展中国家的投票份额，修订世界银行的章程，增加撒哈拉以南非洲国家在执行董事会的席位等。2008年，世界银行发展委员会提出了改革世行投票权的一项计划，以增加发展中国家和转型国家的话语权。在改革的第一阶段，主要是增加基本票数，提升发展中国家和转型国家的投票权至44.1%，对于由于改革导致份额减少的发展中国家补贴额外的投票权，增加一位来自撒哈拉以南非洲国家的执行董事。之后，由于受到金融危机等诸多外部经济压力的影响，世界银行在2009年提出了第二阶段的改革计划，即继续增加发展中国家的投票权，设立了世界银行股权分配的标准，规定股权分配要通过选择性资本方式来实现。2010年世界银行又进行了第三阶段的改革，继续增加发展中国家的投票权。上述三个阶段的改革均在不同程度上提高了发展中国家的投票权，中国因此成为世行的第三大股东国。

第二节　中国参与全球治理的宗旨

构建人类命运共同体、为推动全球治理理念创新贡献中国智慧是中国积极参与全球治理的宗旨。在诸多治理难题上，我们看到了中国提供的公共产品；在诸多治理平台上，我们看到了中国代表活跃的身影。同时，我们也认识到中国参与全球治理的能力与雄心之间、中国做出的贡献与其话语权还存在不匹配的问题，因此，中国（包括其他新兴经济体）还需要努力提升自己参与全球治理的能力和制度性话语权。

第六章　积极参与全球治理

一　维护全人类共同利益

共同利益是合作的基础,而全球治理的出发点也是全球共同利益。习近平总书记在党的十九大报告中特别指出中国积极"倡导构建人类命运共同体,促进全球治理体系变革"①。可见,维护全人类共同利益是我们参与全球事务的根本宗旨。

习近平总书记在中共中央政治局第二十七次集体学习时指出,要推动全球治理理念创新发展,积极发掘中华文化中积极的处世之道和治理理念同当今时代的共鸣点,继续丰富打造人类命运共同体等主张,弘扬共商共建共享的全球治理理念。② 如果说共商共建共享是中国参与全球治理的手段,那么我们的目标就是在汇集各国利益共识的前提下构建人类命运共同体。对此,习近平总书记指出,我们提出"一带一路"倡议、建立以合作共赢为核心的新型国际关系、坚持正确义利观、构建人类命运共同体等理念和举措,顺应时代潮流,符合各国利益,增加了中国同各国利益汇合点。③

在强调全人类共同利益的基础上,发展全球伙伴关系,共同参与全球治理,符合时代的要求,因为我们面临

---

① 习近平:《决胜全面建成小康社会　夺取新时代中国特色社会主义伟大胜利——在中国共产党第十九次全国代表大会上的报告》,《人民日报》2017年10月28日第2版。

② 《推动全球治理体制更加公正更加合理　为我国发展和世界和平创造有利条件》,《人民日报》2015年10月14日第1版。

③ 同上。

的是一个"各国相互依存、休戚与共"的时代,各国已经形成"你中有我,我中有你"的局面。全球治理应对的是日渐急迫、前所未有、跨出国境的世界性问题,非一国之力所能及。比如,在国际贸易领域,多哈回合谈判进展缓慢,各种形式的贸易保护主义粉墨登场。全球贸易发展中地区不均衡现象明显,发达国家在进出口贸易、服务贸易方面依然占据主导地位。国际贸易领域的这些问题绝非哪一个国家或少数国家能够应对。习近平总书记对此有清醒的认识。他分析指出,世界经济进入深度调整期,整体复苏艰难曲折,国际金融领域仍然存在较多风险,各种形式的保护主义上升,各国调整经济结构面临不少困难,全球治理机制有待进一步完善。实现各国共同发展,依然任重道远。① 因此,应对此类问题亟须弘扬共商共建共享的全球治理原则。各国参与全球治理秉持"一荣俱荣,一损俱损"的精神,充分认识到在如今全球化的世界里,"一花独放不是春,百花齐放春满园。各国经济,相通则共进,相闭则各退"。②

维护全人类共同利益,需要遵循求同存异的精神。求同存异是一种优良的处世哲学与合作精神。这种合作的理念源于中华文明的优良传统。各国需要在合作中照顾彼此利益和关切,找到利益汇合点,寻求合作最大公

---

① 习近平:《习近平谈治国理政》,外文出版社2014年版,第329—334页。

② 习近平:《共同维护和发展开放型世界经济——在二十国集团领导人峰会第一阶段会议上关于世界经济形势的发言》,《人民日报》2013年9月6日第2版。

第六章 积极参与全球治理

约数,以达到利益均衡的状态,实现互利共赢的目标。习近平主席在二十国集团工商峰会开幕式上的主旨演讲中强调了求同存异的重要性,他提出我们应该求同存异、聚同化异,共同构建合作共赢的新型国际关系。[1] 他在金砖国家领导人第五次会晤时强调:"不管国际风云如何变幻,我们都要始终坚持和平发展、合作共赢,要和平不要战争,要合作不要对抗,在追求本国利益时兼顾别国合理关切。"[2]

维护全人类共同利益,大国要负责任、有担当。中国倡导的全球治理观强调新型大国关系的关键性地位,习近平总书记特别重视中美两个大国在全球治理和构建人类命运共同体中的作用。2015 年 9 月 22 日,习近平主席在访美前夕接受《华尔街日报》书面采访时表示,全球治理体系是由全球共建共享的,不可能由哪一个国家独自掌握。中国没有这种想法,也不会这样做。中美在全球治理领域有着广泛的共同利益,应该共同推动完善全球治理体系。这不仅有利于双方发挥各自优势、加强合作,也有利于双方合作推动解决人类面临的重大挑战。[3] 应当看到,中美两国在全球治理方面有着广泛的共

---

[1] 习近平:《中国发展新起点 全球增长新蓝图——在二十国集团工商峰会开幕式上的主旨演讲》,《人民日报》2016 年 9 月 4 日第 3 版。

[2] 习近平:《携手合作 共同发展——在金砖国家领导人第五次会晤时的主旨讲话》,《人民日报》2013 年 3 月 28 日第 2 版。

[3] 《坚持构建中美新型大国关系正确方向促进亚太地区和世界和平稳定发展》,《人民日报》2015 年 9 月 23 日第 1 版。

同诉求,两国有意愿也有能力深度参与全球治理。中美这两个世界主要大国的合作是全世界的福音,也是推动解决人类面临的各种全球性挑战的必要条件。中美合作好了,可以成为世界稳定的压舱石、世界和平的助推器。中美冲突和对抗,对两国和世界肯定是灾难。中美两国应该推动完善全球治理机制,共同促进世界经济稳定增长,共同维护全球金融市场稳定。

参与全球治理,维护全人类共同利益,需要坚持正确义利观、尊重文明多样性。全球治理需要大国和小国的共同参与,但大国与小国能力不同,因而各自提供的公共产品应在数量和质量上有所区别。大国要在一定程度上接纳小国"搭便车"的行为。对此,习近平总书记指出:"大国与小国相处,要平等相待,践行正确义利观,义利相兼,义重于利。"[①] 另外,参与全球治理的国家的国情不同,背景各异,因此在治理合作中应尊重世界文明的多样性和发展道路的多样化,弘扬平等互信、包容互鉴、合作共赢的精神。

参与全球治理,维护全人类共同利益,需要通过共商共建共享来融通中国的利益与世界的利益。在这方面,中国倡导的"一带一路"建设是一个很好的尝试。一方面,"一带一路"建设有利于促进中国全面深化改革,建立开放型经济新体制,从而提高参与全球治理的能力;另一方

[①] 习近平:《携手构建合作共赢新伙伴 同心打造人类命运共同体——在第七十届联合国大会一般性辩论时的讲话》,《人民日报》2015年9月29日第2版。

面,"一带一路"可以实现中国利益与沿线各国利益的融通。在推进"一带一路"建设的过程中,有关国家可以加强合作,增进共识,增强整体意识和团结意识,在建设中参与治理进程,解决治理难题,从而促进全球治理体制向更加公正合理的方向发展。

积极发展全球伙伴关系是中国参与全球治理、维护全球共同利益的具体实现手段。习近平总书记在党的十九大报告中指出:"中国积极发展全球伙伴关系,扩大同各国的利益交汇点,推进大国协调和合作,构建总体稳定、均衡发展的大国关系框架,按照'亲诚惠容'理念和与邻为善、以邻为伴周边外交方针深化同周边国家关系,秉持正确义利观和真实亲诚理念加强同发展中国家团结合作。"[①]

二 为推动全球治理理念创新贡献中国智慧

世界需要中国声音和中国智慧。习近平总书记在2016年新年贺词中表示:"世界那么大,问题那么多,国际社会期待听到中国声音、看到中国方案,中国不能缺席。"[②]在庆祝中国共产党成立95周年大会上他再次指出:"中国将积极参与全球治理体系建设,努力为完善全球治理贡献

[①] 习近平:《决胜全面建成小康社会 夺取新时代中国特色社会主义伟大胜利——在中国共产党第十九次全国代表大会上的报告》,《人民日报》2017年10月28日第5版。

[②] 《国家主席习近平发表二〇一六年新年贺词》,《人民日报》2016年1月1日第1版。

中国智慧。"①

全球治理呼吁中国智慧是基于客观环境的需要。2008年国际金融危机爆发以来，世界经济亟须应对的问题包括增长动力欠缺、需求不振、金融市场动荡、贸易和投资不景气等。包括美国和日本在内的主要发达经济体一贯主张使用短期政策来刺激经济，但其实收效甚微，世界经济的形势并未有明显好转。一方面，金融危机爆发之后，市场需求疲软，全球贸易与投资量走低，发达国家的经济弱点不断显现；另一方面，以中国为代表的新兴经济体却维持相对较高增速，两相叠加，使全球经济进入中低速增长的"新常态"。发达国家主导的治理理念并不足以应对世界经济面临的问题，许多国家表现出焦虑心情，希望中国等新兴经济体站出来，提供新的治理理念与思路。

在重要国际治理平台上发声，是中国贡献治理智慧和治理方案的重要渠道。2016年的二十国集团领导人杭州峰会是近年来中国主办的级别最高、规模最大、影响最深的国际峰会，也是我们积极参与全球治理、贡献中国方案的重要场合。习近平主席借杭州峰会的契机，向世界分享了全球治理的对策建议。他在本次会议的开幕辞中表示愿意为全球治理开出一剂标本兼治、综合施策的"中国药方"，推动世界经济走上强劲、可持续、平衡、包容增长之路。②

---

① 习近平：《在庆祝中国共产党成立95周年大会上的讲话》，人民出版社2016年版，第20页。

② 习近平：《构建创新、活力、联动、包容的世界经济——在二十国集团领导人杭州峰会上的开幕辞》，《人民日报》2016年9月5日第3版。

第六章　积极参与全球治理

在这次会议前后，中国运用主场条件，积极发挥议题和议程设置主动权，打造亮点、突出特色、形成影响，引导峰会形成一系列具有开创性、引领性、机制性的成果。起到了为世界经济指明方向、为全球增长提供动力、为国际合作筑牢根基的积极作用。正是在这次峰会上，中国首次把创新作为核心成果，首次把发展议题置于全球宏观政策协调的突出位置，首次形成全球多边投资规则框架，首次发布气候变化问题主席声明，首次把绿色金融列入二十国集团议程，从而在二十国集团发展史上留下了深刻的中国印记。

中国为推动全球治理理念创新可以贡献哪些理念呢？这些理念又包括哪些内涵呢？可以说，中国的全球治理理念的核心是开放包容、合作共赢、互联互通、改革创新。开放包容首先意味着中国反对任何形式的贸易保护主义。2013年9月，习近平主席在二十国集团峰会上表达了反对贸易保护主义的强烈意愿。他指出："第一，打开窗子，才能实现空气对流，新鲜空气才能进来。搞保护主义和滥用贸易救济措施，损人不利己。二十国集团要致力于营造自由开放的全球贸易环境，推动国际贸易自由化、便利化。要坚持通过对话和协商妥善处理贸易摩擦。一些发达国家也要取消对高新技术产品出口的不合理限制。第二，加强多边贸易体系，推动多哈回合谈判。当前的多边贸易体制以世界贸易组织为核心，其生命力在于普惠性和非歧视性。参与区域自由贸易合作时，要坚持开放、包容、透明原则，使之既有利于参与方，又能体现对多边贸易体系和规则的支持，避免国际贸易治理体系碎片化。"① 在2013年10月的亚太经合组织领导人会议上，他再次表示，中方坚持开放的区域主义，反对贸易保护主义，发达成员要做好表率，开放市场，重视经济技术合作，帮助发展中国家提升贸易水平和竞争力；推动多边贸易体系，坚定支持多哈回合谈判。② 开放包容还意味着中方倡导的新兴多边治理机构也是开放的。比如，金砖国家新开发银行的业务不仅仅面向五个金砖国家，而是向世界各国开放，努力惠及广大的新兴经济体和发展中国家。又如，亚洲基础设施投资银行的成员国并不局限于亚洲，来自世界各大洲的国家都可以加入。

合作共赢要求各国不能只考虑自己的利益，而不考虑别国的利益，只想独善其身而不是追求共赢。全球治理必须以多边的方式来进行，因此在多边主义合作框架中，各国应在充分尊重别国利益的前提下凝聚共识，防止集体利益被个别成员国的私利所绑架。习近平总书记就此指出："世界上的事情应由各国政府和人民共同商量来办。我们应该共同推动国际关系法治化，推动各方在国际关系中遵守国际法和公认的国际关系基本原则。"③ 由此可见，尊重

---

① 《习近平出席二十国集团领导人第八次峰会就贸易等议题发表讲话》，《人民日报》2013年9月7日第1版。

② 习近平：《发挥亚太引领作用，维护和发展开放型世界经济——在亚太经合组织领导人会议第一阶段会议上关于全球经济形势和多边贸易体制的发言》，《人民日报》2013年10月8日第2版。

③ 习近平：《弘扬和平共处五项原则 建设合作共赢美好世界——在和平共处五项原则发表60周年纪念大会上的讲话》，《人民日报》2014年6月29日第2版。

各国意愿和多边行为法治化是全球治理获得合法性的重要方式。

互联互通是"一带一路"建设的关键环节,也是实现合作共赢的途径之一。实现互联互通应该优先实现运输、通信、支付体系等基础设施在物质层面上的联通,促进生产要素的充分流动,使得各国能够依托陆上、海上合作走廊,共享经济发展成就,促进深度交融的互利合作网络的形成。互联互通对于中国参与全球治理的意义在于,它可以改变部分"一带一路"沿线国家经济社会发展水平落后的局面,以"先富带后富"的方式实现亚洲地区的均衡发展。

改革创新是中国对世界经济长期低迷给出的药方。中国提倡用中长期的经济结构改革来替代短期刺激政策。在中国看来,科技进步、人口增长、经济全球化等过去数十年推动世界经济增长的主要引擎都先后进入换挡期,对世界经济的拉动作用明显减弱。上一轮科技进步带来的增长动能逐渐衰减,新一轮科技和产业革命尚未形成势头。主要经济体先后进入老龄化社会,人口增长率下降,给各国经济社会带来压力。经济全球化出现波折,保护主义、内顾倾向抬头,多边贸易体制受到冲击。金融监管改革虽有明显进展,但高杠杆、高泡沫等风险仍在积聚。在这些因素综合作用下,世界经济面临增长动力不足、需求不振、金融市场反复动荡、国际贸易和投资持续低迷等多重风险和挑战。习近平主席从改革和创新两方面提出了富有针对性的建议:"二十国集团成员应该结合本国实际,采取更加全面的宏观经济政策,使用多种有效政策工具,统筹兼顾财政、货币、结构性改革政策，努力扩大全球总需求，全面改善供给质量，巩固经济增长基础。我们应该创新发展方式，挖掘增长动能。二十国集团应该调整政策思路，做到短期政策和中长期政策并重，需求侧管理和供给侧改革并重。"①

第三节 中国的全球治理实践

近年来，中国的全球治理实践全面展开。党的十九大报告将我国过去五年的外交实践和成果总结为"全方位外交布局深入展开"。而涉及多边层面上，中国参与全球治理的具体实践囊括了非常丰富的内容，成果显著，包括：实施共建"一带一路"倡议，发起创办亚洲基础设施投资银行，设立丝路基金，举办首届"一带一路"国际合作高峰论坛、亚太经合组织领导人非正式会议、二十国集团领导人杭州峰会、金砖国家领导人厦门会晤、亚信峰会。②

中国在参与全球治理过程中亦在逐步提升治理能力和制度性话语权。习近平主席在二十国集团工商峰会开幕式

---

① 习近平：《构建创新、活力、联动、包容的世界经济——在二十国集团领导人杭州峰会上的开幕辞》，《人民日报》2016年9月5日第2版。

② 习近平：《决胜全面建成小康社会 夺取新时代中国特色社会主义伟大胜利——在中国共产党第十九次全国代表大会上的报告》，《人民日报》2017年10月28日第5版。

上的主旨演讲中指出："小智治事，大智治制。"① 这句话是说，具有小智慧的人，只会处理好具体性的事务；而具有大智慧的人，则会制定制度。由此可见制度的重要性，以及增强参与制定全球治理制度的关键性意义。在这方面，中国不能当旁观者、跟随者，而是要做参与者、倡议者，在国际规则制定中发出更多中国声音、注入更多中国元素，维护和拓展中国的发展利益。

一 积极参与新兴治理机制

新兴全球经济治理机制更多地考虑了发展中国家的利益，增加了新兴经济体的话语权，因而在一定程度上弥补了全球治理体制的不足，并为其注入了新的活力。因此，积极参与新兴的治理机制是增强中国参与全球治理的能力和制度性话语权的重要途径。它能够更好地助力全球治理机制朝公正合理的方向发展，也可以保障新兴经济体的权利，并在一定程度上改善了发展中国家参与全球治理的劣势。

首先，积极参与新兴治理机制是增强治理能力的重要渠道。2008年国际金融危机爆发之后，二十国集团逐渐成为全球经济治理的核心机制，成为新兴经济体和发展中国家参与全球治理的最重要平台。当新兴经济体作为主席国时，二十国集团的议程就会更加贴近新兴经济

---

① 习近平：《中国发展新起点　全球增长新蓝图——在二十国集团工商峰会开幕式上的主旨演讲》，《人民日报》2016年9月4日第3版。

体和发展中国家的切身诉求。例如，2002年的二十国集团轮值主席国是印度，当年的首脑峰会讨论的议题就以减少贫困、关注发展和提升制度透明度等发展中国家的诉求为主，也第一次讨论了联合国千年发展目标的问题。2003年的二十国集团首脑峰会在墨西哥举行，这次峰会首次强调了发展中国家和发达国家应寻求"平衡发展"的主张，要求对落后的国家实行债务减免等有利于贸易的举措，再次强调了千年发展目标。2015年二十国集团安塔利亚峰会的主要议题是"包容性、投资和执行"，会议主要讨论了国际金融货币体系改革、加强发展中国家和发达国家的对话等问题，也延续了前几次会议中关注发展、气候变化和环境保护等相关议题。

  其次，新兴经济体还要利用好自己的治理机制来提升发展中国家和新兴经济体在国际治理体系中的代表性和发言权。例如，金砖国家这一机制自成立以来，一直积极参与到全球经济治理的活动中来，采取了诸多努力来推动全球经济体系的改革，主要涉及如下几个问题。第一，反对美国霸权主义的负面溢出效应，积极推动现行国际货币体系的改革，提高发展中国家和新兴经济体国家的地位。第二，推动IMF和世界银行的改革，督促两者尽快实现2010年关于份额和投票权改革的既定目标与方案。第三，积极寻求更多的合作机遇，加强发展中国家和发达国家之间的沟通，支持二十国集团等新兴全球治理平台的发展。第四，积极开展多边金融安全合作，成立金砖国家应急储备。第五，倡导建设开放型世界经济，支持多边贸易体制，推动多哈回合谈判，确保各国在国际经贸活动中机会平等、规则平等、权利平等。

自成立以来，金砖国家致力于"加强协商协作，推动全球治理体系向着更加公正合理的方向发展，维护共同利益"。[①] 它对于提高发展中国家和新兴经济体国家在全球经济治理机制中的地位，推动更加公正合理的全球治理秩序的建立和改革，做出了巨大努力。中国对于金砖国家的未来发展抱有很大的期望。习近平主席在金砖国家领导人第五次会晤时指出："金砖国家刚刚成立五年，还处于起步发展阶段。我们要扎扎实实把自己的事情办好，把金砖国家合作伙伴关系发展好，把金砖国家合作机制建设好。"[②]

二 创建包容性新机制

除了积极参与新兴治理机制的活动，中国还创建新型治理机制，希望以更包容的精神来兼顾新兴经济体和发展中国家的利益，其中有代表性的就是金砖国家新开发银行和亚洲基础设施投资银行。这些新机构、新机制增强了新兴经济体和发展中国家参与全球治理的能力，也为全球治理体制注入了新的活力。

在2013年的金砖国家领导人第五次会晤期间，各国就新开发银行的建设成立达成了一致意见。2014年7月15日，金砖国家领导人签署了新开发银行协议，标志着金

[①] 习近平：《开启中非合作共赢、共同发展的新时代——在中非合作论坛约翰内斯堡峰会开幕式上的致辞》，《人民日报》2015年12月5日第2版。

[②] 习近平：《习近平谈治国理政》，外文出版社2014年版，第325页。

砖国家新开发银行（以下简称金砖银行）的正式诞生。金砖银行授权资本1000亿美元，初始认缴资本为500亿美元，实缴资本为100亿美元，由初始成员国平等出资。银行首任理事会主席来自俄罗斯，首任董事会主席来自巴西，首任行长来自印度，银行总部位于上海，同时在南非设立非洲区域中心。

金砖银行的宗旨是服务于新兴经济体以及发展中国家的基础设施建设以及可持续发展方面的融资需要，并缓解它们对美元和欧元的依赖。① 金砖五国中的南非、巴西、俄罗斯和印度在基础设施建设方面的资金缺口相对较大，仅凭借自身国家财力难以满足其可持续发展的需要，因此金砖银行的共同资金合作、优先贷款权将有效地解决它们的融资需求，同时又可以推动基础设施建设方面的经验交流，因此金砖银行的设立具有非常重要的战略意义。2016年7月18日，金砖银行发行了30亿元金融债券，所获资金用于推动金砖国家和其他发展中国家的基础设施建设和可持续发展。另外，金砖银行是一个开放的金融机构，其业务不仅仅面向五个金砖国家，还将惠及广大的新兴经济体和发展中国家。金砖银行是新兴经济体加强金融合作的一个代表性案例，象征着金砖国家在金融合作方面迈开了崭新的步伐。

亚洲基础设施投资银行（以下简称亚投行）是一个主要由中国推动的、旨在促进亚洲基础设施投资的多边金融

---

① 《金砖福塔莱萨峰会宣言》，2014年7月15日，巴西外交部。

合作机构。2013年10月2日，习近平主席在访问印度尼西亚期间向外界透露中方拟倡议筹建亚洲基础设施投资银行，以向包括东盟国家在内的本地区发展中国家基础设施建设提供资金支持。其后历经八轮协议谈判和800多天的筹备，2015年12月25日，57个意向创始国签署了《亚洲基础设施投资银行协定》（以下简称《协定》），标志着亚投行的成立。根据《筹建亚投行备忘录》，亚投行的法定资本是1000亿美元，中国初始认缴资本为500亿美元左右，为最大股东，各意向创始成员国将以国内生产总值衡量的经济权重作为各国股份分配的基础。《协定》规定亚投行的主要职能包括鼓励、推动亚洲公共和私营资本投资建设基础设施及主要的生产性领域；利用可支配资金为本区域发展事业提供融资支持，特别关注欠发达成员的需求。[1] 亚投行可以对亚洲国家提供基础设施信贷，补充亚洲开发银行在融资、金融援助方面存在的不足。

亚投行的建立对于亚太地区乃至整个世界的繁荣与发展都具有重要意义。首先，它旨在促进亚洲各国的经济发展，通过公共部门与私人部门的合作，亚投行可以突破原有的条件性限制，有效弥补亚洲地区基础设施建设的资金缺口，促进亚洲区域经济一体化的建设。其次，亚投行扩大了亚洲投融资的需求，有利于从投资方面刺激经济走出低迷的状态。另外，亚投行对于基础设施的投资可以促进亚洲地区经济增长，带动私营经济的发展并改善就业。最

---

[1]《亚洲基础设施投资银行协定》，2016年2月19日，中华人民共和国外交部。

后，亚投行给予了高储蓄率国家存款投资平台，直接导向基础设施建设，有助于有效配置本地区内的资本，并最终促进亚洲地区金融市场的迅速发展。

三 促进新旧制度的有机融合

创建新的全球治理机制，并非全盘否定既有治理机制，另起炉灶，而是旨在改革既有治理机制中的不合理因素，转变其存在的非中性和歧视性的制度，增加新兴经济体国家的话语权，使之变得更具合法性、广泛性、包容性，实现全球治理机制的融合、协调与发展。简单地说，就是坚持改革、不搞革命。中国始终做世界和平的建设者、全球发展的贡献者、国际秩序的维护者。习近平总书记指出："当今世界发生的各种对抗和不公，不是因为联合国宪章宗旨和原则过时了，而恰恰是由于这些宗旨和原则未能得到有效履行。要坚定维护以联合国宪章宗旨和原则为核心的国际秩序和国际体系，维护和巩固第二次世界大战胜利成果，积极维护开放型世界经济体制，旗帜鲜明反对贸易和投资保护主义。"[①] 中国是现行国际秩序的坚定维护者，但国际秩序和国际体系也需要与时俱进，不断改革完善，以顺应国际关系发展进步的时代潮流，体现广大发展中国家的正当诉求，更好地应对新形势下层出不穷的全球性挑战。

创建新的治理机制需要注意与原有机制的有效融合。

---

① 《推动全球治理体制更加公正更加合理 为我国发展和世界和平创造有利条件》，《人民日报》2015年10月14日第1版。

例如，二十国集团就亟须处理好与其他治理平台的关系。一方面，二十国集团可以作为既有国际组织和治理平台的补充。二十国集团优点在于它更具包容性，包括了发达国家和主要的新兴经济体。另一方面，二十国集团的成长历程还相对短暂，在诸多方面还需要与既有机制形成互动，共同发挥作用。近年来，二十国集团与部分既有的国际组织与机制有着不错的互动，例如，二十国集团与联合国就气候变化、可持续发展议程等问题开展了密切合作，取得了重要进展。然而，它在敦促IMF和世界银行的改革方面进展缓慢。又如，金砖国家非常注重与其他治理机制之间有效协调，目前与联合国和二十国集团开展了卓有成效的对话与互动。这样的对话与互动对于这些新型治理机制的成长将起到良好的促进作用。

然而，在国际贸易领域，新旧治理机制之间的融合难题非常突出。多哈回合谈判的停滞不前使WTO在国际贸易领域的领导地位不断下降，各类排他性区域性自由贸易协定的不断涌现使国际贸易领域呈现出"碎片化"趋势，不利于治理机制的统一与整合。逆全球化浪潮促使贸易保护主义在一些国家再次兴起，自由贸易原则受到一定的挑战。面对严峻形势，习近平总书记多次在国际场合发出中国声音，阐述中国观点，开出"中国药方"。2013年10月，习近平主席在亚太经合组织领导人会议上希望各国形成合力，"共同推动亚太经济一体化进程。中方对任何有利于亚太区域融合的机制安排都持开放态度。有关安排应该建立合作而非对立的关系，倡导开放而非封闭的理念，寻求共赢而非零和的结果，实现一体化而非碎片化的目标。要相互借鉴、相互促进,形成彼此融合、互为补充的局面。"① 2017年1月,习近平主席在出席世界经济论坛2017年年会开幕式时发表主旨演讲,特别批评了贸易和投资规则未能跟上新形势,机制封闭化、规则碎片化十分突出的现象,同时大声疾呼世界各国应当坚定不移发展全球自由贸易和投资,在开放中推动贸易和投资自由化便利化,旗帜鲜明反对保护主义。搞保护主义如同把自己关进黑屋子,看似躲过了风吹雨打,但也隔绝了阳光和空气。打贸易战的结果只能是两败俱伤。②

四 重视非传统安全治理

中国是全球安全治理的积极参与者。进入21世纪以来,随着气候变化、恐怖主义、宗教极端主义、民族分裂主义、武器扩散、毒品泛滥以及网络安全等非传统安全问题不断升温,中国的国家安全也受到或浅或深的影响,中国对非传统安全治理的力度亦随之加大,对非传统安全治理国际合作的重视程度不断提高。习近平主席在上海合作组织成员国元首理事会第十八次会议上表示,尽管各种传统和非传统安全威胁不断涌现,但捍卫和平的力量终将战

---

① 习近平:《发挥亚太引领作用,维护和发展开放型世界经济——在亚太经合组织领导人会议第一阶段会议上关于全球经济形势和多边贸易体制的发言》,《人民日报》2013年10月8日第2版。

② 习近平:《共担时代责任 共促全球发展——在世界经济论坛2017年年会开幕式上的主旨演讲》,《人民日报》2017年1月18日第3版。

第六章 积极参与全球治理

胜破坏和平的势力，安全稳定是人心所向。① 正是在这一重要论述的指导下，中国积极参与亚洲乃至世界范围内的多边安全合作机制，不断在反恐、网络安全、气候变化等议题上亮明观点，提出主张。

中国积极参与全球打击恐怖主义的相关国际会议，并提出意见和建议。例如，中方在上海合作组织成员国政府首脑理事会第十三次会议上提出两点建议：第一，上海合作组织的各成员国要支持维护各国为国家安全和社会稳定做出的努力，加大打击恐怖主义、分裂主义和极端主义"三股势力"和毒品犯罪力度。由于当前地区恐怖主义和毒品犯罪相互勾结的现象愈演愈烈，所以提出了对于反恐和禁毒双管齐下的系统性工程的新要求。中方认为有必要赋予上海合作组织地区反恐怖机构禁毒职能，加强其综合打击"毒恐勾结"的能力。第二，上海合作组织各国需要共同维护地区安全稳定。开展互利合作、实现共同发展繁荣需要安全稳定的环境。落实2001年签署的《打击恐怖主义、分裂主义和极端主义上海公约》及合作纲要，完善上合组织的执法安全合作体系，赋予地区反恐怖机构禁毒职能，并在该基础上建立应对安全威胁和挑战综合中心。②

中国积极参与网络安全治理。网络安全问题是一个近年来兴起的非传统安全问题。由于互联网在各国政府、企

---

① 习近平：《弘扬"上海精神" 构建命运共同体——在上海合作组织成员国元首理事会第十八次会议上的讲话》，《人民日报》2018年6月11日第3版。

② 李克强：《在上海合作组织成员国政府首脑理事会第十三次会议上的讲话》，《人民日报》2014年12月16日第2版。

业和人民的日常工作、生产和生活中发挥着不可替代的作用,因此它的安全问题备受各界重视,逐渐成为全球共同关注的安全议题。中国与世界各国在网络安全上有共同关切,中国也是黑客攻击的受害国,因此中国坚决维护网络安全。当今网络技术越来越发达,同时也客观上提高了对网络安全建设的要求,特别是在针对涉及国家安全领域内的网络安全建设方面。目前,中国已经和许多国家就网络安全治理交换了意见,积极谋求网络安全领域的有效治理。比如,中国与美国双方已商定成立相应的安全对话工作组,并开始着手安全问题的研究。中国希望各国通过合作,建立一个相对完善的网络安全全球治理体系。2014年7月,习近平主席在巴西国会发表演讲时就此指出:"国际社会要本着相互尊重和相互信任的原则,通过积极有效的国际合作,共同构建和平、安全、开放、合作的网络空间,建立多边、民主、透明的国际互联网治理体系。"[1]

中国在气候领域的全球治理实践中表现出大国担当,不断提供公共产品,努力与各国共同应对气候变化的国际挑战。2015年6月,中国向联合国提交2020年后应对气候变化的"国家自主决定贡献",明确表示自己将承担远超需要的"公平份额"的数值,比如,承诺在2030年实现单位国内生产总值二氧化碳排放比2005年下降60%—65%。中国还设立了气候变化南南合作基金,主要为发展中国家的气候治理融资提供支持。中国还将治理大气污染上升为重要的

---

[1] 习近平:《弘扬传统友好 共谱合作新篇——在巴西国会的演讲》,《人民日报》2014年7月18日第3版。

国家计划、规划,例如将"生态文明建设"写入党的十七大报告、将绿色发展作为五大发展理念之一写入"十三五"规划建议、发布了《中国应对气候变化国家方案》。

2015年12月,联合国气候变化巴黎大会成功通过了《巴黎协定》,意味着全球气候治理取得了阶段性的成功。习近平总书记就此指出,巴黎协议不是终点,而是新的起点。作为全球治理的一个重要领域,应对气候变化的全球努力是一面镜子,给我们思考和探索未来全球治理模式、推动建设人类命运共同体带来宝贵启示。[①] 围绕气候变化全球治理,他认为理想的治理状态包括以下三种特点:第一,我们应该创造一个各尽所能、合作共赢的未来。对气候变化等全球性问题,如果抱着功利主义的思维,希望多占点便宜、少承担点责任,最终将是损人不利己。巴黎大会应该摈弃"零和博弈"狭隘思维,推动各国尤其是发达国家多一点共享、多一点担当,实现互惠共赢。第二,我们应该创造一个奉行法治、公平正义的未来。要提高国际法在全球治理中的地位和作用,确保国际规则有效遵守和实施,坚持民主、平等、正义,建设国际法治。发达国家和发展中国家的历史责任、发展阶段、应对能力都不同,共同但有区别的责任原则不仅没有过时,而且应该得到遵守。第三,我们应该创造一个包容互鉴、共同发展的未来。面对全球性挑战,各国应该加强对话,交流学习最佳

[①] 习近平:《携手构建合作共赢、公平合理的气候变化治理机制——在气候变化巴黎大会开幕式上的讲话》,《人民日报》2015年12月1日第2版。

实践，取长补短，在相互借鉴中实现共同发展，惠及全体人民。同时，要倡导和而不同，允许各国寻找最适合本国国情的应对之策。① 其实，这些基本思想也适用于全球治理的各个问题领域之内，具有极高的指导意义。

五 参与引领经济全球化发展

自2008年国际金融危机爆发以来，全球经济复苏仍然乏力，增长动力不足，经济全球化遇到波折，贸易和投资低迷，全球性挑战加剧世界经济不确定性。回应全球化遭遇的问题与挑战，"我们要秉持开放、融通、互利、共赢的合作观，拒绝自私自利、短视封闭的狭隘政策，维护世界贸易组织规则，支持多边贸易体制，构建开放型世界经济"。② 2017年年初，习近平主席出席世界经济论坛2017年年会开幕式，并发表题为《共担时代责任 共促全球发展》的主旨演讲，让世界感受到了中国支持经济全球化、参与全球经济治理、提供全球公共产品的责任感、信心与决心。习近平主席的此次达沃斯之行，正值世界在2016年经历了众多"黑天鹅"事件、世界对全球化缺乏信心的时刻，充分表明了中国乐意保持对外开放的姿态，并与世界各国一道，引导全球化向着更为合理的方向

---

① 习近平：《携手构建合作共赢、公平合理的气候变化治理机制——在气候变化巴黎大会开幕式上的讲话》，《人民日报》2015年12月1日第2版。

② 习近平：《弘扬"上海精神" 构建命运共同体——在上海合作组织成员国元首理事会第十八次会议上的讲话》，《人民日报》2018年6月11日第3版。

发展。

另外,习近平主席的达沃斯之行也向世界传递了来自中国的信心。当前,世界经济正处于增长乏力、创新不足、突破性的技术革命尚未发生的历史性节点上,表现出增长动力欠缺、全球宏观调控滞后、地区发展失衡等特点。在这个历史节点上,中国经济增长本身就是为全球经济增长做出贡献,而且中国经济与地区和世界经济的有益互动,将会有效整合资源效率、共同探讨经济增长新动能、合作创新与突破。这对世界经济的稳定与发展来说必不可少。习近平主席在达沃斯会议上指出,中国的发展是世界的机遇,中国是经济全球化的受益者,更是贡献者。中国经济快速增长,为全球经济稳定和增长提供了持续强大的推动。中国同一大批国家的联动发展,使全球经济发展更加平衡。中国减贫事业的巨大成就,使全球经济增长更加包容。中国改革开放持续推进,为开放型世界经济发展提供了重要动力。①

围绕"经济全球化怎么走"的问题,世界期待中国声音和中国方案。习近平主席提出了三方面建议:第一,主动作为、适度管理,让经济全球化的正面效应更多释放出来,实现经济全球化进程再平衡;第二,顺应大势、结合国情,正确选择融入经济全球化的路径和节奏;第三,讲求效率、注重公平,让不同国家、不同阶层、不同人群共

---

① 习近平:《共担时代责任 共促全球发展——在世界经济论坛2017年年会开幕式上的主旨演讲》,《人民日报》2017年1月18日第3版。

享经济全球化的好处。而围绕"引领世界经济走出困境",习近平主席又提出以下建议:坚持创新驱动,打造富有活力的增长模式;坚持协同联动,打造开放共赢的合作模式;坚持与时俱进,打造公正合理的治理模式;坚持公平包容,打造平衡普惠的发展模式。①

中国参与引领经济全球化的重要举措是"一带一路"倡议。该倡议于2013年正式提出,以《推动共建丝绸之路经济带和21世纪海上丝绸之路的愿景与行动》的发布为阶段性标志,涉及东盟、印度、俄罗斯、非洲、中东欧等地区和国家,不论是从地域范畴、沿线经济体彼此之间的发展阶段、特征和结构性差异来看,其覆盖的面都比较广,涉及的国家之间可挖掘的经济互补性较强。因此,推动"一带一路"建设中,互联互通体系建设是重点。沿线国家可以通过寻找比较优势,开展双边贸易,从基础上做大区域经济规模,从而实现多边共赢。在人类历史上,技术进步使基础设施的互联互通变为现实,从而缩小了世界的距离,并使互联互通成为全球化进程的重要推动力。谈及互联互通,起到基础性作用的是基础设施的联通。因此,习近平总书记特别强调,在"一带一路"建设中应抓紧制定战略规划,加强基础设施互联互通建设。目前,中国政府已经规划了以亚洲国家为重点方向、以经济走廊为依托的亚洲互联互通基本框架,并优先推进中国与巴基斯

---

① 习近平:《共担时代责任 共促全球发展——在世界经济论坛2017年年会开幕式上的主旨演讲》,《人民日报》2017年1月18日第3版。

坦等国的交通设施项目。

这一系列的举动都让世界看到了以中国为代表的新兴经济体和发展中国家承担更多的国际责任、为世界提供公共产品、与世界主要国家一道引领经济全球化的决心，同时也展现了中国从时代背景出发，做引领经济全球化浪潮的表率、愿做全球经济增长重要引擎之一、积极参与全球经济治理的重要姿态。金融危机爆发之后，市场需求疲软，全球贸易与投资的优势被削弱，发达国家的经济弱点不断显现，新兴经济体国家维持相对较高增速，开始登上历史舞台，在此背景下，新的全球治理秩序和思路亟须建立起来。"一带一路"吸取了以往全球危机的治理经验，倡导的是对现有机制的补充、完善和创新，使其更具合法性，广泛性和包容性。中国坚持和平、发展、合作、共赢的理念，与周边国家共同打造互利共赢、共同繁荣的命运共同体。

积极参与引领经济全球化与不断增强的综合国力有关，也与保持开放包容的政策导向有关。综合国力的提升增强了中国参与全球治理的能力。习近平总书记强调，全球治理格局取决于国际力量对比，全球治理体系变革源于国际力量对比变化。我们要坚持以经济发展为中心，集中力量办好自己的事情，不断增强我们在国际上说话办事的实力。我们要积极参与全球治理，主动承担国际责任，但也要尽力而为、量力而行。[①] 开放包容的政策导向表明了中国参与全球治理的态度。习近平总书记强调，一个国家

---

① 《加强合作推动全球治理体系变革　共同促进人类和平与发展崇高事业》，《人民日报》2016年9月29日第1版。

强盛才能充满信心开放,而开放促进一个国家强盛。党的十一届三中全会以来我国改革开放的成就充分证明,对外开放是推动我国经济社会发展的重要动力。随着我国经济总量跃居世界第二,随着我国经济发展进入新常态,我们要保持经济持续健康发展,就必须树立全球视野,更加自觉地统筹国内国际两个大局,全面谋划全方位对外开放大战略,以更加积极主动的姿态走向世界。①

第四节　本章小结

全球化使世界变得"互联互通",而互联互通使全球化的正面效应与负面效应同时扩散开来。应对全球化带来的负面效应,各国责无旁贷。向全球化"关门"并非长久之计,也非明智之选。应对全球性的问题,需要大家商量一起办,这就是全球治理的实质。

2008年国际金融危机的爆发促使人们开始反思既有全球治理体制的不足。与此同时,新兴经济体在全球治理中发挥越来越重要的作用,并成为推动全球治理体制改革的重要力量。在这个过程中,中国不断为全球治理贡献着中国力量与中国智慧,一个具有中国特色的全球治理观由此逐步成型。

在中共中央政治局第二十七次集体学习时,习近平总书记将中国参与全球治理的指导思想和理念创新总结为推

---

① 《总结经验坚定信心扎实推进　让"一带一路"建设造福沿线各国人民》,《人民日报》2016年8月18日第1版。

第六章 积极参与全球治理

动全球治理理念创新发展,积极发掘中华文化中积极的处世之道和治理理念同当今时代的共鸣点,继续丰富打造人类命运共同体等主张,弘扬共商共建共享的全球治理理念。[①] 在中共中央政治局第三十五次集体学习时,习近平总书记从时代背景、参与宗旨和基本主张三个方面阐述了中国的全球治理观:第一,随着国际力量对比消长变化和全球性挑战日益增多,加强全球治理、推动全球治理体系变革是大势所趋;第二,我国参与全球治理的宗旨是为实现"两个一百年"的奋斗目标、实现中华民族伟大复兴的中国梦营造更加有利的外部条件,为促进人类和平与发展的崇高事业做出更大贡献;第三,我国参与全球治理的基本主张是推动国际秩序朝着更加公正合理的方向发展,更好维护我国和广大发展中国家共同利益。[②]

总的来看,中国在参与全球治理时吸取了以往全球危机的治理经验,对现有治理机制与治理平台不搞推倒重来,不另起炉灶,而是"改制"与"建制"并行,以共赢为目标,以合作为途径,注重开放性、合法性、连通性,努力协调发展中国家、新兴经济体和发达经济体对全球治理的不同需求。我们有信心认为,在器物、制度和思想等层面,世界将越来越多地看到全球治理的中国力量与中国贡献。

---

① 《推动全球治理体制更加公正更加合理 为我国发展和世界和平创造有利条件》,《人民日报》2015年10月14日第1版。

② 《加强合作推动全球治理体系变革 共同促进人类和平与发展崇高事业》,《人民日报》2016年9月29日第1版。

第七章

贡献人类共同价值

人类共同价值体现了中国一贯主张的不论国家大小、国力强弱、发展先后，都要尊重彼此发展道路、核心利益和重大关切的理念，反映了在尊重文化多样性和发展阶段性的基础上，能够为全世界所接受、超越差异和冲突的人类共同利益，是国际社会的最大价值公约数。在当今世界，"尽管单边主义、贸易保护主义、逆全球化思潮不断有新的表现"，但是这不过是凸显了构建人类共同价值的必要性。归根到底，"'地球村'的世界决定了各国日益利益交融、命运与共，合作共赢是大势所趋。"①

人类共同价值是中国构建以合作共赢为核心的新型国际关系、打造人类命运共同体、推进全球治理体制变革的理念基础，是中国与当今时代的共鸣点，是中国向世界贡献出的智慧结晶。人类共同价值也反映了世界文明的最新成果，它们是涵养中国社会主义核心价值观的重要源泉，

---

① 习近平：《弘扬"上海精神" 构建命运共同体——在上海合作组织成员国元首理事会第十八次会议上的讲话》，《人民日报》2018年6月11日第3版。

后者需要不断吸收前者的精华,在交流、碰撞、融合中持续自我完善、创新和发展,让中国的发展更加契合世界文明进步的潮流。正所谓"不忘本来、吸收外来、面向未来",人类共同价值与中国的社会主义核心价值观互为表里,相辅相成,其提出始终着眼于"更好构筑中国精神、中国价值、中国力量,为人民提供精神指引"。①

第一节　中国外交的价值追求

2015年9月29日,习近平主席在第七十届联合国大会上提出:"大道之行也,天下为公,和平、发展、公平、正义、民主、自由,是全人类的共同价值,也是联合国的崇高目标","我们要继承和弘扬联合国宪章的宗旨和原则,构建以合作共赢为核心的新型国际关系,打造人类命运共同体"。②习近平主席关于"人类共同价值"的全新论述有力地呼应了联合国关于全人类七点共同基本价值的倡议,旗帜鲜明地宣示了中国承认并致力于维护和推广为全人类所广泛接受、尊重和追求的一系列基本信念、原则与规范,高屋建瓴地总结了中国外交的价值追求。

人类共同价值的提法既体现了对中华民族优秀传统文

---

① 习近平:《决胜全面建成小康社会　夺取新时代中国特色社会主义伟大胜利——在中国共产党第十九次全国代表大会上的报告》,《人民日报》2017年10月28日第5版。
② 习近平:《携手构建合作共赢新伙伴　同心打造人类命运共同体——在第七十届联合国大会一般性辩论时的讲话》,《人民日报》2015年9月20日第2版。

化的继承，也反映了对全人类共同文明成果的承接，彰显了中国经验与世界潮流、中国特色社会主义与全人类价值的辩证统一，获得了世界各国的普遍支持。应当认识到，人类共同价值的提出是马克思主义中国化、时代化和大众化的重要成果，是中国特色社会主义在全球化时代构建价值话语体系、掌握国际话语权的重要突破，有力地应对了长期以来马克思主义人类价值研究领域"失语""失踪"和"失声"的问题。借助人类共同价值这一概念，中国将站在全人类的道义制高点上，更好地向全世界说明中国外交的价值追求，更为顺畅地实现这些尚待完成的宏伟目标。

一 人类共同价值是当代中国价值的全球传播

自中华人民共和国成立起至今，深厚的道义感与责任感一直贯穿于中国外交实践当中。中国历来坚决反对，也从未奉行过以极端民族主义利益、霸权主义和强权政治为准则的所谓"现实主义"外交，以和平、发展、公平、正义、民主、自由为内涵的人类共同价值观是对中国长期以来在国际政治活动中所坚持的价值原则的精确提炼。人类共同价值并非无源之水、无本之木，而是体现了对"和为贵""天下大同"等中华优秀传统思想，坚持独立自主的和平外交政策、坚持和平共处五项原则、坚持互利共赢的对外开放、推动建设和谐世界等新中国外交原则的传承和弘扬。[①]

[①] 王毅：《携手打造人类命运共同体》，《人民日报》2016年5月31日第7版。

第七章　贡献人类共同价值

提出人类共同价值是中国将自身的实践经验和价值理念提炼和升华到全人类高度的伟大尝试，是建立在观照和顺应世界各国人民共同精神需求的基础上的、拥有鲜明中国风格的全球传播。这一中国表述与抽象的全人类的"共同价值"之间是特殊和普遍的关系，体现了价值追求的民族性、历史性，以及价值排列的差异性。中国提出的人类共同价值与联合国及其他国家提出的同类主张在形式上各有侧重，但是在实质上紧密联系、并行不悖，两者相互交流、相互融合，相互促进。

提出人类共同价值实际上是当代中国向全球传播自身价值的尝试。它是对中国传统文化的升华，是对中国发展经验的发扬，也是中国特色社会主义价值观的提炼，是科学社会主义与中国优秀传统文化有机结合的产物。一方面，"在带领中国人民进行革命、建设、改革的长期历史实践中，中国共产党人始终是中国优秀传统文化的忠实继承者和弘扬者"；另一方面，"中国人民的理想和奋斗，中国人民的价值观和精神世界，是始终深深植根于中国优秀传统文化沃土之中的，同时又是随着历史和时代前进而不断与日俱新、与时俱进的"。[①] 中国提出的人类共同价值既有中华底蕴，又具时代活力；既在中国深入人心，广为接受，又呼应了世界与时代的要求，得到世界各国的普遍认同。

在传统文化上，中国提出的人类共同价值吸收了"亲

[①] 习近平：《在纪念孔子诞辰2565周年国际学术研讨会暨国际儒学联合会第五届会员大会开幕会上的讲话》，《人民日报》2014年9月25日第2版。

仁善邻，国之宝也""亲望亲好，邻望邻好""国虽大，好战必亡"等古代中华文明的优秀理念。从历史经验来看，"中华民族自古以来就积极开展对外交往通商，而不是对外侵略扩张；执着于保家卫国的爱国主义，而不是开疆拓土的殖民主义"。人类共同价值对中国而言绝非舶来物，相反"对和平、正义、自由的追求深深根植于中国人民的精神世界，溶化在中国人民的血脉之中"。[①] 当前中国提出人类共同价值，积极塑造以和平发展、公平正义、自由民主为价值导向的新型国际秩序，打造人类命运共同体，正是对中华民族传统文化精粹的进一步发展，遵循了"深入挖掘中华优秀传统文化蕴含的思想观念、人文精神、道德规范，结合时代要求继承创新"的要求。倡导和宣传人类共同价值，也是在传播中华民族的优秀传统理念，增强中华文明在世界范围内的影响力和吸引力，"让中华文化展现出永久魅力和时代风采"。[②]

中国坚持走和平发展道路，坚持营造公道正义的安全环境，坚持"结伴不结盟"的国与国交往新路，这些经验同样为人类共同价值的形成做出了宝贵贡献。坚持走和平发展道路不仅让中国抓住了国际环境中所蕴含的机遇，实现了自身的繁荣和发展，还促进了世界和平与各国的共同繁荣。中国的发展经验雄辩地证明，只要坚持符合和平、

[①] 中共中央宣传部：《习近平总书记系列重要讲话读本（2016年版）》，学习出版社、人民出版社2016年版，第263页。

[②] 习近平：《决胜全面建成小康社会 夺取新时代中国特色社会主义伟大胜利——在中国共产党第十九次全国代表大会上的报告》，《人民日报》2017年10月28日第5版。

发展、公平、正义、自由、民主的价值观和发展道路，就一定能创造出繁荣开放、包容互惠的发展局面，让世界成为相互联系、相互依存、相互合作、相互促进的整体。

全人类共同价值是对中国社会主义核心价值观的普遍概括，体现了当代中国的社会价值与世界文明的辩证联系。社会主义核心价值观只有"与全人类共同的文明成果和共同价值进行交流、碰撞，并在融合中不断丰富、创新和发展，才能得以充实、提升和完善"。"不了解、吸纳和提升全人类共同的文明成果和共同价值，社会主义核心价值观就会与人类文明发展产生断裂，就不能融入世界潮流。"[1] 人类共同价值是诞生于社会主义社会的普遍价值观，具有更人道、更进步、更全面的理念特征，发展社会主义的最终目的也是要突破资本主义国家观念和狭隘民族主义的束缚，通向满足人类共同价值的共产主义社会。人类共同价值吸收了富强、民主、文明、和谐、自由、平等、公正、法治、爱国、敬业、诚信、友善的社会主义价值观中最易于被全世界所接受的内容，蕴含了社会主义社会和制度在价值理念上的优越性和感召力。

人类共同价值的提出，是中国"打造融通中外的新概念新范畴新表述"，"讲好中国故事，传播好中国声音"的杰出典范。[2] 它既阐释了紧扣时代主题的中国关注，又宣

---

[1] 戴木才：《全人类"共同价值"与社会主义核心价值观》，《光明日报》2015年10月28日第13版。

[2] 《胸怀大局把握大势着眼大事　努力把宣传思想工作做得更好》，《人民日报》2013年8月21日第1版。

传了中华文化所积淀的深沉精神追求和突出文化优势，反映了中国特色社会主义发展道路的深厚人文关怀和深刻现实基础。这一提法全面地提炼了当代中国的价值取向，有力地实现了中国故事的全球传播，不仅有助于让世界理解中国，还向全世界贡献了中国对人类共同价值的深刻思考。

人类共同价值凸显了中国在人类普遍价值追求上的独特思考和卓越贡献。中国在国际舞台上所主张的人类共同价值与国内所倡导的社会主义核心价值观互为表里，共同致力于为世界人民提供中国的优秀传统文化和宝贵发展经验。和平、发展、公平、正义、民主、自由长期以来都是全人类的共同追求，但是在如何理解、如何实现这些价值上，不同时代、不同国家都有各自不同的答案。在这些不同答案中，中国对人类共同价值的理解具有相当程度的包容性和现实性，兼顾了价值原则及其社会条件，实现了国家与国家之间，国家、社会与个人之间价值追求的统一，有益地指明了当今指导国际交往和全球治理的理念发展方向。

二 人类共同价值是全球价值理念的中国表述

提出人类共同价值表明中国是国际社会寻求人类共同价值的积极参与者，是发展和完善联合国价值原则的有力贡献者。博大精深的中华文化和传统价值，中国坚持和践行的外交原则和发展理念，都借助人类共同价值这一媒介与全球价值理念产生了有机联系。这一提法除了旨在向世界贡献博大精深的中国文化、契合时代的发展经验和积极进步的社会主义价值观的"输出"之外，也展现出了中国

第七章　贡献人类共同价值

在顺应世界潮流、遵循国际社会公认的基本原则、积极吸收全人类文明发展成果上的决心，同样有"输入"的一面。

习近平总书记要求我们"强调承认和尊重本国本民族的文明成果，不是要搞自我封闭，更不是要搞唯我独尊"，绝非"只此一家，别无分店"。对于世界文明成果，包括中国在内的各国"都应该采取学习借鉴的态度，都应该积极吸纳其中的有益成分，使人类创造的一切文明中的优秀文化基因与当代文化相适应、与现代社会相协调"。[①] 中国之所以能够提出人类共同价值，也正是建立在吸收世界文明精华的基础之上。人类共同价值的提出，正是中国理解和接受世界人民普遍追求的价值目标，并将其与中国特色社会主义实践有机结合后的结果。中国特色社会主义价值观的建设绝不是要与世界文明对立起来，而是要容纳、吸收、协调、发展这些普遍追求。中国社会主义核心价值观的发展绝不可能偏离人类的普遍价值，人类共同价值也正是全球价值理念的中国表述。

在国家交往层面，作为崛起中的政治和经济大国，中国是现行国际体系的主要参与者、建设者和贡献者，积极参与国际合作、国际多边和全球治理机制。在经济全球化时代，不论是自身的发展，还是全球秩序和治理体系的革新与进步，都需要世界各国的互相配合、共同

---

① 习近平：《在纪念孔子诞辰2565周年国际学术研讨会暨国际儒学联合会第五届会员大会开幕会上的讲话》，《人民日报》2014年9月25日第2版。

参与，不可能以一国之力单独应对。要想获得其他国家和国际社会的理解、支持和帮助，就需要积极发掘中华传统文化和当代治理理念与世界和时代的共鸣点，照顾到绝大多数国家的价值追求，争取它们的接受与认可。人类共同价值是中国走向世界的向导，是中国外交必不可少的指南。

在社会交往层面，中国公民、企业和社会组织的全球交往在广度、深度和频率上正以一日千里的速度发展，国家与国家之间的关系已经远远无法涵盖中国与世界的全部交往。在这一多层次、全方位的社会交往中，人类共同价值能够为中国公民、企业和社会组织建立一套能与世界不同种族、不同宗教、不同文化的人民交往与合作的共同规范，增进相互间的理解与信任，减少误解和猜疑。与国家间交往相比，公民、企业和社会组织间的交往要更全面、更立体，也更加持久。民相亲是国相交的深厚基础和坚实纽带，人类共同价值是中国社会走向世界的通行证，是中国外交必不可少的保障。

作为中国外交的内在基础，中国的政治发展也同样得到了全球价值理念的启发和引导。和平、发展、公平、正义、自由、民主等概念提法虽然并非全部源于中国，但是均已成为中国社会普遍接受的重要社会与政治价值。一旦偏离这些价值，就不能满足国家和公民的需要和追求，中国社会的最大公约数就会遭到破坏，就会面临失去改革开放以来所取得的诸多政治、经济和社会发展成果的危险。人类共同价值是全球价值理念在中国的具体表现形式，前者源于后者，并在吸收人类优秀价值的同时，侧重于容纳和调和不同需求和价值间的冲突，以包容促进发展与进步。人类共同价值是中国社会的共识，是中国外交必不可少的基石。

人类共同价值是全球价值理念的中国表述，习近平主席在外交活动中高度重视在尊重普遍价值追求的基础上"讲好中国故事"。他在多个国际场合身体力行，致力于以中国的特有表述来推广人类共同价值所支持的诸多理念。2014年9月，在上海合作组织成员国元首理事会第十四次会议上，他提出"他山之石，可以攻玉"，鼓励各国交流互鉴；① 2014年9月，他在印度世界事务委员会呼吁"己欲立而立人，己欲达而达人"，指出各国应当走共同繁荣之路；② 2015年4月，他在巴基斯坦议会发表演讲，"人而无信，不知其可也"，阐述了中国一诺千金的外交原则；③ 2015年11月，他在新加坡国立大学表示"不患人之不己知，患不知人也"，点明了中国不惧误解、虚心交流的对外交往立场；④ 2016年9月，在二十国集团工商峰会开幕式上，他更是旗帜鲜明地提出了"小智治事、大智治制"的口号，向世界强调了制度化、规则化的重要性和

---

① 习近平：《凝心聚力 精诚协作 推动上海合作组织再上新台阶——在上海合作组织成员国元首理事会第十四次会议上的讲话》，《人民日报》2014年9月13日第3版。

② 习近平：《携手追寻民族复兴之梦——在印度世界事务委员会的演讲》，《人民日报》2014年9月19日第3版。

③ 习近平：《构建中巴命运共同体 开辟合作共赢新征程——在巴基斯坦议会的演讲》，《人民日报》2015年4月22日第2版。

④ 习近平：《深化合作伙伴关系 共建亚洲美好家园——在新加坡国立大学的演讲》，《人民日报》2015年11月8日第2版。

紧迫性。① 习近平主席将富有中国特色的表述与具有普遍吸引力的全球价值观结合起来，有力地增强了中国外交的感召力和影响力。

第二节　和平与发展

和平与发展关乎人类最基本的生存权，是所有人权和价值追求的基础。正所谓"没有和平，何谈人权？没有安全，何谈尊严？没有稳定，何谈自由？"止戈化武、讲信修睦是促进和保护一切人类价值的必要环境基础。发展和繁荣也同样是人类社会的永恒主题，为实现各项人权提供了基本物质条件。② 对于国家和社会而言，只有和平与发展得到保障，才谈得上实现公平、正义、自由和民主等一系列价值目标。维护国际形势总体和平稳定，促进各国共同发展，也就成了中国外交的首要价值取向，而合作共赢则是实现这一目标的现实途径。当今世界局势正在发生深刻复杂的变化，但是和平与发展仍然是时代的主题，合作共赢的时代潮流也更加强劲。中国是维护世界和平、促进共同发展的重要力量。习近平总书记在党的十九大报告中庄严承诺："中国发展不对任何国家构成威胁"，"中国无

---

① 习近平：《中国发展新起点　全球增长新蓝图——在二十国集团工商峰会开幕式上的主旨演讲》，《人民日报》2016年9月4日第3版。

② 王毅：《共同促进和保护人权　携手构建人类命运共同体》，《人民日报》2017年2月27日第21版。

第七章　贡献人类共同价值

论发展到什么程度，永远不称霸，永远不搞扩张"。① 中国将始终高举和平、发展、合作、共赢的旗帜，牢牢把握坚持和平发展、促进民族复兴的方针，为促进全世界的和平和发展事业做出积极贡献。

一　和平与发展是中国的基本价值

当今世界是一个快速变化的世界，当今人类也依然面临诸多难题和挑战。国际金融危机、世界经济增长不稳定、全球发展不平衡等不确定因素持续存在，霸权主义、强权政治、新干涉主义、非传统安全和全球性挑战也不时浮现，战争和动荡依然在全世界散布着灾难和不幸。但是，这些动荡的存在恰恰说明了和平与发展是人类的基本价值。在挑战面前，中国认为当前世界的基本现实是"一大批新兴市场国家和发展中国家走上发展的快车道，十几亿、几十亿人口正在加速走向现代化，多个发展中心在世界各地区逐渐形成，国际力量对比继续朝着有利于世界和平与发展的方向发展"②。不畏浮云遮望眼，这些积极现象说明世界各国人民对和平与发展的追求依然是推动世界格局演变的基本动力，和平与发展正在汇集越来越多的价值共识，维护和平发展的力量也在不断增长。

和平与发展是人类的基本权利和价值追求，两者具有

---

①　习近平：《决胜全面建成小康社会　夺取新时代中国特色社会主义伟大胜利——在中国共产党第十九次全国代表大会上的报告》，《人民日报》2017年10月28日第5版。

②　中共中央宣传部：《习近平总书记系列重要讲话读本（2016年版）》，学习出版社、人民出版社2016年版，第263页。

紧密的内在联系。"和平犹如空气和阳光，受益而不觉，失之则难存。没有和平，发展就无从谈起。"① 只有保障和平，才能实现国家、社会和个人的发展。同时，也只有实现全面、健康、可持续的发展，才能真正保障国家内和国家间的和平。正所谓"没有和平，中国和世界都不可能顺利发展；没有发展，中国和世界也不可能有持久和平"。② 损害和平的发展与缺少发展的和平，都是不可持续的，都不符合世界人民的愿望，也都不是真正的和平与发展。习近平总书记告诫我们，伴随着"世界多极化、经济全球化深入发展和文化多样化、社会信息化持续推进，今天的人类比以往任何时候都更有条件朝和平与发展的目标迈进"。在人类已经拥有远较以往丰富的社会财富、远较以往先进的科学技术、远较以往密切的国际联系的当今时代，维持和平与发展的关键就在于认清时代的潮流，跟上时代前进的步伐，"不能身体已进入21世纪，而脑袋还停留在过去，停留在殖民扩张的旧时代里，停留在冷战思维、零和博弈老框框内"③。

与单纯呼吁和平不同，中国更重视通过合理的发展模式为和平创造必要的社会条件，"坚持公平包容，打造平衡普惠的发展模式"。中国倡导的发展是包容发展、共同

---

① 习近平：《共同创造亚洲和世界的美好未来——在博鳌亚洲论坛2013年年会上的主旨演讲》，《人民日报》2013年4月8日第2版。

② 习近平：《更好统筹国内国际两个大局 夯实走和平发展道路的基础》，《人民日报》2013年1月30日第1版。

③ 习近平：《习近平谈治国理政》，外文出版社2014年版，第273—274页。

发展，主张"让发展更加平衡，让发展机会更加均等、发展成果人人共享"，"完善发展理念和模式，提升发展公平性、有效性、协同性"。① 这一发展模式强调富国和穷国、富人与穷人、人与自然、人与社会的和谐发展。这种发展不能是孤立的发展，更不能是以邻为壑、损人利己的发展，后者不仅不可持续，而且最终会威胁到自身、地区和世界的和平，损害所有相关国家的发展。中国提倡，各国应当在谋求自身发展的同时，积极促进其他国家的发展，"不能把世界长期发展建立在一批国家越来越富裕而另一批国家却长期贫穷落后的基础之上"。世界各国应当顺应时代潮流，选择正确的发展道路，"以合作取代对抗，以共赢取代独占"。共同享受尊严，共同享受发展成果，共同享受安全保障，构建持久和平，实现持续发展。②

和平、发展是最为强劲的时代潮流，合作、共赢是日益明显的全球趋势。各国应当同心协力，妥善应对各类复杂问题与严峻挑战，扩大彼此间的利益交汇。在理解各国发展水平差异，尊重各国对发展模式、发展方式的选择的基础上，共同承担起促进世界和平与发展的责任。在世界性挑战面前，中国是世界和平的维护者和世界发展的推动者，正在并始终积极贡献自身力量，把和平、发展、合作、共赢的时代潮流推向新的高峰。

---

① 习近平：《共担时代责任 共促全球发展——在世界经济论坛2017年年会开幕式上的主旨演讲》，《人民日报》2017年1月18日第3版。

② 中共中央宣传部：《习近平总书记系列重要讲话读本（2016年版）》，学习出版社、人民出版社2016年版，第262页。

二 和平与发展是中国的基本国策

坚定不移地走和平发展道路是中国根据时代发展潮流和国家根本利益做出的战略选择。在当今世界，伴随着中国的迅速崛起，外部世界日益关注中国是否能始终坚持和平发展道路。在这一历史的转折点，习近平总书记明确宣示"中国繁荣昌盛是趋势所在，但国强必霸不是历史定律"，强调中国自古以来就倡导"强不执弱，富不侮贫"，深知"国虽大，好战必亡"的道理。[①] 这有力地回击了"中国威胁论"，坚定了世界各国对中国坚持和平发展的信心。"两个一百年"宏伟目标的本质要求中国必须坚持和平与发展道路，才能实现这一战略目标。

中华民族自古以来就一直致力于与周边国家的和平交往，奉行的是与侵略扩张、对外殖民完全相左的和平理念，倡导和而不同、和谐共处。历史上的中国不仅反对侵略主义的开疆拓土，也不赞成对他国内政的无端干预，提倡"礼不往教"，向来尊重其他国家的民族理念和发展道路。近代以来，中华民族曾经遭受列强的长期侵略和欺凌，但是中国人民从中学到的不是弱肉强食的强盗逻辑，而是更加坚定了阻止战争、维护和平的决心，甚至以德报怨，慷慨大度地化解历史矛盾。中国历来讲求"己所不欲，勿施于人"，"战火频频、兵燹不断、内

---

① 习近平：《深化合作伙伴关系　共建亚洲美好家园——在新加坡国立大学的演讲》，《人民日报》2015年11月8日第2版。

外战乱和外敌入侵循环发生"的近代历史"给中国人留下了刻骨铭心的记忆",这反过来更加坚定了中国人民走和平发展道路的决心。①

中华人民共和国成立以来特别是改革开放以来的外交实践证明,和平发展是中国基于自身国情、社会制度和文化传统做出的顺应时代潮流的正确选择。首先,选择和平发展道路,极大地改变了中国的经济和社会面貌,显著增强了综合国力,大幅改善了与周边国家和世界各国的关系,成了全球化时代的主要受益者,这证明和平发展道路符合中国的根本利益。其次,中国选择和平发展道路,还带动了周边和世界各国的发展,维护了地区和世界和平,符合周边国家利益,符合世界各国利益,最终也保障了中国自身的持续稳定与繁荣。最后,中国当前仍然是世界上最大的发展中国家,提高13亿人的生活水平还需要中国付出艰苦奋斗和长期努力。习近平总书记强调"中国要聚精会神搞建设,需要两个基本条件,一个是和谐稳定的国内环境,一个是和平安宁的国际环境"。② 要想创造和维护这两个基本条件,就必须继续坚持和平发展道路。

中国的发展将为世界提供更多的机遇,世界的繁荣与稳定也是中国进一步发展的条件。随着"一带一路"建设

---

① 习近平:《在德国科尔伯基金会的演讲》,《人民日报》2014年3月30日第2版。

② 习近平:《习近平谈治国理政》,外文出版社2014年版,第266页。

的不断推进和深入,中国将更紧密地与周边和世界各国的命运联系在一起,更加需要争取和平的国际环境,塑造繁荣的国际经济。中国的外向型经济发展和经济结构转型升级也需要世界向中国提供更多的空间和机遇,更需要维持和平、稳定、合作的国际环境。因此,"中国走和平发展道路,不是权宜之计,更不是外交辞令,而是从历史、现实、未来的客观判断中得出的结论","和平发展道路对中国有利,对世界有利,我们想不出有任何理由不坚持这条被实践证明是走得通的道路"。[①] 中国将更加坚定不移地走和平发展道路,向世界更多地分享自身的发展成果,推动世界各国共同走和平发展道路,让和平的阳光永远普照人类生活的星球。

第三节 公平与正义

公平、正义是所有人类共同追求的基本社会价值观,但是在不同的时代和地区,对于什么是公平和正义却有各自不同的理解。在21世纪的国际政治当中,追求公平与正义就是要打造公正、平等的国际秩序,坚持道义为先、先义后利的国家交往原则。在各国之间建立平等相待、互商互谅的伙伴关系,营造公道正义、共建共享的安全格局,谋求开放创新、包容互惠的发展前景,促进和而不同、兼收并蓄的文明交流。以公平与正义推动国际政治的

[①] 习近平:《习近平谈治国理政》,外文出版社2014年版,第267页。

真正社会化，在各国之间结成相互联系、相互依存、相互合作、相互促进的牢固纽带，这已成为当今世界的广泛共识。

一 创造公正平等的国际环境

改变不公平、不合理的国际秩序和规则历来是中国外交的重要目标，为了实现"两个一百年"的奋斗目标，为了维护世界的普遍和平与广泛繁荣，中国将继续致力于推动整体国际环境朝着更加公正合理的方向发展。中国积极倡导的公平主要有公正和平等两个层面的含义。公正是指要突破狭隘的国家利益观，反对弱肉强食、落后就要挨打，反对一部分国家富裕、一部分国家贫穷的旧秩序。在处理国际事务中要站在全人类的立场上，兼顾不同国家、不同社会的合理需求。平等则是指所有国家无论大小强弱，一律享有平等的主权与国际地位，反对霸权主义和强权政治，强调不同国家应当以和平友好的方式协商合作。

公正的国际秩序要求在安全上打造公道正义、共建共享的安全格局，摒弃一切形式的冷战思维和弱肉强食的丛林法则，反对穷兵黩武的霸道做法；要求在经济上塑造包容发展、"兼顾效率和公平的规范格局"，反对富者愈富、穷者愈穷的不可持续的世界发展格局，综合利用政府这一"看得见的手"与市场这一"看不见的手"，互相促进、互相提高。习近平主席敦促各国应充分认识到"在经济全球化时代，各国安全相互关联、彼此影响。没有一个国家能凭一己之力谋求自身绝对安全，也没有一个国家可以从别国的动荡中收获稳定"。① 打造公正的国际新秩序要求各国扔掉我赢你输、赢者通吃的旧思维。应当坚持多边主义，反对单边主义，奉行双赢、多赢、共赢的新理念。各国"不能这边搭台，那边拆台，而应该相互补台，好戏连台"。不论是在安全、经济还是其他事务上，各国都应当把世界塑造为"共谋发展的大舞台，而不是相互角力的竞技场，更不能为一己之私把一个地区乃至世界搞乱"。②

平等的国际关系要求在国际事务中严格遵循联合国宪章所规定的主权平等原则。这一平等有两层含义：第一，各国的主权平等意味着"不能以大压小、以强凌弱、以富欺贫"，体现在各国主权和领土完整不容侵犯、内政不容干涉，反对霸权主义和强权政治上，这也是自提出和平共处五项原则以来中国在这一问题上的一贯立场。第二，平等不仅意味着国际法律地位上的对等，"还应该体现在各国自主选择社会制度和发展道路的权利应当得到维护，体现在各国推动经济社会发展、改善人民生活的实践应当受到尊重"③。这种道义上的互相尊重是更深层

---

① 习近平：《携手构建合作共赢新伙伴 同心打造人类命运共同体——在第七十届联合国大会一般性辩论时的讲话》，《人民日报》2015年9月29日第2版。

② 习近平：《习近平谈治国理政》，外文出版社2014年版，第331页。

③ 习近平：《携手构建合作共赢新伙伴 同心打造人类命运共同体——在第七十届联合国大会一般性辩论时的讲话》，《人民日报》2015年9月29日第2版。

次的平等。

　　这种尊重应当体现在国际事务的方方面面：各国不仅应当拥有平等的法律权利，还应当在价值和文化上被平等看待、平等尊重。在处理国际事务，尤其是彼此间的分歧时，各国应当是互相协商、平等对待的伙伴关系，而不是"先进与落后""老师与学生"之间的不平等关系。习近平总书记指出，"不同国家、民族的思想文化各有千秋，只有姹紫嫣红之别，而无高低优劣之分"，"每个国家、每个民族不分强弱、不分大小，其思想文化都应该得到承认和尊重"。① 中国主张以最全面的方式来理解国家间一律平等，以最严格的标准来指导国家间的平等合作。

　　此外，中国还特别强调各国应共同解决人类面临的一系列安全和发展问题，在互助合作中参与全球治理、实现普遍的发展与进步，以在实质上保障各国在国际关系中的平等权利地位。为此，中国一方面主张"加大对发展中国家特别是最不发达国家援助力度，促进缩小南北发展差距"，另一方面则呼吁"支持扩大发展中国家在国际事务中的代表性和发言权"。② 无论是在周边经济走廊建设中，还是"一带一路"倡议框架下的其他诸多合作机制内，中

---

　　① 习近平：《在纪念孔子诞辰2565周年国际学术研讨会暨国际儒学联合会第五届会员大会开幕会上的讲话》，《人民日报》2014年9月25日第2版。

　　② 习近平：《决胜全面建成小康社会　夺取新时代中国特色社会主义伟大胜利——在中国共产党第十九次全国代表大会上的报告》，《人民日报》2017年10月28日第5版。

国都高度重视周边各国的平等参与，在适当照顾发展中国家的切实利益的基础上共同承担发展的责任，共同谋划发展蓝图，共同分享发展的成果，这是中国践行自身价值理念的高度体现。

二　坚持道义为先的交往原则

在倡导建立公正合理的国际秩序的同时，中国还对自身外交提出了更高的价值要求，即在国与国交往中坚持道义为先的原则，践行正确义利观。做到义利相兼、义利并举，义重于利、先义后利，甚至是舍利取义。这一原则尤其适用于中国同发展中国家之间的关系，要始终"坚持国家不分大小、强弱、贫富一律平等，秉持公道、伸张正义，反对以大欺小、以强凌弱、以富压贫"，"在涉及对方核心利益和重大关切的问题上相互支持"，坚定维护发展中国家的正当诉求和共同利益。[①]

中国倡导的"义"有四个层次的内涵。首先要"讲信义"，即在对外交往中恪守承诺，绝不说一套做一套，始终不渝地坚持和平共处五项原则，坚持和平发展道路。只要是中方做出的承诺，就一定会不折不扣地落到实处，绝不会见利忘义、背信弃义。其次要"重情义"，即要充分考虑和维护中国和广大国家，尤其是发展中国家共同的历史感情与联系，"绝不会因为中国自身发展和国际地位

[①] 习近平：《习近平谈治国理政》，外文出版社2014年版，第306页。

第七章 贡献人类共同价值

提高而发生变化"，[1]绝不会嫌贫爱富、损人利己，永远做它们的好朋友、好兄弟、好伙伴。再次是"扬正义"，中国决心打破国强必霸的传统逻辑，不走侵略扩张的老路，而是着力维护世界各国的独立主权、领土完整和民族尊严，积极推动国际新秩序的建立。始终从世界和平与发展的大义，坚持原则，仗义执言。最后是要"树道义"，中方会在力所能及的范围内承担更多的国际责任和义务，以更加积极的姿态参与国际事务。对于分歧和争议，中国都将从中国人民和世界人民的根本利益出发，根据事情本身的是非曲直，决定自己的立场和政策，不屈从于任何外来压力。[2]

在丰富"义"的概念内涵之外，习近平总书记对于"利"同样有新论述。他指出中国所说的"利"是互利共赢，不是狭隘、片面的中国国家利益。"不能只追求你少我多、损人利己，更不能搞你输我赢、一家通吃"，而是要"立足全局、放眼长远，坚持互利共赢、共同发展，既要让自己过得好，也要让别人过得好"。[3] 中国绝不走殖民扩张的老路，绝不会效仿唯利是图的做法，也不会在对外交往中只考虑实现自己的一己之私。中国愿意与所有国家共同繁荣、共同发展。在追求中国自身的合法权益时，也

---

[1] 习近平：《习近平谈治国理政》，外文出版社2014年版，第306页。

[2] 《中央外事工作会议在京举行》，《人民日报》2014年11月30日第1版。

[3] 习近平：《共创中韩合作未来 同襄亚洲振兴繁荣——在韩国国立首尔大学的演讲》，《人民日报》2014年7月5日第2版。

会更多地考虑到其他国家的现实需求和发展需要，确保双赢、共赢、多赢。中国主张用包容开放的心态看待国家利益，从全面、长期、公正的视角出发处理利益关系。"只有大家一起发展才是真发展，可持续发展才是好发展。"任何国家的片面繁荣都是不稳定和不可持续的，甚至会引发危机。秉持道义为先的交往原则，就要树立正确的国家利益观，"共同营造人人免于匮乏、获得发展、享有尊严的光明前景"[①]。中国认为，一国的国家利益与全世界的共同利益息息相关，一荣俱荣、一损俱损，没有国家能够在全球化时代独自发展。这一抓住时代特征的世界观正是践行正确义利观的认识基础。

坚持道义为先体现了中国外交对正义价值的不懈追求。这一原则继承和发展了包括和平共处五项原则在内的新中国外交的优良传统，体现了中国特色社会主义国家的进步理念，是与世界各国交往的重要指南，是中国外交在新时期中的一面旗帜。相对于强调主权平等、领土完整与不干涉内政的和平共处五项原则，道义为先的原则强调更积极地承担国际责任、贡献中国力量，向合作伙伴更多地分享发展成果。这一变化鲜明反映了中国自身经济力量和综合国力在改革开放后的迅速增长，也突出体现了中国特色社会主义外交的显著特征。

---

① 习近平：《携手构建合作共赢新伙伴 同心打造人类命运共同体——在第七十届联合国大会一般性辩论时的讲话》，《人民日报》2015年9月29日第2版。

第七章　贡献人类共同价值

第四节　民主与自由

民主与自由是全人类共同追求的重要政治价值，但是由于历史文化和发展程度的差异，不同国家人民不仅对于民主和自由内涵的认识有所区别，其实践形式更是多种多样。中国认为，民主的本质就是找到全社会意愿和需求的最大公约数，保证政治生活能够代表最广大人民的利益，而不在于某种特定的制度形式。在国际政治领域同样也应当应用民主原则，让世界各国平等、普遍地参与到世界事务中来。同样，自由是社会全体的自由，而非仅仅是个人的、孤立的自由，只有整个社会的权利都得到保障，才能真正实现每个人的自由；只有维护世界和平和主权独立，才能真正保障各国公民的社会权利，实现普遍自由。

一　推进国际关系的民主化进程

中国是社会主义国家，建立的是中国特色社会主义民主制度。这一制度的民主性体现在以民主制度、民主形式、民主手段来支持和保障人民当家做主，体现全体人民的意志。"名非天造，必从其实。"习近平总书记指出，判断人民是否享有民主权利"要看人民是否在选举时有投票的权利，也要看人民在日常政治生活中是否有持续参与的权利；要看人民有没有进行民主选举的权利，也要看人民有没有进行民主决策、民主管理、民主监督的权利"。①

中国的社会主义民主"不仅需要完整的制度程序，而且需要完整的参与实践"②。比较而言，中国的民主实践不仅包含了西方民主中人民参与选举的积极成分，还更有力地保障了民主参政的实质权利。中国民主政治和社会的迅速发展说明，世界上没有完全相同的民主政治模式，走什么样的民主发展道路，必须与一国的具体国情相适应。正所谓"履不必同，期于适足；治不必同，期于利民"，"不能要求有着不同文化传统、历史遭遇、现实国情的国家都采用同一种发展模式"。③ 尊重各国民主政治的发展方式，是尊重和促进民主价值的最直接表现。

改革开放以来中国在政治、经济、社会、文化领域所取得的重大成就说明，中国实行的最广泛的人民民主制度具有强大的生命力，是中国民主政治发展的正确方向。与一些套用西式民主结果却动荡不安、发展缓慢的发展中国家相比，中国特色的社会主义民主制度无疑更好地保障了人民的基本权利，更具实质上的民主性。中国民主制度的关键就在于将政治民主与社会稳定和经济发展结合起来，致力于建设协商民主而非竞争性民主，更好地汇聚了社会的最大公约数，更大程度地汇集了最广泛的人民力量，最终在各方面取得了举世瞩目的成就。中国的民主实践说

---

① 习近平：《在庆祝中国人民政治协商会议成立65周年大会上的讲话》，《人民日报》2014年9月22日第2版。

② 同上。

③ 习近平：《习近平谈治国理政》，外文出版社2014年版，第315页。

明，协商一致、共同参与是民主制度的力量所在。相应的，推广民主价值、推进国际关系民主化的重点应当是保障世界各国在国际事务中的平等和充分参与。

中国长期以来一直坚持倡导国际关系的民主化，主张"世界的命运必须由各国人民共同掌握，各国主权范围内的事情只能由本国政府和人民去管，世界上的事情只能由各国政府和人民共同商量来办"[1]。国际社会的全体成员都应当共同遵守这一国际事务中的民主化原则。所有国家不分大小强弱，都应当拥有平等参与国际事务的权利，同时，各国参与国际事务的民主权利应当得到实质保障。反之，任何国家都不应享有特权或者特殊地位。习近平总书记一针见血地指出，"垄断国际事务的想法是落后于时代的，垄断国际事务的行动也肯定是不能成功的"。为了促进国际关系的民主化，中国提倡国际关系的法制化和合理化。前者要求"用统一适用的规则来明是非、促和平、谋发展"，"适用法律不能有双重标准"，"反对以法治之名行侵害他国正当权益、破坏和平稳定之实"；后者则要求国际机制要适应国际力量的新变化和国际形势的新发展，"体现各方关切和诉求，更好维护广大发展中国家正当权益"。[2]

中国主张各国应当本着求同存异的精神参与国际事

---

[1] 习近平：《习近平谈治国理政》，外文出版社2014年版，第273—274页。

[2] 习近平：《弘扬和平共处五项原则 建设合作共赢美好世界——在和平共处五项原则发表60周年纪念大会上的讲话》，《人民日报》2014年6月29日第2版。

务,"有事好商量,众人的事情由众人商量"。① 在积极贡献本国智慧和力量的同时,各国应奉行协商一致、友好共处的精神,不挑起、不激化与其他国家的矛盾,不强迫其他国家采纳某一观点或者立场,共同寻求和谋划国际社会的最大公约数。要高度重视和维护代表最广大国家利益的联合国的作用,坚决反对少数国家独断专行,推行双重标准,破坏国际民主。中国强调,国际社会中的民主价值必须体现在协商一致的民主原则上,决不存在干涉他国、强迫他国、危害他国的民主。

二 尊重各国主权、保障人民自由

自由不仅是全人类普遍向往、拥有强大号召力的价值追求,人的彻底自由与全面解放更是共产主义思想自诞生以来所一直致力于实现的重要理念。虽然在任何社会,自由都是相对的,都是受到一定规则约束的,但是并不能因此而否定自由本身的价值。社会主义发展的目标始终是要促进生产力的发展和生产关系的合理化,将人类从物质匮乏和不合理的社会关系中解放出来,最终通过"一切人的自由发展"来实现"每个人的自由发展"。因此,维护和保障人民的自由无疑是中国特色社会主义建设和中国外交的内在要求和题中之义。

自由是社会主义核心价值观的重要内容,其内核是保

---

① 习近平:《决胜全面建成小康社会 夺取新时代中国特色社会主义伟大胜利——在中国共产党第十九次全国代表大会上的报告》,《人民日报》2017年10月28日第5版。

障人民的正当权利不受侵害,体现在对各类人权的尊重、保护和促进。自由与人权是紧密关联的两个概念,保障人权的核心就是维护人民相对于自然与权力的自由。对此,习近平总书记明确指出要"加强人权法治保障,保证人民依法享有广泛权利和自由"。[①] 中国对自由的重视体现在对自由的根本保障上,即通过解放和发展生产力,改善生产关系和社会结构,增强每个人摆脱自然和权力束缚的能力,确保社会发展真正有助于人类走向自我实现。因此,中国主张自由不应当仅仅停留在纸面上,还必须是真正能够被主张、被追索、被实现的权利,必须拥有充足的现实保障。反之,缺少社会条件保障的自由只是欺骗性的伪自由。

自由不是凭空实现的,必须拥有现实的社会发展基础和制度保障,而在国际政治因素中最重要的就是国家的主权独立。"主权平等是促进和保护人权的根本,主权平等是当代国际关系最重要的准则,也是国际人权法和联合国人权工作的基本原则。"在保护人权,促进自由时,各国"不能把人权政治化,不能借人权干涉内政,更不能搞政权更迭"。"将自身价值观和人权发展模式强加于人,肆意干涉他国内政甚至发动战争,只会造成混乱,导致打开潘多拉盒式的持久动荡。"[②] 只有切实尊重各国的主权独立,

---

[①] 习近平:《决胜全面建成小康社会 夺取新时代中国特色社会主义伟大胜利——在中国共产党第十九次全国代表大会上的报告》,《人民日报》2017年10月28日第5版。

[②] 王毅:《共同促进和保护人权 携手构建人类命运共同体》,《人民日报》2017年2月27日第21版。

才有可能实现国际社会的持久和平,才有各国人民自由权利的条件。中国致力于促进的是世界各国人民的普遍自由,而不是在国际社会中肆意妄为的所谓"自由",而实现普遍自由的最现实、最有力途径就是保障世界各国的主权独立。

中国向来坚定维护本国和其他国家的主权独立。习近平总书记反复强调"决不能放弃我们的正当权益,决不能牺牲国家核心利益","任何外国不要指望我们会拿自己的核心利益做交易,不要指望我们会吞下损害我国主权、安全、发展利益的苦果"。① 自由是人类的共同价值,对人民自由的维护必须建立在对国家主权的维护上。只谈公民自由,不谈国家主权,那么不仅有失公允,而且也不能真正促进自由,反而会损害前者的实现。中国主张各方应始终恪守《联合国宪章》所规定的宗旨和原则,强调国家主权神圣不可侵犯,各国应该在彼此互相尊重主权的基础上合作促进全人类的自由发展。

尊重国家主权是维护和促进人民自由的最重要前提。尊重主权与不干涉内政是国际法中的公认原则,适用于国际关系的一切领域,在促进自由上也同样如此。各国在相互交往中只有互相尊重主权、互不干涉内政,才有和平与安宁,才能在此基础上实现社会的充分发展和人民的彻底自由解放。任何国家都不应当利用自由和人权问题强行推广自身的价值观念、意识形态、政治标准和发展模式,更

---

① 习近平:《更好统筹国内国际两个大局 夯实走和平发展道路的基础》,《人民日报》2013年1月30日第1版。

无权借此干涉别国内政。各国应当在吸收人类文明先进成果的基础上，根据自身的具体国情来独立探索如何维护和促进自由。

第五节　本章小结

与西方国家推崇的"普世价值"不同，中国提出的人类共同价值"反映的是不同个体、民族、国家之间的共性，不是某个地域特殊价值的人为提升，不能产生于任何人的主观设计，而是人类在认识和改造世界的过程中、在各民族文化交流和融合的过程中自然形成的"[1]。随着世界的不断发展和进步，合作的不断扩大和深入，习近平总书记提出的人类共同价值也必将被世界上越来越多的国家所理解和接受。

为了坚守自身的价值追求，中国将继续"坚定不移维护世界和平、促进共同发展；秉持公道，伸张正义，根据事情本身的是非曲直决定自己的立场和政策；尊重各国人民自主选择发展道路的权利，决不把自己的意志强加于人，也决不允许任何人把他们的意志强加于中国人民"[2]。同时，中国也相信"文明文化可以传播，和平发展也可以传播"，中国将通过实际行动进一步维护和促进和平、发

---

[1] 项久雨：《莫把共同价值与"普世价值"混为一谈》，《人民日报》2016年3月30日第7版。

[2] 习近平：《习近平谈治国理政》，外文出版社2014年版，第30页。

展、公平、正义、民主、自由这一系列的人类共同价值，"让和平的阳光驱走战争的阴霾，让繁荣的篝火温暖世界经济的春寒，促进全人类走上和平发展、合作共赢的道路"。①

中国提出的人类共同价值既是对世界各国的呼吁，也是对自身发展的要求，中国将在外交活动中坚定遵循人类共同价值，不懈践行和平、发展、公平、正义、民主、自由的基本理念，为世界各国做出突出表率。

---

① 习近平：《习近平谈治国理政》，外文出版社2014年版，第282页。

参考文献

中国国家领导人著作

《邓小平文选》第 2、3 卷，人民出版社 1994 年版。

习近平：《习近平谈治国理政》，外文出版社 2014 年版。

专著、文集

《中国共产党第十八次全国代表大会文件汇编》，人民出版社 2012 年版。

《中共中央关于全面深化改革若干重大问题的决定》，人民出版社 2013 年版。

中共中央宣传部：《习近平总书记系列重要讲话读本（2016 年版）》，学习出版社、人民出版社 2016 年版。

《总体国家安全观干部读本》编委会：《总体国家安全观干部读本》，人民出版社 2016 年版。

李扬主编：《经济蓝皮书夏季号：中国经济增长报告（2015—2016）》，社会科学文献出版社 2016 年版。

期刊

习近平：《在党的十八届五中全会第二次全体会议上的讲

话（节选）》，《求是》2016 年第 1 期。

杨洁篪：《新形势下中国外交理论和实践创新》，《求是》2013 年第 16 期。

王毅：《发展中的中国和中国外交》，《人民论坛》2016 年第 13 期。

王毅：《构建以合作共赢为核心的新型国际关系》，《国际问题研究》2015 年第 3 期。

王毅：《探索中国特色大国外交之路》，《人民论坛》2013 年第 22 期。

王家瑞：《推动文明交流互鉴　促进世界和平发展——学习习近平总书记访欧阐述的重要外交理念》，《求是》2014 年第 14 期。

报纸

胡锦涛：《坚定不移沿着中国特色社会主义道路前进　为全面建成小康社会而奋斗》，《人民日报》2012 年 11 月 9 日第 2 版。

习近平：《更好统筹国内国际两个大局夯实走和平发展道路的基础》，《人民日报》2013 年 1 月 30 日第 1 版。

习近平：《顺应时代前进潮流　促进世界和平发展——在莫斯科国际关系学院的演讲》，《人民日报》2013 年 3 月 24 日第 2 版。

习近平：《永远做可靠朋友和真诚伙伴——在坦桑尼亚尼雷尔国际会议中心的演讲》，《人民日报》2013 年 3 月 26 日第 2 版。

习近平：《携手合作　共同发展——在金砖国家领导人第

五次会晤时的主旨讲话》,《人民日报》2013年3月28日第2版。

习近平:《共同创造亚洲和世界的美好未来——在博鳌亚洲论坛2013年年会上的主旨演讲》,《人民日报》2013年4月8日第2版。

习近平:《共同维护和发展开放型世界经济——在二十国集团领导人峰会第一阶段会议上关于世界经济形势的发言》,《人民日报》2013年9月6日第2版。

习近平:《弘扬人民友谊　共创美好未来——在纳扎尔巴耶夫大学的演讲》,新华社,2013年9月7日。

习近平:《发挥亚太引领作用,维护和发展开放型世界经济——在亚太经合组织领导人会议第一阶段会议上关于全球经济形势和多边贸易体制的发言》,《人民日报》2013年10月8日第2版。

习近平:《在德国科尔伯基金会的演讲》,《人民日报》2014年3月30日第2版。

习近平:《在布鲁日欧洲学院的演讲》,《人民日报》2014年4月2日第2版。

习近平:《坚持总体国家安全观　走中国特色国家安全道路》,《人民日报》2014年4月16日第1版。

习近平:《积极树立亚洲安全观　共创安全合作新局面——在亚洲相互协作与信任措施会议第四次峰会上的讲话》,《人民日报》2014年5月22日第2版。

习近平:《弘扬和平共处五项原则　建设合作共赢美好世界——在和平共处五项原则发表60周年纪念大会上的讲话》,《人民日报》2014年6月29日第2版。

习近平：《共创中韩合作未来　同襄亚洲振兴繁荣——在韩国国立首尔大学的演讲》，《人民日报》2014年7月5日第2版。

习近平：《新起点　新愿景　新动力——在金砖国家领导人第六次会晤上的讲话》，《人民日报》2014年7月17日第2版。

习近平：《努力构建携手共进的命运共同体——在中国—拉美和加勒比国家领导人会晤上的主旨讲话》，《人民日报》2014年7月19日第2版。

习近平：《在庆祝中国人民政治协商会议成立65周年大会上的讲话》，《人民日报》2014年9月22日第2版。

习近平：《在纪念孔子诞辰2565周年国际学术研讨会暨国际儒学联合会第五届会员大会开幕会上的讲话》，《人民日报》2014年9月25日第2版。

习近平：《联通引领发展　伙伴聚焦合作——在"加强互联互通伙伴关系"东道主伙伴对话会上的讲话》，《人民日报》2014年11月9日第2版。

习近平：《谋求持久发展　共筑亚太梦想——在亚太经合组织工商领导人峰会开幕式上的演讲》，《人民日报》（海外版）2014年11月10日第7版。

习近平：《共建面向未来的亚太伙伴关系——在亚太经合组织第二十二次领导人非正式会议上的开幕辞》，《人民日报》2014年11月12日第2版。

习近平：《推动创新发展　实现联动增长——在二十国集团领导人第九次峰会第一阶段会议上的发言》，《人民日报》2014年11月16日第2版。

习近平：《共同谱写中拉全面合作伙伴关系新篇章——在中国—拉共体论坛首届部长级会议开幕式上的致辞》，《人民日报》2015年1月9日第2版。

习近平：《迈向命运共同体 开创亚洲新未来——在博鳌亚洲论坛2015年年会上的主旨演讲》，《人民日报》2015年3月29日第2版。

习近平：《构建中巴命运共同体 开辟合作共赢新征程》，《新华每日电讯》2015年4月22日第2版。

习近平：《弘扬万隆精神 推进合作共赢——在亚非领导人会议上的讲话》，《人民日报》2015年4月23日第2版。

习近平：《共建伙伴关系 共创美好未来》，《人民日报》2015年7月10日第3版。

习近平：《坚持构建中美新型大国关系正确方向 促进亚太地区和世界和平稳定发展》，《人民日报》2015年9月23日第1版。

习近平：《在华盛顿州当地政府和美国友好团体联合欢迎宴会上的演讲》，《人民日报》2015年9月24日第2版。

习近平：《在西雅图出席侨界举行的欢迎招待会时的讲话》，《人民日报》2015年9月25日第2版。

习近平：《携手构建合作共赢新伙伴 同心打造人类命运共同体——在第七十届联合国大会一般性辩论时的讲话》，《人民日报》2015年9月29日第2版。

习近平：《创新增长路径 共享发展成果——在二十国集团领导人第十次峰会第一阶段会议上关于世界经济形势的发言》，《人民日报》2015年11月16日第2版。

习近平：《深化合作伙伴关系　共建亚洲美好家园——在新加坡国立大学的演讲》，《人民日报》2015年11月8日第2版。

习近平：《携手构建合作共赢、公平合理的气候变化治理机制》，《人民日报》2015年12月1日第2版。

习近平：《在中非合作论坛约翰内斯堡峰会上的总结讲话》，《人民日报》2015年12月6日第2版。

习近平：《在亚洲基础设施投资银行开业仪式上的致辞》，新华社，2016年1月16日。

习近平：《共同开创中阿关系的美好未来——在阿拉伯国家联盟总部的演讲》，新华社，2016年1月21日。

习近平：《在网络安全和信息化工作座谈会上的讲话》，《人民日报》2016年4月26日第2版。

习近平：《结合中国特色社会主义伟大实践　加快构建中国特色哲学社会科学》，《人民日报》2016年5月18日第1版。

习近平：《为构建中美新型大国关系而不懈努力——在第八轮中美战略与经济对话和第七轮中美人文交流高层磋商联合开幕式上的讲话》，《人民日报》2016年6月7日第2版。

习近平：《携手共创丝绸之路新辉煌——在乌兹别克斯坦最高会议立法院的演讲》，《人民日报》2016年6月23日第2版。

习近平：《在庆祝中国共产党成立95周年大会上的讲话》，《人民日报》2016年7月2日第2版。

习近平：《中国发展新起点　全球增长新蓝图——在二十

国集团工商峰会开幕式上的主旨演讲》,《人民日报》2016年9月4日第3版。

习近平:《构建创新、活力、联动、包容的世界经济——在二十国集团领导人杭州峰会上的开幕辞》,《人民日报》2016年9月5日第3版。

习近平:《共担时代责任 共促全球发展——在世界经济论坛2017年年会开幕式上的主旨演讲》,《人民日报》2017年1月18日第3版。

习近平:《共同构建人类命运共同体——在联合国日内瓦总部的演讲》,《人民日报》2017年1月20日第2版。

习近平:《携手推进"一带一路"建设——在"一带一路"国际合作高峰论坛开幕式上的演讲》,《人民日报》2017年5月15日第3版。

习近平:《决胜全面建成小康社会 夺取新时代中国特色社会主义伟大胜利——在中国共产党第十九次全国代表大会上的报告》,《人民日报》2017年10月28日第1版。

李克强:《在上海合作组织成员国政府首脑理事会第十三次会议上的讲话》,《人民日报》2014年12月16日第2版。

杨洁篪:《深化互信、加强对接,共建21世纪海上丝绸之路》,2015年3月29日,中华人民共和国外交部。

王毅:《坚定不移走和平发展道路 为实现中华民族伟大复兴营造良好环境》,《人民日报》2013年11月22日第16版。

王毅:《中国特色大国外交的成功实践》,《人民日报》

2013年12月19日第3版。

王毅：《中国是国际和地区秩序的维护者、建设者和贡献者——在第四届世界和平论坛午餐会上的演讲》，2015年6月27日，中华人民共和国外交部。

王毅：《携手打造人类命运共同体》，《人民日报》2016年5月31日第7版。

王毅：《共同促进和保护人权 携手构建人类命运共同体》，《人民日报》2017年2月27日第21版。

陈晓晨：《细说中国对外"伙伴关系"》，《第一财经日报》2014年11月24日第A06版。

戴木才：《全人类"共同价值"与社会主义核心价值观》，《光明日报》2015年10月28日第13版。

高虎城：《让中国梦点亮美好世界——学习贯彻习近平总书记经济外交思想》，2014年4月6日，中华人民共和国商务部。

国家发展和改革委员会、商务部、外交部：《推动共建丝绸之路经济带和21世纪海上丝绸之路的愿景与行动》，《人民日报》2015年3月29日第4版。

推进"一带一路"建设工作领导小组办公室：《共建"一带一路"：理念、实践与中国的贡献》，新华社，2017年5月10日。

穆虹：《推进"一带一路"建设》，《人民日报》2015年12月11日第7版。

项久雨：《莫把共同价值与"普世价值"混为一谈》，《人民日报》2016年3月30日第7版。

钟声：《厘清机遇威胁 尤需客观理性——二论构建中美

新型大国关系》,《人民日报》2015年9月8日第3版。

《习近平同美国副总统拜登会谈》,《人民日报》2012年2月15日第4版。

《承前启后　继往开来　继续朝着中华民族伟大复兴目标奋勇前进》,《人民日报》2012年11月30日第1版。

《习近平在第十二届全国人民代表大会第一次会议上的讲话》,《新华每日电讯》2013年3月18日第1版。

《习近平接受金砖国家媒体联合采访》,《人民日报》2013年3月20日第1版。

《习近平主席同普京总统会谈》,《人民日报》2013年3月23日第1版。

《习近平主席访问非洲成果丰硕》,《人民日报》2013年4月11日第3版。

《在新起点上开展跨越太平洋的合作》,《人民日报》(海外版)2013年6月10日第1版。

《胸怀大局把握大势着眼大事　努力把宣传思想工作做得更好》,《人民日报》2013年8月21日第1版。

《习近平接受土、俄、哈、乌、吉五国媒体联合采访》,《人民日报》2013年9月4日第2版。

《习近平出席二十国集团领导人第八次峰会并发表重要讲话》,《人民日报》2013年9月6日第1版。

《为我国发展争取良好周边环境　推动我国发展更多惠及周边国家》,《人民日报》2013年10月26日第1版。

《习近平在联合国教科文组织总部发表演讲》,《人民日报》2014年3月28日第1版。

《习近平会见欧盟委员会主席巴罗佐》,《人民日报》2014

年4月1日第1版。

《习近平会见纳米比亚总理根哥布》,《人民日报》2014年4月9日第1版。

《习近平同奥巴马在中南海会晤——强调要以积水成渊、积土成山的精神推进中美新型大国关系建设》,《人民日报》2014年11月12日第1版。

《中央外事工作会议在京举行》,《人民日报》2014年11月30日第1版。

《加快实施自由贸易区战略 加快构建开放型经济新体制》,《人民日报》2014年12月7日第1版。

《中共中央政治局召开会议审议通过〈国家安全战略纲要〉》,《人民日报》2015年1月24日第1版。

《习近平主持召开中央全面深化改革领导小组第十二次会议》,新华社,2015年5月5日。

《中共中央国务院关于构建开放型经济新体制的若干意见》,《人民日报》2015年9月18日第1版。

《习近平访美中方成果清单发布》,新华社,2015年9月26日。

《推动全球治理体制更加公正更加合理 为我国发展和世界和平创造有利条件》,《人民日报》2015年10月14日第1版。

《习近平出席中英工商峰会并致辞》,《人民日报》(海外版)2015年10月22日第2版。

《中共中央关于制定国民经济和社会发展第十三个五年规划的建议》,《人民日报》2015年11月4日第1版。

《习近平出席中非合作论坛约翰内斯堡峰会开幕式并发表

致辞》,《人民日报》2015年12月5日第1版。

《国家主席习近平发表二〇一六年新年贺词》,《人民日报》2016年1月1日第1版。

《习近平就"一带一路"建设提8项要求》,《新华每日电讯》2016年8月18日第1版。

《总结经验坚定信心扎实推进 让"一带一路"建设造福沿线各国人民》,《人民日报》2016年8月18日第1版。

《加强合作推动全球治理体系变革 共同促进人类和平与发展崇高事业》,《人民日报》2016年9月29日第1版。

《习近平出席世界经济论坛2017年年会开幕式并发表主旨演讲》,《人民日报》2017年1月18日第1版。

索 引

"1+2+3"合作格局 104
"1+3+6"合作新框架 103
"9·11"事件 13

SDR货币篮子 184

A

奥巴马 17,24,91—93

B

包容性发展 51,83,84
保驾护航 40,85,150,166

C

"藏独" 24,25,47
产能合作 100,143,168

D

"搭便车" 190

大国关系 16,37,66,75,82,
89,91,94,130,191
邓小平 11
"东突" 24,47
东西问题 11
独立自主 49,72,78,81,82,
88,116,130,135,181,216
多边安全合作 205
多边主义 50,107,108,122,
130,131,180,181,194,232

E

二十国集团 16,60,82,83,
129,142,151,159,161,162,
170,171,181,183,184,188,
189, 192—194, 195—198,
203,223,224

索 引

F

发展战略对接 95

非传统安全 12,13,25,26, 38,63,64,66,79,109,125, 172,204,205,225

负责任大国 56,61,72,83,89

G

公道正义 45,52,107—109, 120,123,128,135,136,172, 218,230,231

公共产品 31,126—128,133, 151,180,182,186,190,206, 208,211

共商共建共享 67,141,169, 187,188,190,213

共同发展 32,33,44,45,48, 49,51,52,58—60,62,70, 72—74,78,80,83,86—88, 92,94,97,98,100,103,110, 119,122,126,129,138,149, 154,165,168,169,171— 173,175,176,178,182,188, 189,199,205,207,208,224, 235,243

共享安全 86

国际环境 10,37,38,46,55— 57,59,61,72,73,77—79, 87,89,106,218,229—231

H

合作共赢 32,35,44,45,49, 52,56,59,66,71,72,74,76, 77,79,83,84,86—93,96, 98,100—102,104,105,107, 126,130,132,149,171,172, 180,187,189,190,193— 195,199,207,208,214,215, 223,224,232,236,239,244

和平发展 11,12,24,32,46, 52,53,55,77,79,80,87,88, 94,123—125,137,189,218, 225,228,229,243,244

和平发展道路 42,44,50,52— 54,56,70—73,75—78,88, 89,104,106,124,218,226, 228,230,234,242

和平与发展 10—12,33,37, 38,55,60,73,75,86,110, 211,213,224—228,235

和谐世界 63,70,216

核心利益 39,42—44,46—48, 50,56,70,71,90,92,94, 214,234,242

胡锦涛 54,90,91

互利共赢 32,33,45,52,59,

· 257 ·

60,72,84,85,90,97,101,102,106,116,118,122,126,127,129,135,136,147,159,170,178,189,211,216,235

互联互通 22,98,121,129,137,139,140,142,143,145,149,150,152—160,162,163,167,168,171,175,176,193,195,210,212

伙伴关系 17,48,56,75,80—83,90,94—97,99,101—105,107,117,122,130,131,135,139,152,155—160,163,167,171,172,187,191,199,223,228,230,233

J

交流互鉴 80,87,88,98,101,105,121,132,163,223

金砖国家新开发银行 16,151,161,194,199

经济增长 12,14,15,19,20,29,52,66,83,84,96,119,128,144,145,161,180,195,196,201,209,211,225

经贸合作 59,90,96,129,144,166,176,177

K

孔子 217,221,233

L

冷战思维 115,226,231

联合国 20,21,28,45,50,52,59,82,86—88,93,102,107,109,120,123,125,126,131,132,135,173,180—182,190,198,202,203,206,207,215,217,220,232,236,240—242

"两个一百年" 32,40,54—58,60,179,213,228,231

M

民族分裂主义 24,204

命运共同体 33,44,45,48,49,51,52,64,70,73,76,77,82,83,97—103,106—127,129—133,135,136,149,168,170,172,176,180,186,187,189,190,205,207,208,211,213—216,218,223,224,232,236,241

索引

N
南北问题 11

Q
气候变化 12,13,66,67,90,113,134,135,193,198,203—208
"亲诚惠容" 59,75,82,96—98,105,191
全球的伙伴关系网络 80,81
全球治理 12—14,19,34,35,37,38,66,67,95,119—121,135,150,172,180—184,186—199,202,206—208,211—214,220,221,233

R
人文交流 88,93,94,164,168,176

S
上海合作组织 83,99,100,150,181,204,205,208,214,223
"十大合作计划" 28,102,127
时代主题 10—12,55,75,219
世界贸易组织 79,193,208

T
台湾问题 24

W
外交理念 88,98
外交思想 10,11,45,52,60,106,117,122
"外交为民" 51,61,62
外交原则 216,220,223
王毅 35,58,62,88,89,97,99,100,173,216,224,241
维和 28,50,59,86,87

X
习近平 12,28,29,31,34,35,39—50,52—61,63,65—72,74,75,79—98,100—104,106,107,109,120,123—126,128,129,131—135,137—139,141—164,166,167,169—174,176,178,180,181,183,184,187—197,199,201—215,217,218,221,223—239,241—244
新军事革命 13
新型大国关系 17,48,59,66,82,89—96,105,130,189
新型国际关系 45,49,52,59,

72,74—80,88,89,97,104,105,187,189,214,215

信息化　12,13,18,22,23,27,36,226

Y

"亚太再平衡"战略　17,23,24

亚洲安全观　69,71,109,154,172

亚洲基础设施投资银行　16,31,100,129,139,151,161,162,166,173,174,176,194,196,199—201

"颜色革命"　25

"一带一路"　17,25,31,85,95,100,104,128,129,137—162,164—172,174—178,187,190,191,195,196,210—212,229,233

Z

战略机遇期　54,55

"战争与革命"　11

真实亲诚　75,82,101,131,191

正确义利观　28,35,59,75,82,100,101,105,106,131,187,190,191,234,236

政治互信　94,153,154

中阿合作论坛　104

中巴经济走廊　149,177

中俄关系　95

中非合作论坛　28,101,181,199

中国—拉共体论坛　103

中国梦　32,40,53—56,58—63,72,73,80,106,213

中华民族伟大复兴　32,39,40,53—56,58,60,61,72,89,97,137,213

中拉整体合作　102,103

中美关系　17,48,90,93

中欧关系　96

主权　24,32,39—43,46—48,50,55,58,68,71,99,107,109,111,117,125,130,135,147,231,232,235—237,239—242

自由贸易区　84,139,150,159

总体国家安全观　13,40,41,63,64,67—70,72

后　记

深刻总结党的十八大以来中国外交的成功经验就必须从时代的高度、发展的角度、世界的维度深入研究习近平新时代中国特色社会主义外交思想。本书将习近平新时代中国特色社会主义外交思想表述为：一个基本判断、两个战略目标、三个工作抓手。一个基本判断就是坚持和平发展时代主题的基本判断不动摇；两个对外战略目标分别是推动建立新型国际关系、推动构建人类命运共同体；三个抓手分别是推动"一带一路"建设、积极参与全球治理和贡献人类共同价值。深入学习和研究习近平新时代中国特色社会主义外交思想，有助于我们总结和把握新时代中国特色大国外交理论的发展，有助于我们理解中国外交的总体布局，有助于我们观察和分析中国外交政策的走向。

本书是国家社会科学基金十八大以来党中央治国理政新理念新思想新战略研究专项工程项目"习近平治国理政新思想研究"（批准号：16ZZD001）的子课题"习近平外交战略研究"的最终成果，由中国社会科学院世界经济与政治研究所课题组撰写完成，课题负责人为张宇燕研究员。

本书各章的分工如下：前言、第一章（徐进），第二、三章（刘玮），第四章（李隽旸），第五、七章（肖河），第六章（任琳）。全书由张宇燕负责框架设计，张宇燕、徐进统稿，中国社会科学院研究生院研究生章珏任课题秘书，并负责文字编辑、索引编制等工作。

本书在写作过程中得到中华人民共和国驻马来西亚槟城总领事鲁世巍、中国社会科学院世界经济与政治研究所李少军研究员、李东燕研究员以及中国社会科学院当代中国研究所任晶晶副研究员的大力指导和协助，他们在提纲设计、观点把握和书稿内容方面提出了许多中肯而富有见地的修改意见。中国社会科学出版社社长赵剑英给予了重要而及时的政策性指导。中国社会科学出版社总编辑助理王茵和编辑范晨星在课题事务和编辑事务方面也提供了热情有力的支持。在本书付梓之际，谨向上述各位专家和同志的支持帮助一并表示诚挚的感谢！

张宇燕
2019 年 2 月